U0944753

内容实实在在　关怀点点滴滴

胎教有方大百科

张秀丽/编著

中国人口出版社

孕期营养菜

YUNQIYINGYANGCAI

生姜羊肉粥

材料 羊肉100克，大米150克，生姜3片，盐1小匙，鸡精和胡椒粉各少许。

做法 ▶▶▶

1. 将羊肉洗净，切成薄片备用。生姜去皮，切丝或末备用。大米淘洗干净备用。
2. 在瓦煲里注入适量的清水，烧开，放入大米，用小火煲20分钟左右。
3. 加入羊肉片、生姜，调入盐、鸡精、胡椒粉，用小火煲30分钟左右即可（煲的过程中不要搅动）。

菠菜鱼片粥

材料 鲷鱼80克，菠菜100克，白米60克，红枣3枚

做法 ▶▶▶

1. 将白米洗净，浸泡30分钟备用。
2. 将鲷鱼片洗净，菠菜洗净切段，红枣去子并切成条状。
3. 将白米、红枣放至锅中加入高汤和适量清水，煮沸后转小火煮约20分钟。
4. 再加入鲷鱼片和菠菜煮3分钟，起锅前加适量盐调味即可。

补脑鱼头汤

材料 胖头鱼鱼头 1 个，豆腐 200 克，枸杞子 8 粒，盐 1 大匙，料酒 1 小匙，植物油、姜丝、葱段各适量。

做法 ▶▶▶

1. 将鱼头除去鳞、鳃，洗净，剁成小块。豆腐切成块备用。枸杞子用水泡发，洗净备用。
2. 锅中加植物油烧热，下入葱段爆香，放入鱼头炒几分钟，喷入料酒，然后加入姜丝和适量清水（以没过鱼头为度），用大火熬煮。
3. 待汤呈乳白色时，加入豆腐、枸杞子和盐，用小火煮 5 分钟即可。

油豆腐烧油菜

材料 油豆腐 50 克，油菜 200 克，食用油、盐、白糖、淀粉、料酒、酱油各少许。

做法 ▶▶▶

1. 将油菜洗净，将梗和叶分开，切段备用。油豆腐切成小块备用。将淀粉用适量水调匀备用。
2. 在锅内加油烧热，下入菜梗煸炒几下，加盐，再下入菜叶稍炒。
3. 放入油豆腐，翻炒几下，加入酱油、料酒和少许水，烧开。
4. 加入白糖稍煮一会儿，用水淀粉勾芡，即可出锅。

番茄炒虾仁

材料 虾仁 300 克，番茄 250 克，豌豆 50 克，鸡蛋清 1 个，水淀粉 1 大匙，葱末、姜末各少许，盐、鸡精、植物油、料酒、白糖各适量。

做法 ▶▶▶

1. 将虾仁洗净，放碗内加盐、料酒抓匀，加蛋清、水淀粉上浆。
2. 将番茄用热水烫后剥皮，去子，切直径 1 厘米左右的丁。
3. 锅置火上，放油烧热，放入虾仁过油后捞出备用。
4. 锅内留底油，加葱末、姜末炒出香味，加入番茄丁煸炒，随即加入盐、鸡精、白糖、虾仁，用水淀粉勾芡，加豌豆炒熟，淋上熟油即成。

草莓绿豆粥

材料 草莓250克，糯米250克，绿豆100克，白糖适量。

做法 ▶▶▶

1. 将绿豆淘洗干净，用清水浸泡 4 个小时左右。草莓洗净，择去蒂，切成小块备用。
2. 将糯米淘洗干净，与泡好的绿豆一起放到锅里，加入适量的清水，用大火煮开，再用小火煮至米粒开花、绿豆酥烂。
3. 加入草莓、白糖，搅拌均匀，稍煮一会儿即可。

凉拌菠菜

材料 新鲜菠菜 500 克，花椒、葱丝、姜丝各少许，香油、盐、味精各适量。

做法 ▶▶▶

1. 将菠菜择去老叶，用水清洗去泥沙，捞出控水。
2. 在锅内注入清水，烧沸，放入菠菜汆烫，开始变软时即可捞出，放冷水内过凉，挤净水分，放碗内加精盐、味精、葱、姜丝拌匀。
3. 另起锅，放入少许香油，用小火烧至五六成热时，加入花椒煸炒出香味，捞出花椒不用，将花椒油淋浇在碗内菠菜上，用盘盖住捂一会儿揭开，装入盘内即可。

土豆炖鸡

材料 土豆 300 克，鸡肉 200 克，葱白 2 段，姜 3 片，酱油 1 大匙，盐 1 小匙，植物油适量。

做法 ▶▶▶

1. 将土豆去皮洗净，切成小块。鸡肉洗净，切成块备用。
2. 在锅中加入植物油烧热，先下入葱段、姜片爆香，再放入鸡块，炒至鸡肉发白，加入酱油和少量清水，用小火炖至八成熟。
3. 加入土豆块，继续炖至土豆熟烂，加盐调味即可。

鸡汤豆腐小白菜

材料 豆腐100克，小白菜50克，鸡肉100克，鸡汤100毫升，姜丝、盐、味精各少许。

做法 ▶▶▶

1. 将豆腐洗净，用开水烫一下，切成3厘米见方、1厘米厚的方块备用。
2. 将鸡肉洗净，切成小块，放到开水锅中焯一下，捞出来沥干水备用。小白菜洗净切段备用。
3. 在锅内加入鸡汤，下入鸡肉，加适量盐、清水同煮。
4. 待鸡肉熟后，放入豆腐、小白菜、姜丝，煮开后加入味精调味即可。

木耳鸡蛋瘦肉汤

材料 鸡蛋1个，猪瘦肉50克，菠菜50克，水发木耳10克，水发笋片20克，海米1小匙，高汤1碗，盐、味精、香油、酱油各适量。

做法 ▶▶▶

1. 将绿豆淘洗干净，用清水浸泡4个小时左右。草莓洗净，择去蒂，切成小块备用。
2. 将糯米淘洗干净，与泡好的绿豆一起放到锅里，加入适量的清水，用大火煮开，再用小火煮至米粒开花、绿豆酥烂。
3. 加入草莓、白糖，搅拌均匀，稍煮一会儿即可。

蔬菜沙拉

材料 圆白菜100克，番茄1个，黄瓜半根，青椒1个，洋葱小半个，柠檬汁1大匙，蜂蜜、盐、香油各适量。

做法 ▶▶▶

1. 把所有准备好的材料分别洗净，圆白菜、番茄、黄瓜均切片，青椒、洋葱切圈。
2. 把切好的材料混拌均匀，放在盘子中，备用。
3. 把所有的调味料（盐、柠檬汁、蜂蜜）混合均匀，淋在蔬菜上，再淋上少许熟油即可。

豆苗炒牛肉

材料 豆苗 150 克，牛肉 100 克，姜 2 片

做法

1. 将豆苗洗净切段，牛肉切片用水淀粉和酱油拌匀。
2. 锅中热油，将牛肉泡油，沥干油分备用。
3. 再取少量油，将豆苗、牛肉、姜片放入，加糖拌炒均匀即可。

三鲜豆腐

材料 豆腐、蘑菇各250克，胡萝卜、油菜各100克，姜、葱各少许，海米10克，酱油1小匙，鸡精、花生油、盐、水淀粉、高汤各适量。

做法

1. 将海米用温水泡发，投洗干净泥沙备用。豆腐洗净切片，投入沸水中氽烫一下捞出，沥干水备用。将蘑菇洗净，放到开水锅里焯一下，捞出来切片。胡萝卜洗净切片。油菜洗净，沥干水备用。葱切丝、姜切末备用。
2. 在锅内加花生油烧热，下入海米、葱、姜、胡萝卜煸炒出香味，加入酱油、盐、蘑菇，翻炒几下，加入高汤。
3. 放入豆腐，烧开，加油菜、鸡精，烧沸后用淀粉勾芡即可。

山药枸杞炖羊脑

材料 羊脑 1 副，山药 10 克，枸杞子 8 粒，姜 1 片，高汤两碗半，料酒 2 小匙，盐、鸡精、胡椒粉各适量。

做法

1. 将羊脑中的红筋挑掉，放在炖盅里，加入干山药、枸杞子、姜片、盐、料酒、鸡精、高汤，炖 30 分钟左右。
2. 取出姜片，撒上胡椒粉即可。

香椿蛋炒饭

材料 嫩香椿芽125克，米饭250克，鸡蛋2个，猪瘦肉50克，花生油、盐、水淀粉各适量。

做法 ▶▶▶

1. 将猪瘦肉洗净，切成细丝，放到碗里，加入2克盐、水淀粉、半个蛋清，抓匀上浆。
2. 将另一个鸡蛋磕到碗里，加剩余的蛋液和少许盐拌匀。将香椿芽择洗干净，切末备用。
3. 在锅内加少许花生油，烧至四成热，下入肉丝滑散，盛出。
4. 另起锅加花生油，倒入蛋液，炒出蛋花，下入肉丝、香椿末，旺火翻炒均匀，倒入米饭拌匀，即可出锅。

猪肝豆腐汤

材料 猪肝100克，豆腐250克，葱花1小匙，姜2片

做法 ▶▶▶

1. 将猪肝洗净，切成薄片；将豆腐漂净切厚片。
2. 将豆腐放入锅内加适量水及盐、葱、姜，以小火煮沸。
3. 投入猪肝，用大火滚沸即成。

海带炖鸡

材料 鲜海带400克，母鸡1只（1千克左右），葱白、姜片各适量，料酒1小匙，盐1小匙，味精少许。

做法 ▶▶▶

1. 将鸡除去内脏后洗净，切成小块。将海带洗净，切成菱形块。
2. 在锅内加入适量清水，倒入鸡块，先用大火烧开，再用小火炖30分钟左右。
3. 加入葱白、海带、姜片、盐、料酒，烧至鸡肉熟烂。
4. 加入味精调味，即可出锅。

目录

CONTENTS

第五章　第5个月　恍若蝶翅轻划而过的胎动

第八章　第 8 个月　和妈妈的相处越来越融洽

第十一章 0～1个月新生儿

第一章

第1个月　小种子正在悄悄发芽

本月胎教要点

怀孕初期对胎宝宝而言，是一个特别的时期，虽然很多孕妈妈并不知道自己已经怀孕，可是孕妈妈的一举一动带给胎宝宝的影响，将决定他未来一生的命运，因此一定要从备孕期开始注意调理体质，保持好的情绪。

在怀孕第一个月，你的胎教重点是：

强健体质

好的身体是胎宝宝茁壮成长的必要条件。在孕 1 月，除了补充充足的营养外，你还可以多做孕妇体操，孕妇体操是专门为孕妈妈设计的保健操，适时地锻炼有益于强健体质。

保持良好的情绪

从准备怀孕的那一天起，保持乐观的情绪，切忌大悲大怒，对你有非常多的好处，因为情绪不仅可以影响你的食欲、睡眠、精力、体力等方面的状况，而且可以通过神经和体液的变化，影响胎宝宝的血液供给、心率和胎动等许多方面的变化。

孕 1 月你可以多听一些愉悦身心的音乐，也可以多看一些优美的文章，这样，在心灵得到平静的同时，精神上也能得到升华。

嗨，亲爱的妈妈，从现在起，我就是你的小宝宝了，住在你的肚子里。妈妈，你可能不知道吧，我能站在这里跟你说话，是经过了多么惊险的一段路程。

我以前是爸爸身体里的一个小精子，那真是一个残酷的家庭，从出生起我就拥有了一个庞大的兄弟族群，是2亿还是3亿我也数不清了，反正很快我们就长大了，爸爸说我们中只有一个人能结婚，新娘就在妈妈的肚子里，我们兄弟谁最先到达新娘那里，就可以和新娘一起过上幸福的生活。

妈妈，不用说，你一定猜到了，我娶到了唯一的新娘，我们一起住进了一所安全的房子——子宫里，虽然还是个小不点儿，但我们飞快地成长着，还打算好好“装修”一下房子呢。

胎宝宝在发育

关于280天孕期

我们常说的孕1～2周，实际还是你的备孕时间，因为从一个卵子遇到精子直到胎宝宝被娩出，这个过程实际上是266天左右，但整个孕期一般按40周或280天来计算，这是从末次月经的第一天算起的，因为你可能说不清受精具体发生在哪一天，却能记得每个月“好朋友”来临是哪一天。

在本书中，我们按一般惯例将末次月经的第一天作为孕期的第一天，每4周计为1个月(28天)。

生命的缘起，一枚负有特殊使命的卵子

排卵通常发生在两次月经中间，确切地说，是在下次月经来潮前的 14 天左右。

女性进入性成熟期后，每一个月经周期，通常会有数以百计的卵子在卵泡中争相成熟，但是，最后只有成长最迅速的一个卵子可以顺利地从卵泡中排出，而剩余的竞争者会相继退化消失。

这枚卵子排出后可存活 1～2 天，这期间，它会沿着输卵管行进，若是遇到精子就成为受精卵，所以，能成为受精卵的这枚卵子，可以说是负有特殊的使命。

排卵后卵子进入输卵管最粗的壶腹部，在此等待最优秀的那条精子。

■ 创造条件，诞生最优质的卵子

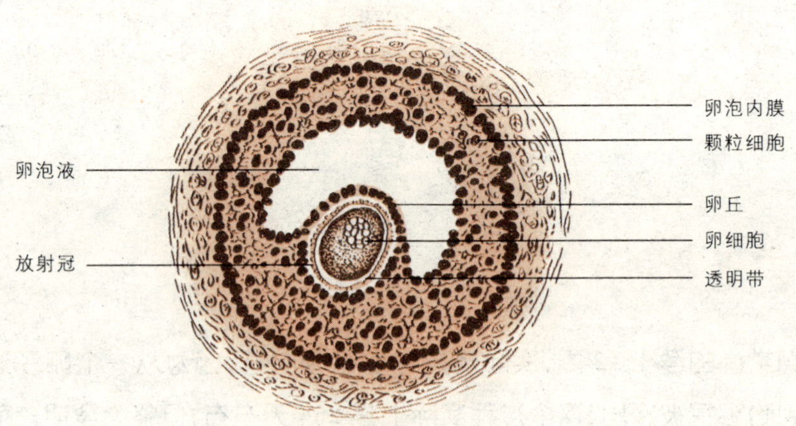

成熟卵泡示意图

饮食：受孕前的 1 个月，应多吃些富含蛋白质的食物，如瘦肉、鸡、鱼及蛋类，蔬菜和水果也应多吃，养好身体卵子自然也会更优质。

远离电离福射：X 射线、荧光屏射线等对卵子均有不利的影响，若你长

期进行与电离辐射有关的工作，不妨申请调离一段时间。

健全的卵巢功能：健康的卵巢才是好品质的保证，平常要多锻炼，少穿塑身内衣等。

胎教优生小叮咛

如果有遗传病家族史，在孕前不妨找医生作一下遗传咨询，以消除疑虑或是获得相关建议。

生命的缘起，最优秀的那条精子

男性每次射精大约会排出数以亿计的精子，它们会在输卵管内游动 3 天左右，最终达到输卵管壶腹部的一般不超过 200 个。

运动到壶腹部的精子们遇到等待在输卵管内的卵子后，会将卵子包围，其头部朝向卵子，当一个精子穿入卵细胞后，会立即引起卵细胞透明带及卵细胞膜发生一系列变化，形成阻止其他精子进入的屏障，在这不超过 200 个的精子中，最终只有一条精子能和卵子结合。

可以说，最终能和卵子结合的那条精子，是从数亿个精子中突围出来的最优秀的一条。

坚持生活好习惯，创造最优秀的精子

准爸爸坚持良好的生活习惯，可以最大程度地避免精子缺陷，立竿见影地提高精子的质量和数量。

❶ 少量饮酒或者不要饮酒。大量饮酒可导致精子质量下降，在同房的前一个星期最好能不喝酒。

❷ 戒烟。吸烟是精子数量下降的主要因素，备孕期间准爸爸应坚持戒烟。

❸ 不洗桑拿、蒸气浴。精子是十分娇嫩的，它存活的温度比体温低，高温蒸浴会直接伤害精子。

❹ 不少准爸爸习惯将手机放在裤兜里、笔记本电脑放在膝盖上、穿紧身裤等，这些习惯都会使得阴囊温度升高，从而伤害精子。

❺ 控制体重。研究表明，男性身体过度肥胖会导致腹股沟处的温度升高，损害精子的成长，从而引起不育，因此，体重控制在标准范围内可以提高精子的质量。

❻ 不做剧烈运动。剧烈的运动如马拉松和长距离的骑车等会使睾丸的温度升高，破坏精子成长所需的凉爽环境，骑车应尽量选择减震功能良好的自行车。

❼ 多吃绿色蔬菜。绿色蔬菜中含有维生素 C、维生素 E、锌、硒等有利于精子成长的成分。此外，坚果、鱼类中富含不饱和脂肪酸，也利于精子的成长，可适当多吃。

❽ 放松心情。精神压力过大对精子的成长有负面影响，准爸爸在享受性生活前应做些能让自己放松的事情，如散步、洗澡等。

胎教优生小叮咛

坚持一项习惯可能不太容易，准爸爸可以和孕妈妈从孕前就互相监督、互相支持、互相鼓励，良好的互动可以令好习惯在不知不觉中养成。

精卵相遇，受精卵形成

幸运的那条精子进入卵细胞后，头部很快水化、膨胀，成为圆形的细胞核——精原核，卵细胞受到精子的刺激，也迅速进行第二次成熟分裂变为成熟卵细胞，这时的细胞核称为“卵原核”。

精原核与卵原核最终在卵细胞的中央相遇，它们各自携带有 23 条染色体，相遇后它们合并为 46 条，即 23 对，这个过程其实就是受精，也是受孕过程的完结。受孕过程从精子进入卵细胞透明带时已经开始，整个受孕过程约需 24 个小时，受精的本质是：精子进入卵子，两性原核融合形成一个新细胞，这个新细胞叫做“受精卵”。

受精卵形成，胎宝宝生命之旅正式启动

受精完成后，受精卵就形成了，这个时候它的大小约为 0.2 毫米，重约 1.505 微克。

受精卵是新生命正式开始的标志，受精卵承载着准爸爸孕妈妈的遗传密码，一边迅速分裂繁殖，一边向子宫腔移动。从现在开始，一个实实在在的生命已经在孕妈妈的腹部开始它的生命旅程了。

胎教优生小叮咛

关于胎宝宝的性别，新生命具有来自父母双方的遗传基因，性别亦已决定。

胚胎开始生长发育，胎宝宝子宫扎根

受精卵在受精后 24 小时开始第 1 次分裂，分成两个相等的细胞。如果这个时候两个细胞完全散开，就会形成单卵双胎，将发育成相貌相似、性别相同的双胞胎。第一次分裂之后，以 12 小时分裂一次的速度不断进行分裂，24～36 小时为双细胞阶段，在 72 小时后分裂成由 12～16 个细胞组成的空心桑葚胚。

约在受精后 96 小时，相当于月经周期的第 18 天左右，桑葚胚到达宫腔，总体积与最开始相比没有变化，但经过不断分裂，已经成为一个实心细胞团，它在子宫腔内继续分裂，体积增大，中间形成囊腔，里面积蓄少量的细胞液，成为囊胚体，此时的受精卵称为“囊胚”或“胚泡”，发育着的胚泡会慢慢植入子宫膜，完成“着床”过程，正式入住子宫。

在子宫中着床后的胚泡会接着分裂，成为胚胎，植入子宫内膜的小胚胎从此就在子宫中扎根了，它会不断地分裂分化，开始自己的生长发育。

■ 受精卵在子宫着床的过程

胚泡贴近于子宫内膜表面，这样可以得到保护并从血管里汲取氧气和营养，细胞分裂过程中产生的蛋白分解酶会帮助胚泡溶解子宫内膜，然后由胚泡周围细胞分化的滋养细胞和合体细胞中的合体细胞滋养层与子宫内膜紧密相粘、融合，并将子宫内膜溶解形成直径约 1 毫米的小缺口，胚泡由此植入，大约在受精后的第 12 天，子宫内膜面由受精卵着床而造成的创口已被四周的上皮完全修复，着床过程完成。

■ 胎宝宝生长发育的三个阶段

❶ 胚卵期：受精后 2 周内（末次月经后 4 周内），此时受精卵迅速分裂，形成具有内、外胚层的胚泡。

❷ 胚胎期：胎龄 4～8 周内称为“胚胎”，具有内、中、外三个胚层，即将发育成胚胎的各组织器官。8 周末已初具人形。

❸ 胎儿期：胎龄 8～40 周，此期间胎儿逐渐生长发育成熟。

胎教优生小叮咛

这个时期胎宝宝非常小，孕妈妈不会有明显的反应，也没有明显的体重变化，但着床时一些组织的更替可能会导致生理性的轻微出血痉挛，孕妈妈不必忧虑。

你需要了解的知识

从计划怀孕起，就要注意用药

很多孕妈妈会在受孕2周之后才发觉自己怀孕了，如果这期间不注意，胡乱吃药的话，对受精卵的影响很大。所以，从计划怀孕的那天起，就不要随便地乱吃药了。

有很多药物容易导致胎儿畸形，特别是怀孕前3个月，是胚体的主要器官分化发育时期，最容易受内、外环境影响，是用药的高敏感期。

如果万不得已，你要在医生的指导下用药，万万不可擅自用药，以免造成无法挽回的后果。

如果是在停经3周内不小心服用药物，你不必太过担心，此期受精卵若受有害药物的影响而导致它无法正常分裂、发育，就会造成自然流产，孕妈妈不必为生畸形儿担忧；而若无任何流产的现象，就表示受精卵通过超强的自我修复能力挽回损伤，并继续发育成一个正常的胎宝宝。

胎教优生小叮咛

并不是所有的药物都是孕妇禁忌的，所以生病后一定要及时地去医院治疗。但你患病如果硬“扛”着不治疗的话，身体的免疫力会更加低下，会对胎宝宝造成更不好的影响。

学会测量基础体温，算准排卵日

测量基础体温可以比较精确地测算出排卵日，但首先应学会测量。

■ 什么是基础体温

基础体温是指在没有发生饮食、运动、情感波动等足以改变体温的行为的前提下测量的体温。

女性的体温会随着月经周期发生微妙的变化，一般月经期和月经后的 7 天内是持续的低温期，中途过渡到高温期后，又再度返回到低温期，然后到下次月经开始。从低温期过渡到高温期而成为分界点的那一天，基础体温会特别低。以这一天为中心，前 2 天和后 3 天即为排卵日。

■ 测量基础体温的具体方法

❶ 首先购买女性专用的基础体温计，在睡前把基础体温计放在随手可以拿到的地方。

❷ 第二天醒来后，起床前不翻身、不讲话、不起床、不活动，在固定的时间将体温计放在舌头下，闭紧嘴巴，测量3～5分钟，并记录。

❸ 连测3个月，将测得的温度数记录画成曲线。

❹ 排卵一般发生在基础体温上升前由低到高上升的过程中，基础体温正在升高的3天内为易孕阶段。

孕妈妈要注意：记录基础体温的同时，最好把日常生活的变化也附记下来，比如月经来的日子、做爱的日子、每天起床的时间，是否有感冒、头痛、腹泻、发烧的情况等，这些也会影响到体温，应作为体温判断的参考。

两种简易的排卵日推算法

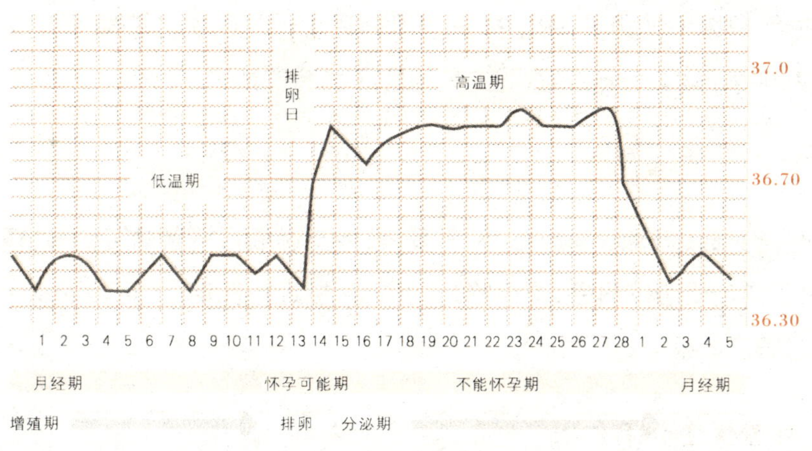

月经周期的基础体温曲线图

❶ 月经周期推算法：如果孕妈妈的月经周期是稳定的28天，从月经来潮的第1天算起，前后14天均是排卵日，排卵日及其前3天和后3天加在一起称为“排卵期”。

❷ 观察宫颈黏液推测法：接近排卵期的阴道黏液变得清亮，滑润而富有弹性，如同鸡蛋清状，拉丝度高，不易拉断，排卵期宫颈黏液大量分泌可持续2～3天，因此，在出现阴部湿润感时即为排卵期，有的孕妈妈还伴有小腹痛、腰酸、白带中带血丝等排卵痛的现象。

胎教优生小叮咛

基础体温推测排卵期至少应综合3个月的情况才能准确算出，所以孕妈妈一定要坚持每天测量，以正确计算排卵期，如果早晨量记体温有困难，可在每天某一固定时间进行。

排卵日是受孕的好日子

■ 排卵当天是受孕率的最高点

一般来说，排卵前2～3天和排卵后1～2天性交受孕概率比较高，因为女性每月只排一个卵子，卵子排出后可存活1～2天，男性的精子在女性生殖道里可存活2～3天，此后即失去与卵子结合的能力。

■ 排卵期性交前节欲3～5天可提高受孕率

性交次数过疏或过频都不利于受孕，性交过频会导致精液稀薄，精子量少，为了增加受孕的机会，提高胎儿的质量，接近排卵期前，应节欲3～5天，使双方精血旺盛。

胎教优生小叮咛

女性受孕不一定必须有性高潮，但性高潮有利于精子游入，减少精液外流，而且性兴奋时平常呈酸性的阴道环境pH值上升，有利于精子生存和活动，可以增加受孕的机会。

会用早孕试纸，第一时间知道喜讯

早孕试纸是测试怀孕非常方便的工具，它通过测量女性尿中人绒毛膜促性腺激素(HCG)的含量来得到结果，当HCG的含量达到一定的诊断标准时，早孕试纸显示阳性结果，即表明可能怀孕，但使用早孕试纸要注意方法。

❶ 注意产品的生产日期，不要使用过期的测试卡，因为化学药剂时间长了就会失效。而且经过冷藏处理和受潮的试纸，都会导致试纸失效，使得测试结果不准确。

❷ 测试的时间不宜太早。HCG在受孕后10～14天开始分泌，60～70天达到高峰。因此，受孕10天内，即使是怀孕了，HCG的含量也比较少，此时检测的话，无法断定是否怀孕。

❸ 如果自测结果呈阴性，但一周之后月经仍未来潮，应再做一次自测。如果不是阴性，最好去医院做检查。

胎教优生小叮咛

早孕试纸的一般测试结果只能达到50%～75%的精确率，最好能多做几次检测，而且最好尽快去医院做早孕检测，以确诊。

怀孕征兆，快速判断怀孕的信号

一般来说，在怀孕前期孕妈妈是感觉不到变化的，随着孕期的增长，会出现一些怀孕的征兆。

■ 月经停止

这是最常被注意到的怀孕征兆，也是怀孕的第一信号，月经周期正常的孕妈妈，在性行为后超过2周仍没有来月经，就有可能是怀孕了。

■ 尿频

怀孕初期，增大的子宫压迫膀胱引起尿频，有的甚至每小时一次，怀孕3个月后，子宫长大并超出骨盆，症状会自然消失。

■ 体温升高

怀孕后由于妊娠黄体酮对体温中枢的影响，基础体温会持续维持在高水平而不下降。

胎教优生小叮咛

有性生活的女性最好都能记住自己的月经日期，不妨用一个专用的日历本做记号，当出现怀孕征兆时，就不要再做剧烈运动了，如果需要吃药，一定要先取得医生或药师的建议。

■ 早孕反应

早晨起床后有恶心、反酸、食欲不振、容易疲倦、挑食等现象，甚至呕吐，有些人会很想吃些酸味的东西，一般经过半个月至一个月会自然消失。不过，这些症状因人而异，有些人的症状相当轻微，有的则比较严重。

■ 乳房变化

在怀孕初期，乳房会增大一些，有刺痛、膨胀和疼痒感，乳头周围乳晕上小颗粒显得特别突出。

千万别把怀孕症状当感冒

怀孕初期，孕妈妈常常没有任何原因地出现类似感冒的症状：

周身发热，浑身倦怠乏力；

感到周身发冷，睡意绵绵，清晨起来有些睡不醒的感觉；

觉得头晕、恶心。

一般，我们习惯于到药店自行买药先对付着，然后再考虑到医院进行诊治，可是很多孕妈妈在治疗感冒的时候查出自己已经怀孕了，所以，计划怀孕的孕妈妈这个时候千万不要马虎大意，误把怀孕当感冒来治了。

孕早期出现的这些症状过几天就会自动消失，不必吃药，更不能当做感冒来治，早期胚胎比较脆弱，烟、酒、药物、疾病等都可能影响胎宝宝的发育。当出现这样的症状时，可以先买一个试纸自己测一下，阴性不要怕，阳性和弱阳性一般情况下可能就是怀上了，这时候孕妈妈要多注意身体。

胎教优生小叮咛

如果孕妈妈服用感冒药之后发现自己怀上了，先不要慌，记下所吃药物的种类，然后尽快去咨询一下医生。

胎教在生活的点滴中

广义胎教和狭义胎教同时进行

胎教的含义比较广泛，医学上常将其分为广义胎教与狭义胎教。

■ 广义胎教

广义胎教是指为了促进胎宝宝的生理和心理健康发育成长，同时确保孕妈妈能够顺利度过孕产期所采取的精神、饮食、环境、劳逸等各方面的保健措施。因为如果没有健康的母亲，就不能生育出健壮的宝宝。

广义的胎教包括孕前的准备、营养胎教、环境胎教（各种内、外环境）和情绪胎教等，又称“间接胎教”。

■ 狭义胎教

狭义胎教是在加强孕妈妈的精神、品德修养和教育的同时，利用一定的方法和手段，重点通过母体刺激胎宝宝的感觉器官，以激发胎宝宝大脑和神经系统的有益活动，从而促进胎宝宝的身心健康发育。

狭义上的胎教包括音乐胎教、语言胎教、抚摸胎教、运动和光照胎教等，也称“实际胎教”。

■ 广义胎教和狭义胎教是不可偏废的整体

广义胎教侧重于母亲和胎儿生理病理的保健，狭义胎教侧重于母体与胎儿的精神健康与心理卫生，其实，广义和狭义的胎教是统一的有机整体，两者不可偏废，胎教既应具有生理病理的保健作用，又应具有维护精神健康和心理卫生的功能，因此广义胎教和狭义胎教应同时进行，不可分割。

受过良好胎教的宝宝真的会不一样吗

受过良好胎教的宝宝真的会不一样吗？相信很多孕妈妈都有这样的疑问，事实证明，确实如此，受过良好胎教的宝宝与没有受过胎教的宝宝相比较有以下优势。

❶ 对音乐敏感、音感准确，不爱哭闹，听到音乐或爸爸妈妈的脚步声、说话声很容易安静下来，若在睡前播放以前听过的音乐，也能很快入睡。

❷ 能较早与人交往，出生 2～3 天就会张合小嘴想说话，2 个多月就能认识爸爸妈妈，3 个多月就能听懂自己的名字，5～6 个月时便可以发出声音表达意思，还会较早学会用姿势表示语言，会做“欢迎”、“再见”、“谢谢”等动作，显得特别聪明可爱。

❸ 对陌生环境的好奇心强，容易接受新的知识，同时记忆力也较好，记忆速度也较快。

④ 能较早地理解语言，4个半月时能认出第一件东西，6～7个月时能辨认手、嘴、奶瓶等，这样的宝宝能较早理解“不”的意思，早期学会服从“不”的宝宝更懂事、更听话。

⑤ 运动与感觉系统发育较早，吸吮手指的能力、手的握力及四肢的运动能力强，动作协调性好。

⑥ 性格活泼，喜欢与他人接触，并透过姿势的改变如拍手、笑等，表现出与他人的互动。

胎教优生小叮咛

受过胎教的宝宝会具备一定的优势，但出生后仍需要巩固，如果宝宝出生后不继续给予发音和认物训练，胎教的影响在6～7个月时就会消失，因此要做好胎教与早教的衔接工作。

断断续续做胎教，会有效果吗

可以肯定的是，断断续续做胎教相比坚持做胎教的效果要差，但是比起完全不做胎教来说，仍然是有效果的，此外，心情不好会影响胎教效果，但是不能因此就暂停胎教。

如果想让宝宝更健康、更聪明，在未出生之前就赢在起跑线上，那么做胎教就必须要：积极参与、持之以恒、天天实践，一直“三天打鱼，两天晒网”最终会导致前功尽弃的，所以从意识到没有坚持做胎教开始，就应当有意识地为胎宝宝创造胎教时机，工作忙时可以抽休息时间做做抚摸胎教，回家后多做点儿音乐胎教或语言胎教。

胎教优生小叮咛

孕妈妈情绪不佳时不应放弃胎教，事实上，做胎教也具有缓解情绪的作用，当情绪低落时，最好的办法是怀着美好的愿望做胎教。

世界上最为人乐道的胎教奇迹

美国一对普通的夫妇相继生下4个智商高达160(智商达到140就被认为是天才)以上的宝宝,他们所采用的胎教方法一时之间成为人们最为乐道的话题,并将他们的胎教方法按姓式命名为“斯瑟蒂克胎教法”。

斯瑟蒂克夫妇家的4个天才女童无一例外地被列入占全美5%的高智商者行列,大女儿出生后2个星期就能讲单词,3个月就能讲句子,1岁6个月的时候,就能读高中的教科书,5岁时便从幼儿园一下子升到高中一年级,10岁便成为当时全美最年轻的大学生,其他3个女儿也和姐姐一样智力超凡,二女儿13岁就入读大学,三女儿11岁也已经上高中三年级,三女儿9岁也上初中三年级。

到底是什么造就了这样4个天才儿童?斯瑟蒂克夫妇一直坚信“每一个胎宝宝都是天才”,斯瑟蒂克夫妇俩是很平凡的人,受的是一般教育,过的是极平常的生活,因此,他们认为孩子们的天才是因为胎教的作用,他们从怀孕开始的时候起就坚持对胎宝宝说话,还利用卡片教授胎宝宝文字和数字,还包括听音乐和浏览图书,以及将准爸爸和孕妈妈的生活趣事用非常自然的语调说给胎宝宝听。他们认为,只要以爱为基础制订完全的怀孕计划,并积极地将其付诸实践,无论是谁都可以生下聪明伶俐的宝宝。

胎教优生小叮咛

进行胎教不能急功近利,怀着即将与胎宝宝相见的喜悦心情才是最好的心态。

胎教不是为了孕育神童

神童是良好的先天遗传和后天教育综合影响的结果,胎教虽然能在一定程度上促进胎儿大脑的发育,为孕育神童提供基础,但单凭胎教不一定能塑造神童,而且并不是所有胎教的宝宝都必须成为神童,实施胎教的主要目的是最大限度地开发胎宝宝的潜能，让胎宝宝更健康、更聪明。

准爸爸和孕妈妈千万不要把胎教神化，更不要抱着胎教是为了孕育神童的心态，脚踏实地、科学地进行胎教才是最正确的态度。

科学地胎教是为了让胎儿的大脑、神经系统及各种感觉机能、运动机能发展得更健全完善，为出生后接受各种刺激、训练打好基础，使宝宝对未来的自然与社会环境具有更强的适应能力。科学的胎教需要准爸爸孕妈妈对胎教有正确的认识，学习相应的知识、技能，按自然的发展规律，按胎儿的月龄及每个胎儿的发展水平进行相应的胎教，做到不放弃施教的时机，也不过度人为干预，在自然和谐中有计划地进行胎教，这样才可能获得最大的效果。

打造优质环境要从孕前开始

胎宝宝生活的环境分为两种，一种是内环境，即母体内的生理、生化变化状态及营养所构成的直接生长环境，还有一种是母亲所处的环境，包括工作环境、居住环境等对胎儿的影响，也是胎教的一部分。

■ 胎宝宝发育需要优良的环境

良好的环境，不仅使孕妈妈置身于舒适优美的环境中，也能使胎儿受到良好的感应；不良的环境，能使胎儿受到不良的感应，胎儿先天异常的发生，多因不良的内、外环境直接或间接作用于胚胎而造成。

胎儿的身心、智能的健康发育，不仅需要良好的内环境，同

时与外环境也密不可分，打造优质的环境应从准备受孕前 6 个月就开始，从培养最优的精子和卵子开始，学习环境卫生知识，以利于优境养胎。

需要从孕前开始避免的不利环境

避免有害的环境是孕前环境胎教的重点，许多环境中所接触的物质对生殖细胞和胎宝宝都有损伤毒害的作用，在准备怀孕前，应做到：

❶ 远离电磁辐射环境

孕期接触电磁辐射，有可能会造成胎宝宝小头畸形、四肢不全、先天愚型，以及成为无脑儿的悲剧。与这样的环境关系最大的孕妈妈的工作环境主要有：医疗或工业生产放射室、电离辐射研究、电视机生产等，从孕前开始应坚持穿防护服，最好申请调离或者暂停这些工作岗位。

在日常生活中还应注意：冬天尽量不使用电热毯；缩短每天使用电脑的时间；缩短使用手机的时间；使用微波炉时尽量远离；看电视的距离至少在 1.5 米以上。

❷ 远离化学污染

备孕的爸爸或妈妈如果工作环境中存在铅、镉、甲基汞等有害化学物质，可能会造成宝宝的畸形或流产，孕前应该严格遵守安全操作规程，穿好防护服，戴好隔离帽和口罩，最好避免这种工作环境。

❸ 远离噪声环境

女性如果经常处于高分贝的噪声区，会导致怀孕后内分泌功能紊乱，诱发子宫收缩引起早产、流产或者会对宝宝的听觉器官造成损害，孕前无论在生活还是在工作中都应该尽量减少接触噪声的机会：减少去闹区的次数；听音乐或看电视时把音量关小；考虑暂时调离吵闹的工作环境。

❹ 远离刚装修的新房

新房空气中含有很高的有害气体，如甲醛、苯，还有在室内起装饰作用的石材、瓷砖等中可能也会含有放射性物质，这些有害物质不利于精卵健康，可能会导致胎儿畸形，严重的可以诱发宝宝患上再生障碍性贫血和白血病，新房、新家具最好通风3个月以上再使用，入住前最好请专业机构检测一下室内的空气状况是否达标。

胎教优生小叮咛

在传染病流行期间，备孕或已孕妈妈需要格外加强保健，尤其是职业为医生或护士的孕妈妈，必要时应暂停工作，风疹病毒、流感病毒、麻诊病毒、水痘病毒很容易感染，且对胎宝宝的发育影响较为严重。

语言胎教怎么做效果最好

用文明礼貌、富有哲理或艺术感的语言，有目的地对胎儿讲话，给胎宝宝输入最初的语言印记，能促进其出生以后的语言及智力方面的良好发育，为后天的学习打下基础，这种胎教被称为“语言胎教”。

语言胎教的题材很多，可以给胎宝宝朗诵诗歌、阅读美文，也可以将日常生活中遇到的各种知识讲给宝宝听，还可以由爸爸妈妈与胎宝宝对话。这些胎教题材不仅可以把快乐的情绪传递给胎宝宝，促进胎儿的发育，还能让孕妈妈准爸爸更快地进入角色。

不过，对胎宝宝进行语言胎教也要讲究技巧，掌握了方法可以让语言胎教事半功倍。

❶ 声音要清晰、速度要缓慢、大小要合适、要发自内心。

传递给胎儿的声音通过羊水后往往有些模糊不清，因此在对胎儿说话时，声量要适当大一些，吐字要清晰一些，停顿要长一些，语速要慢一些，声音应发自内心，不应是一时应付的心理。

❷ 要坚持，不要“三天打鱼，两天晒网”。

对胎宝宝进行语言胎教，最重要的是持之以恒，哪怕每天只有10～15分钟也是好的，但要尽量坚持每天都至少进行一次。

❸ 不要有心理负担，情绪上要保持愉悦。

孕妈妈的情绪对胎宝宝有直接的影响，如果孕妈妈有抵触情绪，无形中就会成为一种压力，这种压力会传递给胎儿，准爸爸如果情绪低落，也会通过孕妈妈间接影响到胎宝宝，因此，准爸爸孕妈妈应保持轻松愉快的心情，把进行语言胎教作为一种享受。

胎教优生小叮咛

人的左脑支配语言和理论能力，右脑支配视觉和情感能力，一般来说，中国人更偏向于使用左脑，孕妈妈每次进行语言胎教时不妨多想象胎宝宝的具体模样，或画出或联想，这将有利于激发胎宝宝右脑的发育。

听自然之音《晨光》

《晨光》是由班得瑞乐团所作，班得瑞乐团是一群生活在瑞士山林的音乐精灵，他们是由一群爱好生命的年轻作曲家、演奏家及音源采样工程师组成的团队，热爱生活、热爱大自然让他们心灵纯净，从不因自己制作的音乐被人欣赏而在媒体曝光，一旦开始执行音乐制作，便深居在阿尔卑斯山林中，直到母带成品完成。

置身自然山野中的生活，让班得瑞乐团拥有源源不绝的创作灵感，也拥有最自然脱俗的音乐风格，这首《晨光》排笛与横笛交错吹奏，将日与夜的交替表现得恰到好处，静静聆听下更添空灵之感。

■ 胎教点读

聆听这首曲子会感染于它优美的自然音乐，乐曲中表现的晨光柔和而又充满活力，当旭日东升之时，曲中新鲜的朝气将你从梦境中唤醒，加入清新的早晨，你会看到一个格外美好的世界，仿佛眼前有一片享受着晨光的绿油油的麦田，人们正在起床，孩子们正在上学的路上欢唱……

胎教优生小叮咛

怀孕早期进行音乐胎教实际上并不是让胎宝宝听，因为他此时还只是胚胎，听觉器官要到4个月以后才发育，现在聆听音乐是让孕妈妈舒缓心情，优美的旋律一般都会使人心情舒畅。

把孕育当做平常事

孕育是一个神奇的过程，孕育生命不但复杂而且精密，精卵结合的瞬间，一个新的生命便开始孕育生成，细胞分裂后生命在一分一秒中不断成长。

然而，孕育生命并非看起来那样难，也并非看上去那么特殊，它的本质是实现生命的延续，这是人类繁衍的必经之途，也是自古以来每个女性都拥有的一种权利，每个人来到这个世界上都是通过母亲孕育而来的，在母亲们看来，孕育是一件自然而平常的事情，正因为这样，每个孩子的到来也是一件能预料和期待的事情。

孕妈妈应有一颗平常心，不高估自己也不能低估自己，将孕育一个宝宝看做是一件平常事，既积极主动、尽力而为，又顺其自然、不苛求事事完美，做好每天要做的事情，享受生活，享受做好每一件事情所带来的快乐，这会让自己有足够的力量承担挫折和苦闷。

胎教优生小叮咛

现在生命孕育的知识已经相当普及，孕育的科学技术也在不断成熟，孕育宝宝比以前要好把握得多了，只要善加利用，孕育过程一定会很顺利。

心情舒畅才能打造良好内环境

孕妈妈心情舒畅时，体内可分泌一些有益的激素，以及酶和乙酰胆碱，有利于胎宝宝的正常生长发育；而孕妈妈情绪不良时，如激动或焦虑时，会产生大量肾上腺皮质激素，并随着血液循环进入胎宝宝体内，使胎宝宝产生与孕妈妈一样的情绪，扰乱其正常的发育。

孕妈妈保持心情舒畅实际上是一种情绪胎教，是指通过对孕妈妈的情绪进行调节，使之忘掉烦恼和忧虑，创造清新的氛围及和谐的心境，从而促进胎宝宝的发育。

要做好情绪胎教，最重要的就是孕妈妈要始终保持美好的心境和愉快的情绪，当孕妈妈情绪不好的时候，可以采用以下方法来改善。

■ 转移不良情绪

这是一种比较常用的方法，在情绪不好的时候，可以做一些自己喜欢做的事情，如听音乐、看画册等，从而使自己的情绪得到转移。

■ 释放不良情绪

找朋友诉说，也可以写妊娠日记，必要的时候还可以哭一场，这些都可以释放心中的压力、委屈和不安。

■ 自我告诫

当有坏情绪时，告诫自己“不要生气，生气解决不了问题，肚子里的宝宝正在看着你呢，他也会不高兴的！”

胎教优生小叮咛

出现坏情绪的时候，孕妈妈一定要想办法改善和调节，尤其不能赌气，这样不仅伤身体，还会影响胎宝宝的成长，可以多学习一些孕产知识，了解各种生理现象，有了正确的认识会缓解因措手不及而导致的紧张和苦闷。

让孕妈妈心情更好的呼吸法

胎教一定要保持好心情，孕妈妈应该让保持好心情成为习惯，但集中注意力往往有难度，还常常会被各种杂念所影响，以下介绍一种简单的呼吸方法，对平复心情和稳定情绪很有帮助，孕妈妈可以多练习。

■ 呼吸准备

❶ 选择一个安静的场所，沙发上、床上都可以，如果有光线，先将光线调暗，衣服要尽可能穿得宽松一些。

❷ 将身上所有的挂饰摘下来，尽量使腰背舒展，坐下或横卧，全身放松，微闭双目，手可以放在身体两侧，也可以放在腹部，只要没有不适感即可，保持半分钟左右。

❸ 尽量不去想其他事情，把注意力集中在吸气和呼气上。

呼吸步骤

❶ 用鼻子慢慢地吸气，以5秒钟为标准，在心里一边数1、2、3、4、5……一边吸气。肺活量大的人可以6秒钟，感到困难时可以4秒钟，吸气时，要让自己感到气体被储存在腹中。

❷ 缓慢、平静地将气呼出来，以嘴或鼻子都可以。呼气的时间是吸气时间的2倍。也就是说，如果吸时是5秒的话，呼时就是10秒。

❸ 这样反复呼吸1～3分钟，孕妈妈就会感到心情平静、头脑清醒。

胎教优生小叮咛

能放松心情的呼吸法并非以上一种，孕妈妈也可以自己体会，能让自己放松的呼吸方式都是好方式，一般来说，每天早起、午休、临睡时各进行一下呼吸放松法会有很好的效果。

可以提高受孕概率的食物

动物内脏

这类食品中含有较多量的胆固醇，其中约10%是肾上腺皮质激素和性激素，对增强性功能有一定的作用，适当食用这类食物，对提高受孕概率有帮助。

含锌食物

锌在男性产生精液和睾丸激素，以及女性的排卵和生育能力方面，都能发挥作用。

各种植物性食物中含锌量比较高的有：豆类、花生、小米、萝卜、大白菜等。

各种动物性食物中，以牡蛎含锌最为丰富，此外，牛肉、鸡肝、蛋类、羊排、猪肉等含锌也较多。

■ 富含精氨酸的食物

精氨酸是精子形成的必需成分，并且能够增强精子的活动能力，对男子生殖系统正常功能的维持有重要的作用。

富含精氨酸的食物有：鳝鱼、海参、墨鱼、章鱼、木松鱼、芝麻、花生仁、核桃等。

■ 富含蛋白质、维生素的食品

精子和卵子的生存需要优质蛋白质及多种维生素，充足的蛋白质和维生素可以令精卵更优质。

富含蛋白质、维生素的食物有：瘦肉、鸡蛋、新鲜蔬果等。

■ 含叶酸的食物

叶酸不足会降低精液的浓度，减弱精子的活力，还可能造成精子中染色体分离异常，加大胎宝宝出现染色体缺陷的概率。

富含叶酸的食物种类比较多：如动物肝脏、蔬果、谷物、黄豆、坚果等。

胎教优生小叮咛

食物能提高受孕概率并不表示一次要吃很多，只要每天能吃一些即可，否则，过量的任何营养素反而可能降低生育能力。此外，提高受孕概率还要注意避免一些不良的穿衣习惯，不要穿紧身裤，也不要穿T形内裤。

帮助胎宝宝智力发育的叶酸

叶酸是一种水溶性的B族维生素，它参与人体新陈代谢的全过程，是人体内蛋白质和核酸合成的必需因子，血红蛋白、红细胞、白细胞快速增生、氨基酸代谢、大脑中长链脂肪酸如 DNA 的代谢等都少不了它。

如果孕妈妈在孕期缺乏叶酸，会导致胎宝宝神经管缺陷，主要包括无脑畸形、脑积水和脊柱裂等严重的出生缺陷，也是造成围产儿死亡的主要原因之一，另外，孕期叶酸缺乏可引起大红细胞性贫血。

孕期及时补充叶酸能够有效地预防新生儿神经管畸形的发生，其保护率达 72%左右，还可起到预防大红细胞性贫血的作用，也可减少胎儿眼、口唇、腭、胃肠道、心血管、肾、骨骼等器官的畸形率。

■ 叶酸什么时候开始补，补多少

有怀孕计划后，最好在孕前 3 个月就在医生的指导下，每天补充适量的叶酸，一直补到怀孕后 3 个月，但有些特殊情况下要加长补充时间。

❶ 怀孕前有长期服用避孕药、抗惊厥药等的用药史时，应该在孕前 6 个月停止用药，并经医生指导后，按医嘱补充叶酸。

❷ 如果曾经生下过神经管缺陷的胎宝宝，再次怀孕时最好到医院检查，并遵医嘱增加每日的叶酸服用量，直至孕后 12 周。

许多孕妈妈在怀孕两三个月后才知道自己已经怀孕，这可能错过补充叶酸的关键时期。此时孕妈妈不要紧张，尽快去医院检查一下血液中叶酸的含量，医生会针对个体的情况，给出相应的解决方法。

为避免孕妈妈错过补充叶酸的好时机，建议准妈妈每天都应补充 0.4 毫克的叶酸，具体的补充方案还需要由医生来决定。

■ 叶酸增补剂应怎样选择

选择哪种叶酸制剂应遵从医生的指导，根据医生的推荐来选择，并按照医生的指导来补充，切忌自己滥服药、乱买药。

目前，市场上唯一得到国家卫生部门批准的、预防胎宝宝神经管畸形的叶酸增补剂是“斯利安”片，每片 400 微克。市场上还有一种供治疗贫血用的“叶酸片”，每片含叶酸 5 毫克，相当于“斯利安”片的 12.5 倍。

孕妈妈千万不要因为某种叶酸片的叶酸含量更丰富就选择它，长期大剂量服用叶酸片对自身和胎宝宝会都会产生不良的影响。另外，高剂量的叶酸反而会造成维生素 B_{12} 的缺乏，同样会造成神经永久性的伤害，在摄取上应该适量就好。

■ 含叶酸丰富的食物

食物类别	食物举例
动物食品	动物的肝脏、肾脏、禽肉及蛋类、牛肉、羊肉等
蔬菜	莴苣、龙须菜、花椰菜、油菜、小白菜、菠菜、胡萝卜、番茄、扁豆、豆荚、蘑菇等
谷物	大麦、米糠、小麦胚芽、糙米等
豆类	黄豆、豆制品等
坚果	核桃、腰果、栗子、杏仁、松子等
水果	橘子、草莓、樱桃、香蕉、柠檬、桃子、李、杏、杨梅、海棠、酸枣、山楂、石榴、葡萄、猕猴桃、梨、胡桃等

含叶酸的食物很多，广泛存在于几乎所有食物中，但人体真正能从食物中获得的叶酸并不多，因为叶酸遇光、遇热不稳定，容易失去活性，如蔬菜贮藏 2～3 天后叶酸损失 50％～70％；煲汤等烹饪方法会使食物中的叶酸损失 50％～95％；盐水浸泡过的蔬菜，叶酸的成分也会损失很大。

所以，要想从食物中摄入叶酸，就必须在食物的储存、烹饪上多加注意，不要将蔬菜等长时间高温炒、煮，而且要避免油炸食物，在用食物补充叶酸的同时，还应该注意补充叶酸制剂。

胎教优生小叮咛

长期服用叶酸会干扰体内的锌代谢，锌一旦摄入不足，就会影响胎宝宝的发育，因此，在补充叶酸的同时，孕妈妈还要注意补锌，多吃一些牡蛎、肉类、花生、小米、萝卜、豆类等。

补钙帮你孕育健康的宝宝

钙是人体骨骼、牙齿的重要组成成分，胎儿从一个受精卵长到出生时的50厘米左右的身长，需要消耗母体大量的钙，若孕期需额外增加钙30克，其中胎儿会摄取24克，母体摄取只有约1克，胎儿若得不到足够的钙，很容易发生新生儿先天性喉软骨软化病，很易阻塞喉的入口处，并产生鼾声，摄钙不足的胎儿出生后还极易患颅骨软化、方颅、前囟门闭合异常、肋骨串珠、鸡胸或漏斗胸等佝偻病。

孕期补钙对胎宝宝的健康成长非常重要，如果孕妈妈在孕前就补充充足的钙量，胎宝宝出生后，就会很少出现夜惊、抽筋、出牙迟、烦躁及佝偻病等缺钙症状，宝宝的牙齿和骨骼发育状况也较为良好。对于孕妈妈来说也能缓解小腿抽筋、腰腿酸痛、骨关节痛、浮肿等孕期不适，还可预防骨质疏松。

钙什么时候开始补，补多少

补钙最好从准备怀孕时就开始，最迟也不要超过怀孕20周，因为这个阶段是胎宝宝骨骼形成、发育最旺盛的时期，补钙需要持之以恒，才能收到明显的效果。

孕早期以前——800 毫克每天

此期胎宝宝在细胞分裂和器官初步发育期，需求量与普通成年人需求量相同，每天喝 250 毫升鲜牛奶就可以提供 250 毫克钙，再加上其他食物中提供的钙以及多晒太阳，一般能够满足机体每天钙的需求，无须额外补充钙剂。

孕中期——1000 毫克每天

胎宝宝进入快速生长期，摄入量增加，每天喝 500 毫升牛奶，再吃一些虾皮、腐竹、黄豆以及绿叶蔬菜等钙含量丰富的食物，一般可达到，同时应进行一些户外运动，享受日光浴，促进身体对钙的吸收。不习惯喝奶的孕妈妈每天可以补充 500 毫克左右的钙片。

孕晚期——1200 毫克每天

胎宝宝持续长大，对钙的需求量进一步增多，每天喝 500 毫升牛奶或酸奶，补充 500 毫克钙片，再吃一些含钙丰富的食物，才能达到需要的钙量，冬天一般每天晒太阳 1 小时，夏天半小时，但要避开紫外线强烈的阳光。

要注意的是，摄入钙过多可能干扰其他微量元素对于人体的吸收利用，也可能导致患肾结石病的危险性增加等，补钙应适量即可。

■ 食补还是钙剂补

一般来说，食补被认为是补钙的理想方式，孕妈妈可以多喝豆浆和牛奶，多吃蔬菜、肉类等含钙量高的食物来进行补充。

如果孕妈妈懒得计算食物中的钙含量，也没时间顿顿准备补钙大餐，或者害怕大量摄取食物的同时，摄入大量的热量，或者通过日常食物还不能达到需要，建议孕妈妈按照科学的方式补充钙制剂，选择钙剂的几个标准有：

❶ 合适的钙元素含量。

❷ 含有适量的维生素 D。

③ 安全可靠，适宜人群广泛。

④ 具有经循证医学验证的临床效果。

胎教优生小叮咛

孕妈妈不应轻信广告，某些厂商为了增加产品的销量会夸大其词，甚至将在动物身上获得的实验结果写在产品说明书中，孕妈妈准爸爸平时应有意识地多积累一些医学常识，这对于客观地判断产品非常有帮助。

这些食物孕期要禁忌

有些食物会影响怀孕的质量，无论是在孕前还是孕后都应避免。

■ 高糖食物

经常食用高糖食物会引起糖代谢紊乱，甚至成为潜在的糖尿病患者，过量食用高糖食物极易出现孕期糖尿病，不仅危害孕妈妈本人的健康，还会危害胎宝宝的健康发育，容易出现早产、流产或死胎的情况。

■ 辛辣食物

辛辣食物会导致消化系统紊乱，过多食用会出现消化不良、胃部不适、便秘等不适，甚至会引发痔疮。如果孕妈妈过量进食辛辣食物，一方面会加重消化不良、便秘、痔疮的症状，另一方面也会影响胎宝宝营养的供给，甚至增加分娩的困难。

■ 油炸食物

油炸食品存在许多缺陷，一些反复加热、煮沸、炸制食品的食用油内，可能含有致癌的有毒物质，经过高温处理的油炸食品，其维生素和其他营养素受到较大程度的破坏，含脂肪又太多，营养价值大打折扣且

难以消化吸收。

孕早期，孕妈妈妊娠反应严重，食欲不佳，最好远离腥、油类的食物。

孕中、后期子宫增大，肠道受压，肠蠕动差，多食油炸食品很容易发生便秘，所以不应多吃油炸食品。

■ 咖啡、浓茶

咖啡内的咖啡因会通过改变女性体内雌、孕激素的比例，间接抑制受精卵在子宫内的着床和发育，咖啡因还能够通过胎盘进入胎宝宝体内，刺激胎宝宝兴奋，甚至会影响其大脑、肝脏、心脏等器官的正常发育。此外，如果在孕期饮用咖啡，孕妈妈可能会出现恶心、呕吐、头痛、心跳加快的症状。

浓茶中的单宁酸会与铁结合，降低铁的正常吸收率，易造成缺铁性贫血，大量的单宁酸还会刺激胃肠，会影响其他营养素的吸收。

胎教优生小叮咛

孕早期食欲不好可稍微吃一点点辣，但不能过量，喜欢甜食的孕妈妈可以用水果来代替，喜欢喝茶的孕妈妈不妨喝淡淡的菊花茶。我国传统早餐中的油条、油饼中含有较多的铝，摄入过多会引起脱发、记忆力减退，影响胎宝宝健康，不能多吃。

孕期健康早餐应该怎么吃

毋庸置疑，孕期营养很重要，但一天的营养重点则体现在早餐上，保质、保量的健康早餐能为孕妈妈提供充足的营养。

准妈妈的早餐应做到营养全面，科学摄取。

■ 早餐应该吃温、热的食物，以保护胃气

热稀饭、热燕麦片、热奶、热豆花、热面汤等热食，都可以起到温胃、养胃的作用，若是在寒冷的冬季，这点尤为重要。但要注意每顿必吃油条、油饼的习惯很不好，应改掉。

■ 营养合理

在合理的早餐营养结构中，三大产热营养素蛋白质、脂肪、碳水化合物的产热值的比例应该在 12：(25～30)：60，各种营养素应全面科学。

❶ 天然的、没有糖类或其他添加成分的全麦制品，包括麦片粥、全麦饼干、全麦面包等。

全麦制品可以保证每天 20～35 克纤维的摄入量，同时，全麦面包还可以提供丰富的铁和锌。

❷ 蛋、奶、豆制品。

孕妇每天应该摄取足量的钙，奶、豆制品可提供丰富的钙，除牛奶外，酸奶也富含钙，同时也有助于胃肠道的健康。蛋类可提供丰富的铁质、蛋白质。

❸ 蔬菜、水果。

除酸性水果如山楂等外，各种水果都可以吃一点儿，水果中富含维

生素、叶酸和大量的纤维，可以帮助孕妈妈保持体力，防止因缺水造成的疲劳。

❹ 瘦肉。

瘦肉富含铁，并且易于被人体吸收，怀孕时孕妇血液总量会增加，多吃含铁食物可保证营养通过血液供给胎儿。

一日早餐推荐

牛奶或豆浆 1 碗、馒头或面包 2 片或瘦肉粥 1 碗、鸡蛋 1 个、少量蔬果。

胎教优生小叮咛

孕早期，有的孕妈妈晨起呕吐可能是由于空腹造成的，可以在起床后先吃一些含蛋白质、碳水化合物的食物，如温牛奶、苏打饼干，这样可以缓和症状。

运动适宜助好"孕"

怀孕前适宜而有规律的运动有助于受孕

计划怀孕前的一段时间（比如 3 个月）内，夫妻共同进行适宜而有规律的运动对于受孕有很好的作用。

❶ 促进孕妈妈体内激素的合理调配，确保受孕时体内激素的平衡。

❷ 促进精子顺利着床，避免怀孕早期发生流产。

❸ 减轻孕妈妈分娩时的

难度和痛苦。

④ 促进胎儿的发育和日后宝宝身体的灵活程度。

⑤ 帮助准爸爸提高身体素质，确保精子的质量。

■ 适合孕前的运动

适宜孕妈妈准爸爸孕前进行的运动有：慢跑、柔软体操、游泳、太极拳等。

■ 运动要适宜，不可过度

很多孕妈妈准爸爸备孕期间很注意锻炼身体，但要注意的是，过度锻炼反而会阻碍受孕，适度的运动才能起到应有的保健效果，过于频繁的锻炼会消耗体内过多的营养，无法为怀孕作好准备，一些女性运动员经常出现生育问题就是这个原因。

每天不必花大把时间锻炼，也不能长久不运动，一旦运动就筋疲力尽，如果过去有这样的习惯，一定要调整，适当降低运动强度。

散步适合整个孕期

散步是一项对于孕妈妈来说最好的运动，也是整个孕期最安全的活动方式，是增强孕妈妈和胎宝宝健康的有效运动方式。

❶ 散步不仅能帮助孕妈妈呼吸到室外的新鲜空气，调节情绪，还能够提高神经系统和心、肺的功能，促进身体的新陈代谢。

❷ 散步可以帮助保持体重，而且

节奏相对稳定地步行，可以使腿部、腹壁、胸部及心肌运动加强，血管容量增大，血液循环加快，对身体细胞的营养，特别是对心肌的营养有很好的促进作用。

❸ 长期坚持散步对促进腹内胎宝宝的发育大有好处，为以后的正常分娩也打下了良好的基础。

如果孕妈妈不经常运动，这是最容易开始运动的一种方式，如果一直在散步，一定要继续保持。

■ 散步的时间

散步的时间，控制在30分钟即可，如果怀孕前很少运动，开始散步的时候先慢慢走，然后逐渐增加至20～30分钟的快步走，也可以先快走几分钟，再慢走几分钟，交替进行，最好一周运动3次以上，最重要的是坚持进行，偶尔运动一次难以受益。

早晨散步的话，最好是等到日出之后再出去，日出前空气中的有害物质较多，如果是晚上散步，可以选择8点以后，那个时候马路上的车辆相对较少。

■ 散步的地点

散步地点最好选择绿色植物较多、尘土和噪声较低的地方，这些地方空气清新，氧气含量高，比如空气清新的公园、林荫绿地、干净的水塘湖泊边等。

如果没有以上条件，可去车辆相对较少的街道散步，尽量不要在污染较大的马路、大街上、人群嘈杂的商场和闹市中散步，这样的地方汽车尾气多，马达的轰鸣声、刺耳的高音喇叭声等都会对孕妈妈和胎宝宝的健康造成极为不利的影响。

■ 孕期各个阶段怎样散步

孕早期：

这个时候不需要对平日散步的习惯作太多调整，只要确保穿着适合散步的鞋，以便给双脚必要的支撑。

孕中期：

这个时期动作比较笨拙，散步时要注意姿势，以免拉伤背部：

抬起头，下巴水平，挺胸，不要驼背，眼睛向前看，摆动双臂，以保持平衡和加强锻炼效果。

孕晚期：

这个阶段应尽可能坚持散步，但考虑到肚子已经很大，甚至站立时已经看不到自己的脚了，所以要避免远足，不要在任何不平坦的路段上散步，以免身体失去平衡而跌倒受伤。

胎教优生小叮咛

室外很热、很潮湿时，不管什么时段都应取消散步计划，因为天气过热，对胎宝宝不利。散步时一定要带上一瓶水，防止因脱水引起体温升高。

准爸爸做胎教

有准爸爸参与的胎教会更成功

在一般人的观念中，总以为胎教是孕妈妈一个人的事，实际上，准爸爸在胎教中的作用是不可小视的，甚至可以说是举足轻重的地位。

■ 准爸爸参与胎教的诸多好处

❶ 准爸爸参与胎教能让孕妈妈感觉受到重视与疼爱，胎宝宝也能感受到愉快的心情，日后能成为一个快乐的孩子。

❷ 可以建立宝宝日后对父亲的信任感，而且胎宝宝对准爸爸低频率的声音比对孕妈妈高频率的声音更敏感，接收到爸爸的声音也很容易。

❸ 准爸爸可以更贴心地照顾准孕妈妈的日常起居，可以使孕妈妈和胎宝宝无忧无虑地度过孕期，胎宝宝的身体和智力发育也能得到很好的保障。

❹ 准爸爸能丰富生活情趣，让孕妈妈不会觉得长长的孕期有枯燥感，比如早晨夫妻俩一起到环境清新的公园散散步、做做早操等。

■ 这些胎教方式适合夫妻合作

❶ 对话胎教。每天坚持跟胎宝宝讲话，可以使胎宝宝出生后智力及情绪稳定，加深与宝宝的感情。

❷ 情绪胎教。孕妈妈的情绪对胎宝宝的影响从受精之前就开始了，因此，对于调节好孕期情绪，夫妻双方都应该做出更多的努力。

❸ 抚摸胎教。怀孕 6 个月时可以明显地触摸到胎宝宝的头、背和肢体，抚摸胎教是促进胎宝宝智力发育、加深情感联系的有效方法，不过，要记得抚摸动作一定要轻柔。

胎教优生小叮咛

许多准爸爸在刚得知小生命诞生的那一刻，都非常的激动、兴奋，甚至还有些慌乱。刚开始的时候还热情很足，但是时间一久便做起了“甩手掌柜”，什么事情都推给孕妈妈。要知道，孕育生命是需要两个人共同承担的，因此，准爸爸一定要参与到整个孕期中来。

准爸爸如何参与到胎教中来

准爸爸参与胎教的方式有很多，不仅仅是跟胎宝宝说说话、讲讲故事，提高自己的身体素质和照顾孕妈妈也是胎教内容之一，主要包括：

❶ 关心、爱护、体贴孕妈妈，让孕妈妈多体会家庭的温暖，避免孕妈妈有愤怒、惊吓、恐惧、忧伤、焦虑等不良情绪的刺激，保证孕妈妈能心情愉快、精力充沛地度过孕期。

❷ 主动承担家务，协助孕妈妈做好保健，避免感冒，特别是风疹，以免引起胎儿畸形。

❸ 给予孕妈妈合理的营养，胎儿形成的关键时期若缺乏营养，会影响正常的发育，还常常会引起流产、早产、死胎、畸形等。

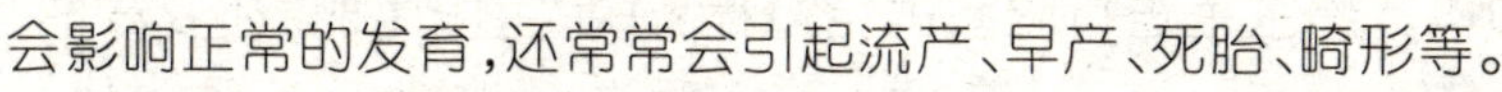

当出现妊娠反应时，更应细心地照顾好孕妈妈的饮食：坚持进食，做到少吃多餐，饮食以避油腻、易消化为原则，尽量选择富含蛋白质、碳水化合物、维生素的食物，如牛奶、豆浆、蛋类、蔬菜、水果等。

妊娠中期，胎儿生长发育加快，不仅需要给予充足的营养，还要多饮水，并增加含维生素多的食物，保持大便通畅。

❹ 为孕妈妈布置一个安静舒适的生活环境，不宜经常有强烈噪声刺激，光线要明亮柔和，搞好室内、外卫生，防止感染疾病。

❺ 戒烟忌酒，节制房事，提醒孕妈妈注意劳逸结合，适当做些家务和必要的活动，切不可偏激而过度保护。

❻ 积极支持孕妈妈为胎教而做的种种努力，并主动参与进来，如一同对胎儿讲故事等。

胎教优生小叮咛

准爸爸除了主动关心和照顾孕妈妈外，还应尽量满足她提出的合理要求，并想办法配合，让孕妈妈感受到关爱，从而产生幸福和喜悦感。

胎教日记，不妨交给准爸爸来做

不妨记录下孕期的点点滴滴，这将是一份十分珍贵的胎宝宝成长记录，也是一份难得的孕育生命的写照，这也是培养夫妻爱情结晶的记录，有利于夫妻感情的深化。

胎教日记可以由孕妈妈来记，也可以是准爸爸来写，但鉴于准爸爸无法与胎宝宝进行最亲密的接触，所以，准爸爸不妨以记录胎教日记的方式来感同身受地关注胎宝宝的成长。

准爸爸的胎教日记可以记下新生命的全部孕育过程。

“十月怀胎”的酸甜苦辣，和孕妈妈孕育新生命的喜、怒、哀、乐，孕妈妈的衣、食、住、行等，甚至偶有的不适，如何就医、如何服药等，都可以记下来，还可以记下对腹中的胎宝宝进行胎教的全过程，在宝宝出生时，还要详细、翔实地记下宝宝出生的全过程。

一个勤奋又负责的准爸爸一定可以写出世界上最好的胎教日记，俗话说“一个父亲胜于百个教师”，做胎宝宝的好爸爸就从写胎教日记开始吧。

胎教优生小叮咛

胎教日记的记录贵在坚持，每天都记一点儿，长短无所谓，三言两语，有话则长，无话则短，重在发自内心。

第二章

第2个月 蚕豆大的胚胎也能感知心情

本月胎教要点

怀孕第 2 个月是胚胎发育最关键的时刻，一定要谨慎护理，不要随便惊动他。这时，胚胎对致畸因素特别敏感，千万不要滥用药物，或接触对胎宝宝有不良影响的事物，同时需要在思想感情上确立母子同安的观念，以便更好地在精神与饮食营养上保护胎宝宝。

在怀孕第 2 个月，你的胎教重点是：

注重营养的补充

由于妊娠反应明显，现在孕妈妈常常因饮食量过少而导致营养缺乏、营养不良，容易引起流产，一定要注意营养上的补充。

保持良好的情绪与心境

从这个月的月末开始，可以听一些优美、柔和的乐曲，每天放 1～2 次，每次放 5～10 分钟，这不仅可以激发孕妈妈愉快的情绪，也可以对胎宝宝的听觉给以适应性的刺激作用，为进一步实施的音乐胎教和听觉胎教开个好头。

另外，也可以做做手工、看看书等，这都是保持良好心境不错的方法，同时还能提高孕妈妈的动手和思考能力。

适当运动

本月的运动方式主要是继续散步和做孕妇体操，不过，在运动的时候，孕妈妈一定要量力而行，不可做强度大的运动，也不可运动时间过长，以免引起不必要的伤害。

亲爱的妈妈，当你听到我对你说的话时，我已不是圆圆的受精卵啦，你已经感受到我的存在了吧？这是我俩之间的小秘密，别人是一点儿也看不出的哦，这会儿我可忙了，我在温暖的房子——子宫中安心地住了下来，房子好大哦，可我的身体还太小，一不小心就可能从墙壁上掉下来，其实准确地说，我现在还只是小胚芽，所以，我要不停地生长，等我在房子里扩展开来时，就不用担心掉下去了，不过，妈妈你别担心，我很快就能牢牢占据我的地盘了。

胎宝宝在发育

5 周胎宝宝——迅速扩张根据地

这一周，胚胎的长度约为 0.6 厘米，非常的细小，像一个小苹果籽，外观很像小海马。

从本周开始，胚泡在子宫内着床后，就会向四周扩展，胚胎细胞迅速分裂，形成了原始的神经管，各个胚层仍然继续分化，头部开始迅速发育，神经管的上段今后将形成大脑，胚盘分化出的三胚层中，每一个胚层都分化为不同的组织。

这个时期，神经系统和循环系统的基础组织最先开始分化，到了受精的第 28 天，神经管形成，今后发育成胎宝宝的脊髓，这就标志着胎宝宝的神经系统开始形成。本周面部器官开始形成，鼻孔可清楚地看到，眼睛的视网膜也开始形成了。

■ 三胚层的分化

胚胎一端的细胞团分化出扁平细胞来，成为胚胎原始内胚层；其余较大的细胞就变成柱状细胞，形成胚胎的原始外胚层；原始内、外两胚层此时称为“胚盘”，在胚盘内、外两胚层之间会分化出中胚层。

在三胚层中，每一个胚层都分化为不同的组织：

外胚层分化成神经系统、眼睛的晶体、内耳的膜迷路、皮肤表层、毛发和指甲等；

中胚层分化成肌肉骨骼、结缔组织、循环、泌尿系统；

内胚层则分化成消化系统、呼吸系统的上皮组织及有关的腺体、膀胱、阴道下段及前庭等。

三胚层形成后，胎宝宝的精气在孕妈妈的子宫内就生成了，这时应避免惊动腹中的胎宝宝。

6 周胎宝宝——拼命三郎般忙发育

这一周，胚胎的长度依旧约为 0.6 厘米，他漂浮在充满液体的羊膜囊中，“身体”蜷缩，看上去像个蚕豆，在孕妈妈的子宫里，胚胎正在迅速地成长。

主要器官包括初级的肾和心脏的雏形都已发育，神经管开始连接大脑和脊髓，原肠也开始发育；胚胎的面部有小的黑色的小点，将来会发育成胎宝宝的眼睛；小的空洞是鼻孔，深凹下去的地方，将来会发育成胎宝宝的耳朵；胚胎的上面和下面开始长出肢体的幼芽，这是将来孩子的手臂和腿；将形成嘴巴的地方的下部，有一些小皱痕，它最终会发育成脖子和下颌；在这一周，脑下垂体腺和肌肉纤维也开始发育。

■ 小心脏在跳动

最重要的是，小胚胎的心脏这时候已经可以跳到 150 次/分钟，相当于大人心跳的2倍，不过，孕妈妈在这时候还听不到胎宝宝的心跳。目前，胚胎还只有一个心室，不过现在已经开始划分心室，并进行有规律的跳动及开始供血。

7周胎宝宝——生平第一次胎动

这一周，胚胎仍然漂浮在羊膜囊中，身长约为1.2厘米，体重约4克，而且头部增大明显，与身体显得有些不成比例，看上去有点像数字“9”。

胚胎的面部器官现在十分明显，眼睛就像一个明显的黑点，不过仍然是闭着的，鼻孔大开着，耳朵有些凹陷，胚胎上伸出的幼芽将长成胳膊和腿，现在看上去已经很明显，小手和小脚看起来像小短桨一样，同时，还可以清楚地看到上、下肢的末端有裂痕，以后这些将发育成手指和脚趾。

胚胎的心脏已经划分成左心房和右心室，此时期的胚胎的神经系统的轮廓发育已接近完成，而且已经有了两肺、肠、肝、两肾以及内生殖器官，不过均未完全形成。

小胚胎的第一次胎动

在本周的中间，胚胎开始有第一个动作，但他太小，孕妈妈还感觉不到，大约需要等到3个月后才能被感受到，在接下来的日子里，小胚胎将能够轻微地转动。

胎教优生小叮咛

现在孕妈妈的情绪波动很大，有时会很烦躁，但应该注意的是，6～10周是胚胎腭部发育的关键时期，情绪过分不安会影响胚胎的发育并导致腭裂或唇裂，孕妈妈一定要调整好情绪，不可因小失大。

8 周胎宝宝——器官们蠢蠢欲动

这一周，胚胎的发育非常迅速，几乎每天的身长都可以增加 0.1 厘米，并且这种情况可以持续到 20 周左右，到本周末，胚胎的长度约有 2 厘米，形状看上去有点儿像葡萄。

此时期，胚胎像跳动的豆子一样在运动着，面部特征已经很明显了，眼睑发育完全，不过，两眼间的距离很大，位于头部两侧，而不是正前方，还能辨认出有个鼻尖，两个鼻孔已形成，两侧颌骨联合起来形成了口腔，已经有了舌头，牙和腭也开始发育。

因为骨髓还没有成形，现在由肝脏来生产大量的红细胞，直到骨髓成形后去接管肝脏的作用。

■ 各种器官都忙碌起来

胚胎的器官已经开始有明显的特征，各个不同的器官开始忙碌地发育，即使是复杂的器官，也都已经开始成长，负责平衡和听力的内耳正在形成，大部分内脏器官的发育已经初具规模，其中肠道很长，因为没有足够的空间容纳，所以要在腹腔外生长，与脐带相连，他的皮肤现在像纸一样薄，血管清晰可见。

几周之内，胚胎会有明显的轮廓。

胎教优生小叮咛

胎宝宝长得很快，子宫迅速扩张，孕妈妈现在可能会出现腹痛、小便频繁的现象，还可能因为恶心、呕吐而不愿吃东西，这些都是正常的，孕妈妈不要过于忧心。

你需要了解的知识

尽快做早孕检查，将好消息确定下来

孕期的初次检查是件大事，在孕早期进行一次检查，不仅是为了确定胎宝宝是否已经到来，而且也是看看胎儿的生存环境怎么样，是孕妈妈和胎宝宝孕期健康的保障，也是优生优育的前提保证。

■ 早孕检查的主要项目

❶ 妇科窥器检查

了解阴道、宫颈情况；观察阴道黏膜是否充血；分泌物颜色、量、气味是否正常；宫颈是否糜烂，以排除孕妈妈的生殖器官发育异常，为宝宝顺利出生提供通道。

早孕期间出血时，要特别注意观察出血原因是否与阴道、宫颈有关，为治疗提供依据。

❷ 白带检查

了解阴道内是否有滴虫、霉菌存在，必要时还要进行衣原体、支原体、淋球菌检查。若存在以上微生物，容易引起上行性感染，影响胚胎发育，诱发流产，应及时治疗。

❸ 宫颈刮片检查

此项检查主要是了解宫颈表皮细胞的形态，排除宫颈肿瘤的发生，要注意的是，宫颈刮片检查是较初级的检查方法，产生疑点时应进一步作阴道镜检查或宫颈活检病理切片明确诊断。

❹ 妇科三合诊检查

主要了解子宫大小是否与停经月份相符合，胚胎是否正常发育。

当出现子宫大小与停经月份不相吻合时，需要作B超检查，以排除子宫肌瘤、子宫发育异常和胚胎发育异常等情况；若存在子宫肌瘤，需要估计肌瘤的大小、生长部位和是否影响胚胎生长发育而需要及时终止妊娠，并尽可能地估计到肌瘤的性质。

同时，医生检查的内容还包括双侧附件是否正常，当卵巢增大时，需要鉴别是妊娠引起的功能性增大，还是器质性增大。若是功能性增大，怀孕3个月后会自然消退，若是良性器质性增大，要尽可能在怀孕3个月后手术，以减少流产率。

❺ 超声检查

停经40天和60天分别作超声波检查，了解胚胎植入子宫的部位和胎儿发育情况。

❻ 其他检查

根据自身情况选择性地作有关检查，患有心、肝、肾、甲状腺等疾病时应进行内科诊断，以了解继续妊娠是否会增大危险。

胎教优生小叮咛

对于到医院进行检查，有的孕妈妈会感到紧张不安，怕检查会给胎儿带来隐患，因而不愿配合，其实孕期进行检查的目的主要是了解胎儿的情况，及时发现问题，而且医生会根据情况提供保健建议，让孕期更安全。

早孕反应是胎宝宝的自我保护

早孕反应是很多孕妈妈难熬的一关，不少孕妈妈因此而烦恼，其实，早孕反应有利于胚胎在母体内的生存和发育。

孕吐是胎宝宝的自卫手段

我们平常所吃的各种食物都含有对人体有轻微损害的毒素，但不威胁健康，可是当怀有胎宝宝时就不同了，这弱小的生命承受不了这些轻微的毒素，所以，它会分泌大量激素，增强孕妈妈的嗅觉和呕吐中枢的敏感性，以最大限度地将毒素拒之门外，保护自己不受伤害。

在生命的萌芽阶段，胎宝宝完全没有外力来表达他的存在，所以，孕吐是胎宝宝向孕妈妈传递自己存在信息的手段，以此来提醒和督促孕妈妈注意保护好自己，孕吐越厉害，流产的概率就会越小。

嗜酸也是胎宝宝对自己的保护

不少孕妈妈孕期会变得爱吃酸味食物，其实，嗜酸也是胎宝宝对自己的一种保护。

怀孕后，胎盘便分泌出一种绒毛膜促性腺激素，能抑制胃酸分泌，而胎宝宝骨骼发育需要有酸性物质参加，所需的铁元素也只有在酸性环境下才能吸收，人体吸收维生素C也需要酸来调剂，当胎宝宝需要钙、铁、维生素C等营养素时，就会促使孕妈妈嗜酸来增加这些营养物质的吸收。

孕妈妈不妨多吃一些番茄、柑橘、草莓等新鲜水果，既能满足嗜酸的需要，又能增加营养。

胎教优生小叮咛

孕吐虽有利于胚胎存活，但却对营养吸收有不利的影响，如果孕吐很严重，可能会导致营养不良，孕妈妈一定要注意调节饮食，坚持进食。

生活小细节来帮忙，有效缓解早孕反应

■ 起居细节

早孕反应无法完全避免，但如果在日常生活中做法不当，反而会加重孕吐，想要缓解早孕反应，需要注意的细节有以下几点。

❶ 远离厨房的油烟味

油烟味会加重孕妈妈的早孕反应，尤其会影响食欲。

当烹调时味道太强烈时，需要加强厨房的通风状况，打开窗户或排风扇。多利用微波炉烹调，也会减少油烟等气味的产生。孕吐较厉害时，可请家人帮助准备一日三餐。

❷ 吃完饭不要马上躺下

吃饱后立即躺下容易反胃，可以适当参加一些轻缓的活动，如室外散步、做孕妇保健操等，可改善心情、减轻压力、缓解早孕反应。但要注意的是，运动不可过于激烈，也应避免嘈杂的环境，否则会加剧孕吐。

❸ 不要过度劳累

在疲惫的情况下，孕吐状况会加剧，孕妈妈要多注意休息，中午最好能小睡片刻，晚上也要充分休息，早点儿就寝。睡觉时可以将窗户略微打开，

以保持室内空气清新。

❹ 避免环境温度过高

太热的空气会增加恶心的感觉，气温较高、阳光较激烈时最好不要出门。

❺ 不要紧张、焦虑

心情的变化对孕吐也有很大的影响，情绪低落会加剧孕吐，孕妈妈应让自己保持心境平和。

■ 饮食细节

在饮食结构上做一点儿小小的调整，也会对缓解早孕反应起到一定的改善作用。

❶ 少吃多餐

孕妈妈可以将一日三餐改为每天吃上5～6次，每次少吃一点儿，或者每隔2～3个小时就吃点儿东西，避免空腹。

在床边多放一些小零食，如饼干、糖果等，这样每天在睡前以及起床前都可以吃一点儿。

❷ 多喝水

吸收足够的水分才能避免因呕吐造成的脱水。柠檬水有助于平息反胃的情况，孕妈妈可以适当喝一些。

❸ 烹调要符合自己的口味

孕妈妈的饮食习惯与以往有了很多变化，有的喜欢吃酸，有的喜欢吃辣，要根据自己的口味来烹调。

不过，多数孕妈妈不喜欢吃油腻的煎炸食物，所以，烹调以炒、炖和清蒸为主最好。

胎教优生小叮咛

如果总是无法避开一些会加重恶心的味道，可以随身准备一块手帕，撒上几滴不会引起恶心的植物油，如柠檬，味道出现时即放到鼻下，这样可以起到一定的缓解作用。

注意出行安全，让胎宝宝安心“住”下去

在孕早期，孕妈妈无论是上班还是出门做别的事，都可能需要使用交通工具，这时孕妈妈一定要学会保护自己。

■ 乘坐公共交通工具的安全提示

❶ 避开上、下班高峰期出行，当公车即将发动时，不要不顾一切地追赶，也不要与别人争抢车门、座位，以免造成危险。

❷ 站累了或是车上太过拥挤时，可以请别人给你让个座位，也可以请售票员帮助找个座位。

❸ 选择汽车靠前、靠窗通风的位置，这样能减少颠簸，恶心时也可以呼吸一下窗外新鲜的空气，以免发生意外。

❹ 随身带个塑料袋，以免孕吐无法控制。

❺ 乘坐地铁时需要进行安检，这时孕妈妈可以绕过安检仪器，将手提包交给安检人员代为安检，以避免射线的辐射。

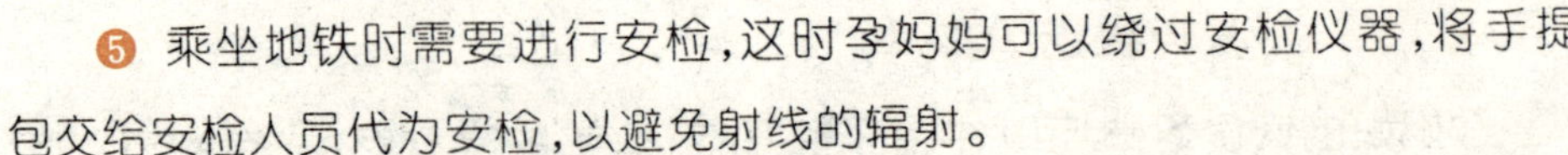

■ 自驾车时的安全提示

❶ 避免在凹凸不平或弯曲的路面上行驶，更不要快速行驶，以防紧急

刹车碰撞腹部。

❷ 不要长时间开车或坐车，坐的时间过久，长期处于单一姿势，会使得孕妈妈腰部受力最大，致使腹压过大，从而可能引发流产。而且，长时间处于震动和摇晃之中很容易疲劳，颠簸状态还可能会引起不正常的腹痛。

❸ 一定要系上安全带，安全带的肩带置于肩胛骨的地方，不要紧贴脖子，肩带部分应该以穿过胸部中央为宜，腰带应置于腹部下方，不要压迫到肚子。

胎教优生小叮咛

由于体内激素的变化，孕妈妈在怀孕早期的心理状态变得不稳定，注意力不易集中，容易突然间困倦，因此建议，孕妈妈在孕早期尽量不要自己开车。

抓住4个考察要点，选个中意的产检医院

就目前的医疗水平而言，无论是大医院，还是妇幼保健院，都能保证生产的需要，但毕竟关系到从怀孕到生产的全过程，选个中意的产检医院是很重要的。

■ 考察要点1：医院的安全性

医院的各种技术要过硬，无论设备、检验技术（都能作哪些检验）、人员的水平等都要事先进行了解，了解的途径包括咨询朋友、查询网络、直接到医院咨询等。

一般来说，大型综合性医院的产科和专业的妇幼保健院都能保证安全，二者各有优势。

妇幼保健院：产科病床多，产科医疗器械齐全，饮食及护理照料更专业。

综合性医院：各科专业人员齐全，可及时处理孕期或分娩时出现的并发症。

每个孕妈妈的身体情况都不相同，考察医院时一定要考虑到是否具有处理妊娠疾病（如血崩、妊娠高血压、妊娠糖尿病等）的能力，与医生谈话时看看医生的回答是否能让你感到信任。

■ 考察要点2：医院环境的舒适性

这一点需要实地考察判断，先检视一下备选医院的环境，做检查和就诊的地方距离是否太远，就诊区域的环境是否拥挤，是否有足够的空间让待诊，医务人员的服务态度是否令人满意，这些对于产检和生产也有很大的影响。

■ 考察要点3：离家的交通方便性

孕妈妈每月都要作产前检查，交通便利也是应考虑的重要一点，产检路上是否堵车严重，有车的话还要考虑停车车位是否便利，距离家是否比较近。紧急或突发的情况发生时，为避免耽误病情，事先一定要多熟悉几条通往医院的道路，以免在赶往途中遇到堵车的情况。

■ 考察要点4：与医生护士的沟通是否合拍

随着孕期增长，孕妈妈的焦虑和担心会越来越多，这些不良情绪不仅要靠家人纾解，与产检医生及护士是否合拍、沟通起来是否顺畅，也对心情影响很大，在初次的产检或咨询时，最好能选择与自己对脾气的医生，这样才能建立良好的互动，也能更安心。

■ 热门话题1：医生与医院哪个更重要

选择信任的医生更重要，如果对医生不信任，即使勉强合作也会影响到产检和生产效果。

那牌子很硬的大型妇产科医院就应该放弃吗？不能否认的是，这样的大型医院在技术和医生资源上都有优势，但也要想到这样的“焦点”医院必定挂号困难、生产床位紧张，事态不容易控制。

孕妈妈不能盲目追随“焦点”医院，要根据自身的情况来评估，适合的医生比“焦点”医院更重要。

■ 热门话题2：越贵越好吗

等级越高、医疗设施和水平越好的医院，其收费也就越高，但不顾自己的经济状况一味选择高收费的医院是不可行的。一般来说，二级以上的医院都具有一定的医疗技术力量，可以保障安全妊娠和分娩，孕妈妈应根据自己的经济能力，选择一家合适的二级以上的医院产检和分娩。

胎教优生小叮咛

整个孕期一系列的产检最好能在同一个医院进行，并能在产检医院分娩，这样有利于连续观察和追踪了解孕妈妈和胎儿的情况，也有利于分娩时根据产检情况采取相应的措施。

产前检查的项目有哪些

定期进行产前检查是保证孕妈妈和胎宝宝健康必不可少的途径。

每次去医院作产前检查都有一些必查的常规项目，此外，医生还会根据怀孕的不同阶段作一些其他的产前检查项目。

■ 孕早期的产前检查

除了进行必要的血液检查（血常规、血型、甲乙丙肝抗体、艾滋病抗体、梅毒抗体、肝功能）外，怀孕10周后还应作一次B超检查，检查胎儿的颈部透明带，及其他可疑染色体异常的迹象，以判断宝宝是否可能患有唐氏综合征。

其他检查还包括风疹病毒筛查、弓形虫抗体筛查、巨细胞病毒或其他病原体筛查，以及肾功能、血脂、血糖等相关检查。

■ 孕中期的产前检查

常规性检查有：孕妈妈体重、血压，有无浮肿，测量宫高、腹围，检查宝宝的胎位；用多普勒胎心仪为宝宝听胎心；安排验血、尿检等。

还会根据孕周和具体情况安排一些相应的检查和化验程序，怀孕 14～20 周时，会安排一次唐氏综合征的血液筛查，以预测宝宝患上唐氏综合征的风险，高危时需要做羊膜腔穿刺术，诊断胎儿是否患有染色体异常及其他遗传病或宫内感染。

20～24 周左右要进行一次详细的 B 超检查，了解胎儿生长发育的情况。

24～28 周需要做葡萄糖激惹试验（也称糖筛），用来筛查是否患妊娠期糖尿病。

■ 孕晚期的产前检查

常规性检查与孕中期一致，还会根据情况进行肝功、肾、血糖等血液检查，预产期临近后要进行骨盆测量。

28 周以后需要做一次孕晚期 B 超，检查胎儿的生长发育、羊水量、胎儿位置，并进行晚期显性畸形诊断。

从 37 周起每次产检都要安排胎心监护，有的孕妈妈从 28 周就开始进行这一项检查。

产前检查的时间及目的

检查时间段	检查次数	检查目的
12 周以内	检查 1 次	及时识别早孕症状，及早开始保健
13～27 周	每月检查 1 次	及时筛选高危妊娠，发现有高危因素应酌情增加检查次数，并给予必要的纠正治疗
14～20 周	唐氏综合征筛查	主要是排查畸形的可能。高龄的孕妈妈可能会出现高危的提示，不过，一般情况下都不会有问题
18～24 周	B 超筛查畸形	这段时间若发现胎宝宝畸形，对其进行引产，对孕妈妈的身体损害相对来说要小一些
24～28 周	血糖筛查	排查妊娠期首次发现或妊娠后才发生的糖尿病
28～35 周	每半月查 1 次	及时发现影响正常分娩的各种因素及妊娠期并发症、合并症
36 周至足月妊娠	每周检查 1 次	密切观察孕妈妈和胎宝宝的情况，更好地为接生作好准备

胎教优生小叮咛

产前检查的项目很多，而且不同阶段会定期安排不同的检查，仅仅靠一两次的了解实在难以顾全，孕妈妈不妨粗略参考以上表格。

做足准备，让产前检查达到最佳效果

为了能让检查更顺利，效果更佳，产检前应作好必要的准备。

■ 衣着准备

由于产检时需要进行身体检查，所以方便的衣着可以省去很多不必要的麻烦，具体来说注意以下几点即可。

衣服：一定要穿宽松的衣服，这样可方便检查，尤其是到了孕中期，医生会开始测宫高、腹围，此时宽松的衣服非常必要。

下装：穿容易穿脱的裤子，宽裙子也很好，这样内诊时就不会给自己造成太大的麻烦，

鞋子：穿舒服的鞋子，且以方便穿脱为好，如果孕妈妈是汗脚或是脚臭，最好别穿不透气的鞋，避开平时穿了会加重脚臭或出汗的鞋，以免脱鞋后引起尴尬的气氛。

袜子：最好不要穿高过膝盖的袜子，尤其是浮肿的时候，检查时脱袜子会很不方便。

手提包：包不必太大、太重，能放下一些琐碎的小东西如纸、笔等就行，里面可经常放笔和笔记本，产检时带上必要的证件、手册等，必要时要作记录。

卫生护垫：内诊后可能会有出血等情况发生，最好带上卫生护垫或卫生巾。

胎教优生小叮咛

虽说孕妈妈不能使用太多的化妆品，但有的爱美的妈妈出门不化妆会不习惯，产检前也可以化点儿淡妆。

■ 问题准备

大多数孕妈妈都很期待自己每一次的产前检查，一般来说，除了第一次产检外，以后每一次产检的过程都不会太长，甚至 10 分钟就完成了，这有时会令孕妈妈失望，产检快多表示一切正常，不必担心，但为进行产检跑一趟医院也不容易，就这么回去似乎也不太甘心，如果在产检前做些必要的准

备，可以将产检时间充分利用起来，令产检更高效。

写下所关心的问题：平时做有心人，记下任何关心的问题，产检时带上这份问题清单，并逐个向医生提出来，也应尽量提出来，要知道大多数时候医生并非心理专家，不可能猜透你所关心的问题。

胎教优生小叮咛

问题应事无巨细，除了身体上可能的不适，任何情绪、运动或营养方面的问题，只要有疑问，都可以向医生咨询。

将问题分一下类别：由于时间或经验有限，医生可能没办法为自己解答所有的疑问，不妨在产检前将问题分一下类，一些非医学方面的事务性问题可以向其他人咨询；一些关于医疗保险或医院咨询等事务性方面的问题，可以去问诊处或向护士询问；一些重要的亟待了解的问题应向医生咨询。

保持虚心的态度：在和医生沟通的时候应畅所欲言，但也要记得多听，保持虚心学习的态度，信任医生才有助于解决问题。

如果产检过程中，医生态度冷漠，对你提出的问题不耐烦，或是不能给你满意的答复，这时应考虑换别的医生，得到必要的关注是你和你的胎宝宝的权利。

防辐射需要做到的几点基本要求

辐射环境的污染无所不在，对于正处于孕产关键期的孕妈妈来说，是否能够科学防止工作、生活环境的电磁辐射，关系到胎宝宝的健康成长，防辐射要做到以下几点。

居家防辐射

❶ 对房间进行一次彻底的辐射检查

目前，家装使用的天然装饰石材及砖石中，有一部分具有放射性污染，无论是购房还是租房，都应先彻头彻尾地做辐射检查，如果已无法改变住所，应尽量测出辐射最强的地方，加以屏蔽或调整家具位置，以减少辐射。

❷ 家电最好是挑选正规厂家的名牌产品

大品牌的家电，其辐射都经过了国家有关部门的严格检测，安全性有保障些。

❸ 与各种电器保持一定的安全距离

远离微波炉、电磁炉、电热毯，电视应距离 4 米以上，灯管应距离在 2 米以上，电脑应在 1 米以上，吹风机不要紧贴头皮使用，不要站在空调的风口，不要将手机挂在胸前。

另外，各种电器的摆放不要过于集中，电视机、电脑、冰箱等不宜摆放在孕妈妈的卧室里。

❹ 缩短使用电器时间

各种电器都应避免长时间操作和同时启用，冰箱的线圈和马达都是在后方，开冰箱门拿东西时，不要时间太长，不使用的电器，一定要关上电源。

❺ 不要在床头安装电器、插头

电线也存在辐射，一般的固定电线都是走“暗线”，问题不大，但是床边或最常活动的地方一定不要安置十分密集的接线板或插头。

■ 工作环境防辐射

❶ 电脑

电脑屏幕的 X 光辐射：这种辐射出现在 CRT 显示器上，液晶显示器的屏幕一般没有辐射，孕妈妈应尽量使用液晶显示器，如果必须使用 CRT 显示器，需要加一个纤维玻璃来阻隔。

电脑背面的电线圈辐射：这种辐射在 CRT 和液晶显示器上都存在，显示器的侧面和背面都会出现，危害较大，孕妈妈应避免在别人电脑的背面工作。

❷ 手机

手机的辐射有大有小，待机时辐射最小，电话接通的一瞬间辐射最大，孕妈妈要避免将手机揣在裤兜或挂在胸前，来电话时按下接听键后等待 3 秒钟再放到耳边，或使用免提。

要特别提醒的是，一些无牌或杂牌的手机，在电话接通后辐射量仍然很大，建议孕妈妈最好使用品牌的、有保障的手机。

❸ 复印机

使用复印机时，孕妈妈身体距离机器至少应在 30 厘米以上。

■ 外出可能碰到的辐射

❶ 花岗大理石台阶

在百货商场门前或一些广场、公园，常常能看到人们坐在大理石台阶上休息，殊不知这种花岗大理石是辐射很高的材料，孕妈妈不要在这样的地方坐下或逗留，如果商场地面使用这样的材料，最好能换个地方。

❷ 变电厂、高压电

住处附近或上班途中可能会遇到变电厂、高压电、核能厂，孕妈妈千万不要靠近，尤其是核能厂更是不能逗留。

③ 飞机

怀孕期间应少坐飞机，飞机在高空时宇宙波（一种离子化的辐射线）很强烈，会对胎儿不利。

胎教优生小叮咛

若是有需要，孕妈妈可以穿防辐射服装，也可以在电脑旁养一盆防辐射的绿色植物，如仙人掌、芦荟等，还可以适当食用一些具有提高身体防辐射能力的食物，如卷心菜、豆类、海带、紫菜、黑芝麻、西红柿、葡萄等。

胎教在生活的点滴中

意念能让胎宝宝长得更完美

意念是胎教的一种重要方法，从某种意义上来说，意念就是想象力，孕妈妈运用自己的想象，将美好的景象、愿望传递给胎儿，在胎儿的发育过程中发挥作用。

■ 意念能塑造理想中的胎宝宝

孕妈妈心中美好的愿望，能通过意念构成胎教，转化渗透在胎儿的身心感受之中，影响胎儿的成长过程，如果孕妈妈经常想象胎儿的形象，那么，未来宝宝的相貌就会和想象中的样子比较像。

另外，孕妈妈在想象胎宝宝的模样时，情绪达到最佳状态，能促进良性激素的分泌，使胎儿面部结构及皮肤发育良好。

可以说，通过不断强化胎宝宝应该是怎样的，孕妈妈能用自己的意念塑造理想中的胎儿。

■ 充分利用“心理图像”的神奇力量

孕妈妈不妨经常想象胎儿的模样：一张天使般的脸庞、健康的体魄、聪明的大脑、性格怎样、将来会成为什么人……尽可能想象一切美好、健康、积极的因素，即使现在还是孕早期，胎儿还只是小小的嫩芽儿，没关系，照样可以尽情想象。

还可以多看喜欢的宝宝照，将孕妈妈准爸爸的相貌长处进行综合，并清晰地想象或描绘，然后以坚定的信念在心底默默地想象，想象中的“心理图像”会给孕妈妈带来更多美好的体验，也能让胎宝宝逐渐接受，从而长得更完美。

■ 意念要注意的两点

意念可以影响胎儿，不过，进行意念胎教时需要注意以下两点。

❶ 意念对胎儿的干预作用会持续到出生

由于胎儿意识的存在，孕妈妈的言语、感情、行为以及意念内容均能影响胎儿，这种干预一直会持续到出生，因此，孕妈妈一定要注意自己的意念内容，美好的内容无疑会对胎儿产生美的熏陶，但若是内容不佳，则会起到反面作用。孕妈妈一定要多想象那些美好的事物。

❷ 要正确对待怀孕后的不适反应

怀孕后身体会出现不适，有的孕妈妈因此而产生怨恨心理，甚至经常产生不好的意念感受，这种不良意念会引起胎儿精神上的异常反应，胎儿出生后容易出现情感障碍、感觉迟钝、情绪不稳等现象。对待孕期不适，孕妈妈要明白这是胎宝宝的信号，要用宽容慈爱的心来对待。

胎教优生小叮咛

在宁静的环境中，放松身体，静下心来，这时进行意念胎教效果最好，宁静的环境和心绪更容易让孕妈妈和胎宝宝产生传递爱意的精神回路。

脑“呼吸法”，帮胎宝宝发育得更完善

怀孕的第2个月，正是胎宝宝各器官进行分化的关键时期，意念胎教中的脑“呼吸法”可使胎宝宝发育得更加完善，其核心思想是冥想。

❶ 以舒服的姿势让整个身体放松下来，自由地深呼吸，想象你的整个身体都是新鲜的，慢慢地呼吸，进入更放松的状态。

❷ 熟悉脑的各个部位的名称和位置，闭上眼睛，在心里按次序感觉大脑、小脑、间脑的各个部位，想象脑的各个部位并叫出名字，这时要集中意识，这样可提高注意力，能清楚地感觉到脑的各个部位。

❸ 保持安静，简短地做 5 分钟左右，待逐渐熟悉方法后，可增加想象的时间。

❹ 双腿盘坐，静心，两手放在距胸前 5 厘米左右的地方，然后闭上眼睛，专心感觉双手的部位，再感觉一下充满在双手间的气息。

❺ 想象一下肚子里的宝宝，他的各个身体部位，从内心里感觉他的形象，可以通过观察超声波照片来帮助感觉，这样形象更容易想象。

❻ 脑“呼吸”的同时进行说话，例如，可以默念胎教日记，使胎宝宝和孕妈妈更容易进行交流。

胎教优生小叮咛

脑部想象活动最适合在饭前做，因为这时身体比较轻快。

消除噪声，不让胎宝宝受惊

这个世界上，大概没有人喜欢噪声，噪声对人体健康危害很大，长期生活在噪声污染的区域会使人烦躁不安、情绪不稳、影响食欲、休息和睡眠，还可导致听力下降。

噪声对孕妈妈和胎宝宝的危害更大，不仅会影响孕妈妈的中枢神经系统的机能活动，而且还会使内分泌紊乱，还可使胎心加快，胎动增加，85 分贝以上的噪声影响，可能使得胎宝宝在出生前就已丧失了听觉的灵敏感，胎宝宝内耳受到噪声影响，还可能使脑的部分区域受损，严重影响大脑的发育，还会使新生儿体重减轻及先天性畸形。

孕 2 月的胎宝宝还不稳定，噪声危害极易引发子宫收缩引起流产，孕妈妈一定要重视噪声危害的严重性，消除和远离噪声，为胎儿和自己创造一个安静的环境。

■ 消除噪声的居家布置法

❶ 改造墙壁

用壁纸将墙壁表面弄得粗糙一些，使声波产生多次折射，从而减弱噪声。在孕前一段时间，大户型居室可加装一层石膏板来降低噪声，小户型可用软木覆盖在墙壁上。经改造的墙壁噪声可降低 50 多分贝。

❷ 室内光线尽量柔和

天花板、地板、墙壁的颜色若过于明艳，会干扰人体中枢神经系统，让人感到心烦意乱，对噪声显得格外敏感，各种灯具和装饰材料均应柔和。

❸ 家具的选择和摆放

家具以木质的隔声效果最好，其中松木吸音最佳，家具数量不宜少，但也不宜太密，每个房间有3～4件即可，大型的书柜、衣柜可放置在与邻居家相邻的墙壁前，可阻隔邻居家传来的声响。

❹ 重视布衣品的作用

用布艺品消除噪声也是很有效的办法，窗帘、地毯等织物都能起到很好的吸音效果，材质以厚重的丝绒隔音最佳，最好在每扇窗户上都安上窗帘，必要时可选用两层窗帘，客厅或卧室可铺上地毯。

❺ 改造窗户

接近噪声源的窗，可做成双层玻璃或双层窗，窗帘可选择厚实、表面粗糙的织物。

■ 消除家电噪声

噪声来源除了交通、环境外，还可能来自电器的声波，电器声波对成人影响不大，但胎儿却对这种噪声很敏感，甚至可致畸。

一般来说，电视机、收录机所产生的噪声可达60～80分贝，洗衣机为42～70分贝，电冰箱为34～50分贝，孕妈妈在家中听音乐或看电视时要把音量尽量调低一些，不去KTV这样的娱乐场所，洗衣机工作时应到隔音效果好的房间避一避，尽量不靠近电冰箱，如果可能的话，严格控制各种家电的音量及开机时间。

胎教优生小叮咛

一般情况下，短时期的噪声接触不会造成明显的伤害，孕妈妈不要因此而紧张，不过，平时还是要多注意，尽量减少接触强噪声环境。

子宫对话，关爱应从起跑线上开始

对着子宫中的小胚胎说话，想起来似乎不太可行，胎宝宝的听觉还没有发育，这么早就说话顶用吗？事实上，对着子宫讲话并没有想象中那么深奥难懂，全凭对胎宝宝的爱意。

只要孕妈妈用爱来看待子宫中的胎儿，经常对他说话，就可以刺激胎儿脑部的发育，有助于胎儿的成长，我们将孕妈妈与子宫中胎儿说话的方法称为"子宫对话法"。

■ 子宫对话要从怀孕开始

子宫对话实际上就是孕妈妈与胎儿的一种沟通方法，孕妈妈通过讲话将情感、心绪、思考等传达给胎儿，这与意念一样，尽管还是小胚胎，但胎儿具有感知能力，子宫对话应从怀孕初期就开始施行，并一直坚持到胎宝宝出生，这样的效果是最好的。

■ 子宫对话的具体方法

首先，从确切知道怀孕的消息开始，孕妈妈就应经常将思绪用默念的方式"说"给胎宝宝听，并时常与他对话，唱歌给他听，每天坚持，等胎儿习惯后，每当孕妈妈发出声音、思考时，胎儿就能感觉得到。

怀孕第5个月后他就能听到孕妈妈的话语，接下来可以尝试着让胎儿集中意识，大声地教汉字、数字、字母、花草树木等，胎儿能感受到这种交流，从而促进智力的发展。

听音乐《月光》

《月光》是法国作曲家德彪西(Claude－Achille Debussy，1862－1918)的钢琴小曲，描绘了月光的美丽与神秘，从曲子中，我们可以欣赏到美丽的月夜景色，仿佛能看到月光闪烁的皎洁，体会幽暗的月光透过轻轻浮动的云，影影绰绰地洒在平静的水面上的情景，就如同置身于晴朗而幽静的深夜氛围之中，典雅而飘逸。

《月光》虽是德彪西的早期作品，但却是一首流传最广、最令音乐欣赏者们迷恋的钢琴作品，诗人余光中曾经这样形容这首作品：

走出树影，走入太阴
走入一阵湍湍的琴音
谁的指隙泻出寒濑？
谁用十根触须在虐待
精致而早熟的，钢琴的灵魂？
弄琴人在想些什么？

月光作品联想

“秦时明月汉时关”，同样的月光，洒落在同一片人间，也会留下迥然有异的印记，历代描绘月光的音乐作品有很多：

1. 最著名的是贝多芬的《月光奏鸣曲》；
2. 肖邦的多首夜曲中也都蕴涵了丰富的月光意象；
3. 阿炳的《二泉映月》，阿炳见不到月光，却能用心灵去感受它。

胎教点读

在柔美的月夜里，或者在你想要听音乐的任何时候，闭上眼睛，打开这曲《月光》，让每一个音符在你的心里流淌，想象心中的那片月色。

这种美丽能让你回味无穷，你的情感和静谧的背景搭配得天衣无缝，这样的美感也会静静地感染腹中的胎宝宝。

不要给自己压力可以让宝宝更好地成长

压力（生气、与人争吵等）对于孕妈妈的危害很大，很容易导致血压升高、胃肠道疾病等，同时还会殃及胎儿，孕妈妈的压力越大，对胎儿产生的负面影响愈严重。

■ 压力对胎儿的危害

❶ 容易导致流产

压力过大时，孕妈妈体内会大量释放出一种激素，导致自发性流产。

❷ 可导致婴儿先天缺陷

压力过大会使得宝宝患腭裂、兔唇、听力缺陷、先天性心脏病的概率增加，这种影响从孕早期就会开始，出生时体重也较轻。

❸ 影响胎儿心智、性格发育

孕妈妈压力过大，胎儿出生后心智问题、忧郁、胆小的概率会较大，智商会较低，孕妈妈越放松，胎宝宝出现心智问题的概率就越小，身心发展也比较健康。

■ 怎样控制压力

压力是孕妈妈的大敌，一定要学会缓解压力，实际上缓解压力并没有想象得那么难，我们给孕妈妈提供了一些关于控制压力的建议。

❶ 做一些有益身心健康的活动，如做瑜伽、按摩、深呼吸等

这种能在短期刺激身体的“放松反应”，包括降低血压、降低心率和呼吸率、改善睡眠，有助于缓解孕期的压力，对孕妈妈和胎儿都有益。

如果能定期进行有益身心的活动，身体内还会释放出内啡肽和复合胺，提高身体应付压力的能力。

❷ 减少工作量

工作时间过长会加大压力，孕妈妈每天工作时间不应超过8小时，还要避免上夜班，条件允许的话，感到疲劳时应稍休息，到室外或阳台呼吸一下新鲜空气，或换一下姿势。

❸ 悠闲自得地散步

散步也是一种很好的解压方式，坚持晚饭后就近到公园、广场散步，能解除疲劳，也是调节和保持孕妈妈良好情绪的方法，最好是由准爸爸陪同进行，行程要适中，还应避免着凉。

❹ 听听轻缓、舒畅的音乐

多听这样的音乐可避免对压力产生消极反应，不仅能给人美的熏陶和享受，还能使精神得到有效放松，压力大时不妨让优美的乐曲来帮忙化解。

❺ 寻求更多的帮助

人其实是社会动物，脱离了亲人和朋友很容易情绪低落，孕妈妈应让自己包围在爱和支持中，扩大支持你的朋友和家人的范围，多与闺密、丈夫、亲人、朋友、同事聊聊天，在交流中获得的支持和信息会给自己提供安全感，对缓解压力非常有益。

胎教优生小叮咛

感觉有压力是很正常的，重要的是学会分析引起压力的原因，进而采取可行措施，解决引起压力的问题。

快乐能塑造性格开朗的宝宝

孕期心态良好、心情快乐、坚持对腹中的胎宝宝进行适当胎教的孕妈妈，生出的宝宝一般都拥有乐观开朗的性格。

同样十月怀胎，宝宝的性格却天差地别，这种差别与孕妈妈的心情有很大的关系，心情好坏与否是决定宝宝性格好不好的一个至关重要的因素，胎宝宝与孕妈妈有心灵感应，孕妈妈快乐，胎宝宝自然也会安静愉快，孕妈妈心情乱糟糟的，胎宝宝也会躁动不安、缺乏耐性。

为了胎宝宝拥有乐观开朗的性格，孕妈妈要让自己快乐起来，即便遇到生气的事，也要懂得随时调整自己的心态，尽量排除不良情绪，不妨多看喜剧电影和听小笑话，笑一笑对舒缓神经也特别有好处。

胎教优生小叮咛

孕妈妈要谨记的是，不开心是一件特别吃亏的事情，即使因为别人而不开心，大多数时候也不会被别人感觉到，能感觉到的通常都是胎宝宝。

吃鱼能让宝宝更聪明

鱼类脂肪中的多价不饱和脂肪酸是一种有益于大脑的物质，对脑细胞，特别是脑神经传导和突触的生长发育有重要作用，能提高智力、记忆力和思维能力，孕妈妈多吃鱼有利于胎宝宝脑部神经系统的发育，将来宝宝会特别聪明。

更多吃鱼的好处：孕期多吃鱼，怀孕足月的可能性越大，而且出生时的宝宝也会较一般的宝宝更健康、更精神。

所以，想让胎宝宝更健康、更聪明的话，孕妈妈可以在每周的餐单上安排 1～2 次的鱼肉大餐，不过，吃鱼也不是越多越好，长期过量吃鱼反而会影响胎儿智力的发育，每周不宜超过 3 次。

一些深海鱼类，包括人工饲养的鳟鱼及鲶鱼、虾、太平洋三文鱼、黄鱼、大西洋蓝蟹及黑丝蟹鱼等都比较适合孕妈妈吃。另外，在烹调的时候尽量采用水煮的方式，清淡饮食比较好，豆腐煮鱼是一种很好的搭配方式，可使豆腐和鱼两种高蛋白食物得以互补。

■ 这些鱼类孕妈妈不要吃

❶ 出现腐败迹象的鱼类。鱼腐败后会分解形成大量组织胺，诱发强烈的变态反应，对孕妈妈构成危险。

一般来说，鲜鱼体表具有固有的色泽和光泽，鱼鳞完整或稍有花鳞，紧贴鱼体，不易脱落，眼球饱满，角膜亮而透明，肌肉结实而富有弹性。

❷ 咸鱼。咸鱼蕴藏有大量二甲基亚硝酸盐，进入体内可以转化成致癌性很强的二甲基亚硝胺，增加胎宝宝出生后的患癌危险。

❸ 鲨鱼、鲭鱼、旗鱼及方头鱼。因为这 4 种鱼的汞含量可能会影响胎宝宝大脑的生长发育。

❹ 鱼油。孕妈妈最好不要吃鱼油，因为鱼油会影响凝血机能，孕妈妈吃多了可能会增加出血概率。

胎教优生小叮咛

孕妈妈和准爸爸平时还可以打听或查询一下附近市场卖的鱼产自哪里，一般来说，化工厂附近水域里的鱼类，或紧靠稻田的塘、堰养殖的鱼类中重金属和农药污染较大，鱼体尤其是鱼头的危险性也大，孕妈妈要避开。

孕吐时补充营养的小妙招

孕吐虽有利于胚胎存活，但却对孕妈妈及胎儿的营养吸收不利，孕吐厉害可能会导致营养不良，这时该如何补充营养呢？

一般来说，孕吐较轻的话不必进行治疗，过一段时间会自然消失。孕妈妈也不要特别担心营养的供给，因为轻微的孕吐虽然暂时影响了营养的均衡吸收，但在怀孕初期，胎儿主要处于器官形成阶段，对营养的需求相对后期要少很多。

孕吐反应很严重甚至出现频频剧烈呕吐、不能进食、食之即吐时，呕吐物除了食物和黏液外，还有胆汁或咖啡色血渣，出现全身无力、明显消瘦、尿少等症状时，要及时请医生治疗，医生可能会建议服维生素 B，进行葡萄糖氯化钠注射液静脉滴注来缓解。

■ 孕吐时补充营养的小妙招

❶ 注意补铁

孕妈妈因剧烈呕吐造成营养不良时，摄铁量不足，会出现贫血现象（如面色苍白、头晕眼花、四肢无力等），这时要增加含铁质丰富的食品，如鸡、鸭、猪的心和肝、肾脏还有蚕豆、番茄、芹菜、香菇、紫菜及桃子、红枣、葡萄干等。

❷ 注意补水

孕吐时，水分补充对于孕妈妈很重要，孕妈妈不要怕吐，吐了以后应再喝，反复几次就不会再吐了。

❸ 注意补钠

孕吐脱水可能会造成低钠现象，孕妈妈的水和其他饮料里可加少许食盐。

❹ 必要时可加餐

晚上孕吐反应较轻，食量可适当增加，必要时孕妈妈睡前可再加一餐，以满足自己与胎儿的营养需要。

胎教优生小叮咛

孕吐严重时，孕妈妈可以吃些柑橘、杨梅等水果，因为这些水果能增加胃酸，促进胃肠道蠕动和增加食欲，有助于食物的消化吸收。

能让孕妈妈开胃的几道好菜

孕早期，孕妈妈妊娠反应比较大，往往面对一桌的佳肴却没有胃口，但对营养的要求却在一天天增加，有没有既让孕妈妈胃口大开，又能让她吃得有营养的菜呢？其实，下面几道菜就不错。

番茄炒豆腐

材料：豆腐半块，番茄 1 个，新鲜豌豆适量。

调料：盐、番茄酱各适量，白糖少许，水淀粉 1 小匙。

做法：

❶ 将豆腐洗净切 3 厘米见方的小块；将番茄洗净，入开水中焯烫一下，去皮，切滚刀块；豌豆洗净备用。

❷ 取出适量番茄酱放入小碗中，加少许清水稀释。

❸ 将豆腐、豌豆分别入沸水中焯烫片刻，捞出控净水。

❹ 炒锅倒入少许油，烧热，放入番茄块小炒片刻，再放入豆腐炒熟，然后放入豌豆和番茄酱汁、盐、白糖炒匀，最后勾芡即可出锅。

美味胎教：

番茄味酸，含有大量的维生素 C，对胎宝宝骨骼、血管、肌肉组织极为重要；豆腐含蛋白质、脂肪、糖类、钙、铁、磷、多种维生素，这道菜既可以增加孕妈妈的食欲，又可以补充胎宝宝的营养。

美味提示：

番茄不要切得太小，否则一加热就会变成番茄酱了，影响口感和美观。

酸菜鲫鱼汤

材料：鲫鱼 2 条，酸菜少许。

调料：姜 2 片，料酒、盐各适量，葱花少许。

做法：

❶ 将鲫鱼剖洗干净，用料酒和适量盐腌渍 20 分钟。

❷ 锅内放油煎热，将鲫鱼放入，煎至两面微黄，倒入 2 碗清水煮开，放入酸菜、葱花、姜片，用大火煮 3～5 分钟，然后改小火煮 15～20 分钟，至汤变成乳白色即可。

美味胎教：

鲫鱼含丰富的蛋白质、糖类、钙、铁、磷等营养成分；酸菜有去腥味、开胃的作用。孕妈妈可以在饭前喝一碗酸菜鲫鱼汤，能够开胃。

美味提示：

酸菜属于腌渍食品，孕妈妈可偶尔吃一点儿，但量一定不能多，放少许起到调味作用即可。

自制酸黄瓜

材料：黄瓜1条。

调料：盐、醋、白糖各适量。

做法：

❶ 将黄瓜洗净，切成细条，用盐腌15分钟，去除多余的水分，加入少许醋、白糖拌匀，放入碗中。

❷ 用保鲜膜封住碗口，放入冰箱内，30分钟后即可吃，如果觉得冰，可以放在桌上温一会儿。

美味胎教：

黄瓜富含碳水化合物、纤维素、镁、钾、维生素C、叶酸、钙、维生素A等营养。刚怀孕的妈妈吃生黄瓜容易反胃，而腌制后的黄瓜不仅能开胃而且味道更美，又不失营养。

当心营养超标带来的不便

怀孕后一个人的肚子要供两个人的营养，不少孕妈妈因此而营养过剩，营养超标会给孕妈妈带来许多不便，也不利于胎儿成长。

■ 怎样判断孕妈妈是否营养超标

判断是否营养过剩最方便、最常用的指标是体重，怀孕期间，孕妈妈每月至少应称体重1次。

正常情况下，孕早期体重增加1.1～1.5千克，3个月后每周增加0.35～0.4千克，到宝宝出生时，体重比孕前增加10～12.5千克。如果体重增加过快，表示营养超标，应及时调整饮食结构，或去医院咨询。

营养过剩的危害

❶ 孕妈妈主食超标，可能导致过胖、胎儿过大，可能引起孕期血糖过高和妊高征。

营养过剩，胎儿过大时容易导致难产，体重越重，难产发生率越高，新生儿体重超过4000克（2500克～4000克为正常体重）时，难产率会超过50%。此外，胎儿过大还容易导致肥胖、糖尿病、高血压等代谢性疾病的发生。

❷ 孕妈妈肉类、鱼类、蛋类等超标，可使体内儿茶酚胺水平增高，使胎儿发生唇裂、腭裂的机会增加。过多进食动物肝脏，体内维生素A明显增高，可影响胎儿大脑和心脏的发育，甚至出现生殖器畸形。

帮助控制营养的12345饮食法

孕妈妈在饮食营养的摄入上要适可而止，不能贪多，可参考12345饮食法来控制营养：1杯牛奶、2个鸡蛋、3两（150克）肉类、400克主食、500克蔬菜和水果。

胎教优生小叮咛

有的孕妈妈觉得水果好吃，怀孕后甚至拿水果当正餐，这是不可取的。水果好吃多是由于其中的糖分，吃得太多会导致糖分摄入过量，容易引起血糖升高，诱发妊娠糖尿病，还容易导致肥胖。

孕妈妈吃水果的首选

苹果——缓解孕吐、防止肥胖

苹果含多种维生素和矿物质、苹果酸鞣酸和细纤维等，可防止孕妈妈过度肥胖，若连皮一起吃，无论便秘或拉肚子都能缓解，而且兼具美容效果，对孕妈妈贫血、气色不好等也有改善作用。

孕妈妈在孕早期不妨多吃点儿苹果，因为苹果还有一个重要功效——缓解孕吐，对食欲差、恶心都有不错的缓解效果。

■ 樱桃——补铁佳果

樱桃所含的铁质在所有水果中名列前茅，几乎是苹果、橘子的 20 倍，还含有胡萝卜素、各种维生素及柠檬酸、钙、磷等，多食可补血及帮助调理肠胃功能。

孕妈妈若食欲不佳，可多吃樱桃，还能帮助宝宝拥有一张健康、红润、白皙的脸蛋。

■ 草莓——预防感冒

草莓含有极丰富的维生素 C，可预防感冒，所含果胶和有机酸可分解食物中的脂肪、促进食欲及加强肠胃蠕动，还有解毒作用，可去除体内的重金属。

不过，孕妈妈吃草莓要注意清洗干净，先用自来水不断冲洗，然后再用淡盐水或淘米水浸泡 5 分钟，这样可以除去农药和其他有害微生物。

■ 葡萄——具有安胎作用

葡萄富含铁、磷、钙、有机酸、卵磷脂、胡萝卜素及维生素 B_1、维生素 C 等，可改善孕妈妈血色不足、血压偏低、冬天手脚冰冷的情况，更重要的是，葡萄还有安胎止血的作用，能帮助胎儿发育。

■ 秋梨——防妊娠水肿、高血压

秋梨性甘寒微酸，有清热利尿、润喉降压、止渴生津的作用，可治疗妊娠水肿及妊娠高血压，常吃炖熟的梨，不仅可保护嗓子，还可治疗肺炎、支气管炎及肝炎。

孕妈妈要注意，冰糖炖梨不能吃太多，或者冰糖要少放一些，以免引起血糖升高。

■ 西柚——补充叶酸

西柚含有天然叶酸，叶酸是怀孕期必不可少的营养素，尤其是孕早期，叶酸缺乏会使妊娠高血压综合征、胎盘早剥的发生率增高，还会引起胎儿宫内发育迟缓、早产及新生儿低出生体重，因此，西柚可作为孕妈妈首选的水果之一。

■ 火龙果——绿色水果

火龙果是一种绿色、环保果品，它很少有病虫害，几乎不使用任何农药就可正常生长，很适合孕妈妈食用。

■ 阳桃——对心血管有好处

阳桃的营养价值高，能减少孕妈妈对脂肪的吸收，预防肥胖，还有降低血脂、胆固醇的作用，对高血压、动脉硬化等心血管疾病有预防作用，同时还可保护肝脏、降低血糖。

■ 无花果——治疗痔疮、通乳

无花果富含多种氨基酸、有机酸、镁、锰、铜、锌、硼及维生素等营养成分，且香甜可口、食用方便、食疗效果佳，还能够治疗痔疮及通乳，非常适合孕妈妈食用。

总之，孕妈妈应首选糖含量相对较低的水果，如西瓜、苹果、梨、桃等，如果喜欢吃香蕉、菠萝之类含糖量较高的水果，就一定要减量。

胎教优生小叮咛

孕妈妈每天吃水果不能超过500克，糖代谢异常或有糖尿病的孕妈妈应减半，吃水果的最好时机在两餐之间，这样不会使血糖太高。

孕妈妈要少吃或不吃的水果

孕妈妈要注意，有些水果不能吃或应尽量少吃。

■ 山楂——容易引起流产

山楂活血、化瘀、通经，对子宫有一定的收缩作用，在孕早期应避免食用，有流产史、流产征兆的孕妈妈更应忌口，即使是山楂制品也不例外。

■ 荔枝、桂圆——容易引起胎动不安

荔枝、桂圆属于热性水果，孕妈妈体质一般偏热，阴血往往不足，若多食热性水果容易产生便秘、口舌生疮等上火症状，还容易引起胎动不安，尤其是有先兆流产的孕妈妈更应谨慎。

■ 柑橘——容易燥热上火，应少吃

事实上，柑橘（甜橙、南橘、无核蜜橘、柚子等）都具有营养丰富、通身是宝的共同优点，其汁富含柠檬酸、氨基酸、碳水化合物、脂肪、多种维生素、钙、磷、铁等营养成分，是孕妈妈喜欢吃的食品。但是，柑橘性温味甘，过量反于身体无补，容易引起燥热而使人上火，发生口腔炎、牙周炎、咽喉炎等。

孕妈妈每天吃柑橘不应超过3个，量应控制在250克以内。

■ 柿子——容易便秘，应控制食用量

柿子清热、润肺，可治疗妊娠高血压、痔疮便血，其实是适合孕妈妈适量食用的。但是，柿子有涩味，收敛作用很强，容易引起大便干燥，遇酸可以凝集成块，与蛋白质结合后产生沉淀。

孕妈妈吃柿子应点到为止，一餐吃1个即可，此外，柿子性寒，脾胃虚寒的孕妈妈应慎食。

猕猴桃——先兆性流产的孕妈妈不能吃

猕猴桃素有“果中之王”的美誉，孕妈妈吃些猕猴桃，其丰富的维生素C可使皮肤保持白皙，但并非人人皆宜，猕猴桃性寒，脾胃虚寒的孕妈妈应慎食，经常性腹泻和尿频的孕妈妈也不宜食用，有先兆性流产现象的孕妈妈千万别吃猕猴桃。

此外，菠萝、香蕉、石榴和杏，这些水果孕妈妈都不能多吃，它们含糖量较高，肥胖、有糖尿病家族史的孕妈妈更应少吃，如果有贫血还应避免吃石榴和杏。

孕期体操，有益孕妈妈和胎宝宝的运动

孕妈妈做孕期体操，进行适当的锻炼，不仅有利于保持健康的身体，防止腰、背部的疼痛与不适，使自己舒服和愉快，也有利于分娩，更重要的是能使胎儿身心得到良好的发育，对孕妈妈和胎宝宝的身心健康都有好处，也是孕早期进行间接胎教的重要方式。

对孕妈妈和胎宝宝来说，孕期体操最主要的目的是：

❶ 帮助安全度过孕期。

❷ 有助顺利分娩。

❸ 强健孕妈妈和胎宝宝的体质。

孕期体操是依据孕期身体的变化而编排的运动疗法，其项目多种多样，孕妈妈可以根据自己的身体状况选择合适的项目进行锻炼，只要运动程度在正常范围之内，都是可以达到锻炼的效果的。

胎教优生小叮咛

有的孕妈妈认为体操不适合孕早期进行锻炼，害怕会导致身体运动过于剧烈而引起流产，这种担忧也有一定的道理，不过，大多数时候，只要孕妈妈不感到疲劳，孕期体操都是一举数得的好方式。

孕期体操——坐的练习和脚部运动

怀孕第 2 个月的时候，孕妈妈不能做太剧烈、太复杂的运动，也不能压迫到腹部，因此做孕期体操的时候可以从脚部开始，坐的练习和脚部运动是适合此期孕妈妈的体操。

■ 坐的练习

选择一张有靠背的椅子，坐之前，把两脚并拢，将左脚向后挪一点儿，然后轻轻地坐在椅子的中部。坐稳后，再向后挪动臀部把后背靠在椅子上，深呼吸，使脊背伸展放松。在孕早期，孕妈妈应多练习"坐"，学会"坐"。

■ 脚部运动

❶ 坐在椅子上或床边，腿和地面呈垂直状，两腿并拢平放在地面。

❷ 脚尖使劲儿向上翘，待呼吸一次后，再次恢复原状。

❸ 将一条腿放在另一条腿上，上面腿、脚尖慢慢地上、下活动，然后换腿进行。

❹ 每次 3～5 分钟即可。

胎教优生小叮咛

怀孕初期，可以先从腿部的运动或放松等比较轻松的体操开始，再慢慢地增加体操种类。

孕期动动手，宝宝未来更聪明

怀孕后，很多孕妈妈容易变懒，不想做事，不愿动手也不愿动脑，或者怕活动对腹中的胎儿影响不好，其实这样对胎儿不好。

我们知道，孕妈妈与胎儿之间能够传递信息，胎儿能够感知孕妈妈的思想，如果孕妈妈不喜欢思考也不学习，胎儿也会深受传染，变得懒惰起来，这对于胎儿的大脑发育是极为不利的,而倘若孕妈妈始终保持着旺盛的求知欲,经常做做手工,动动手、动动脑,则可使胎儿不断接受刺激,促进大脑神经和细胞的发育。

因此,孕妈妈要从自己做起,在孕期多动动手,在 DIY 的过程中,胎宝宝也就得到了相应的胎教,在不断地探索和实践中,胎宝宝能变得更聪明。

胎教优生小叮咛

孕妈妈在动手过程中,还要勤于动脑,勇于探索,保持求知欲和好学心,在生活中注意观察,将自己的思考方式传递给胎儿。

自制可爱布艺口罩

对孕妈妈来说,口罩是非常实用的好东西,戴上口罩,出门就能防尘、防菌、防病毒,孕早期妊娠反应严重时,如果遇到无法躲避的难闻味道,口罩也能派上用场。

所以,闲暇时孕妈妈不妨动手做个可爱又有个性的布艺口罩,做法也不复杂,而且手工过程是对胎宝宝的一种直接胎教,能培养胎宝宝认真观察、耐心细致的品质,还能进一步加深孕妈妈与胎宝宝的沟通,让孕妈妈激发对胎宝宝的爱意。

现在就跟随我们一起,做一个可爱的口罩吧。

■ 需要准备的材料

❶ 大小规格约 15 厘米×15 厘米的表布、里布、辅棉各 2 块。

表布:照顾美观,孕妈妈可选自己喜欢的花色。

里布:由于与皮肤直接接触,最好是透气性好且容易清洗的棉布。

辅棉:夹在表布与里布之间,可用一面带有黏胶的,这样制作起来很方便。

❷ 松紧带 2 条,长度约 30 厘米,也可以选择其他喜欢的绳、花边等。

■ 制作口罩的纸样

制作口罩难度不大，主要是版型的裁剪使用前先确认所需要的尺寸，然后用硬纸板裁剪出来，布料可依照硬纸板来裁剪。

■ 制作步骤

❶ 根据纸样裁剪表布、里布、辅棉各 2 片，辅棉不含缝份的尺寸。

❷ 将辅棉熨烫或粘贴在表布的反面。

❸ 将表布及里布分别正面相对，正面朝里对齐缝合中线，然后摊平缝合后的表布和里布，正面朝里对齐缝合上、下两条边，注意：两端的侧边不要缝合。

❺ 将口罩翻到正面，用熨斗将上、下两边熨平，然后将两侧的边朝里布一边折进 0.6 厘米左右熨平，之后再向内翻折，翻折的位置刚好落在中间辅棉的边缘上，再将折边熨平。

❻ 沿着两侧边的折边边缘压线，形成一条通道用来穿松紧带或系带。

❼ 最后装上带子即可，松紧带可缝合接口，绳、花边可做活动系带。

为孕妈妈布置一下卧室

孕期开始了，准爸爸也行动起来吧，充分利用时间和创意，为孕妈妈打造温馨的卧室。

床

孕妈妈适宜睡木板床，铺上较厚的棉絮，避免因床板过硬，缺乏对身体的缓冲力，从而转侧过频、多梦易醒。

为了避免弄脏床垫，可在床垫上方加上软垫或保洁垫，以保持床垫洁净，还可以在床边加一张活动式桌子，让孕妈妈坐在床上看书或享受美餐。

枕头

枕头高度以9厘米（平肩）为宜，过高会迫使颈部前屈而压迫颈动脉，进而引起大脑血流量降低而引起脑缺氧。

棉被、床单

理想的被褥是全棉布包裹棉絮，床单也应是棉织品，不宜使用化纤混纺织物做被套及床单。

家具摆放

家具要尽可能地靠墙放，棱角不要突出太多，尽量让空间相对地增大，孕妈妈需要一个宽敞的空间进行活动。

色调与装饰

色调要朴素、典雅优美，装饰品主要以简单明亮、令人愉悦的图画、照片为主，如美丽的山水画、风光图、宝宝微笑的照片等，不要出现动物图案。

为了保持视觉上的舒适和清爽，建议以淡色系或中性色系为主，不要选择太花或是太杂的颜色。

温度及湿度

室温夏季以27℃～28℃，冬季以16℃～18℃为宜，室内、外温差不要超过5℃，空气湿度应为30%～40%。

胎教优生小叮咛

大靠枕、小脚凳和小毛毯是孕妈妈整个孕期都十分有用的小物件，准爸爸不妨在卧室和客厅多放置几个，这样可缓解孕妈妈的身体不适感，还可随时保暖。

教准爸爸学看 B 超单

在怀孕 8～12 周之间，孕妈妈需要去医院作第一次产检，一般情况下，医生会给胎宝宝做一个 B 超，B 超单上会给出关于胎宝宝的许多专业术语和数据，准爸爸们一般会比孕妈妈更快地看懂这些术语和数据，不妨先来学习一下怎么看 B 超单。

■ B 超单的内容

超声检查报告单一般包括：胎囊、胎头、胎心、胎动、胎盘、股骨、羊水、脊柱和脐带。

❶ 胎囊

只在怀孕早期出现，孕 1.5 个月时直径约 2 厘米，2.5 个月时约 5 厘米为正常。胎囊位于子宫的宫底、前壁、后壁、上部、中部都属正常；形态圆形、椭圆形、清晰为正常。

如胎囊为不规则形、模糊，且位置在下部，同时有腹痛或阴道流血则可能要流产，6 周以后当子宫内看不出胎囊时，可能是宫外孕。

❷ 胎头

轮廓完整为正常，缺损、变形为异常；脑中线无移位和无脑积水为正常。

❸ 胎心

有、强为正常，无、弱为异常，胎心频率正常为每分钟 120～160 次之间。

❹ 胎动

有、强为正常，无、弱可能胎儿在睡眠中，也可能为异常情况，要结合其他项目综合分析。

❺ 胎盘

位置表示胎盘在子宫壁的位置;胎盘的正常厚度应在 2.5～5 厘米之间;钙化一项报告单上分为Ⅲ级,Ⅰ级为胎盘成熟的早期阶段,回声均匀;Ⅱ级表示胎盘接近成熟;Ⅲ级提示胎盘已经成熟,越接近足月,胎盘越成熟,且回声越不均匀。

❻ 股骨长度

是指大腿根部到膝部的长度,也称"大腿骨长",一般在妊娠 20 周左右,通过测量股骨长度来检查胎儿的发育状况。

❼ 羊水

羊水深度在 3～7 厘米之间为正常,超过 7 厘米为羊水增多,少于 3 厘米为羊水减少。

❽ 脊柱

胎儿脊柱连续为正常,缺损为异常,可能脊柱有畸形。

❾ 脐带

正常情况下,脐带应漂浮在羊水中,如在胎儿颈部见到脐带影像,可能为脐带绕颈。

■ B 超单英文缩略词的意思

AC——腹围。

APTD——腹部前后间的厚度,又称"腹部前后径",在检查胎儿腹部的发育状况以及推定胎儿体重时,需要测量该数据。

BDP——双顶径,胎儿头部左、右两侧之间最长部位的长度,又称为"头部大横径",是胎头部分常常出现的名词,初期可以用来确定预产日,妊娠 12～14 周时 BPD 的误差可以达到很小,能够有效地判断妊娠周数,中期以后,在推定胎儿体重时,往往也需要测量该数据。

一般,双顶径在孕 5 个月以后基本与怀孕月份相符(可参考孕期正常参数值表)，足月时应达到 9.3 厘米或以上。

CRL——头臀长，表示胎体纵轴平行测量最大的长轴，主要用于判定孕 7～12 周的胎龄。

HC——头围。

FTA——躯干横断面积。

FL——股骨长，它的正常值与相应的怀孕月份的 BPD 值差 2～3 厘米，BPD 为 9.3 厘米，股骨长度应为 7.3 厘米左右。

GS——胎囊。

HL——肱骨长，上腕骨的长轴，用于推断妊娠中后期的妊娠周数。

TTD——腹部的宽度，又称“腹部横径”，妊娠 20 周之后，与 APTD 一起来对胎儿的发育情况进行检查。

GP——胎盘分级。

AFI——羊水指数(与羊水深度不是一个概念)，它是以孕妈妈的脐部为中心，将上、下、左、右 4 区域的羊水深度相加所得，孕晚期羊水指数的正常值是 8～18 厘米。

S/D——胎儿脐动脉收缩压与舒张压的比值，与胎儿供血相关，当胎盘功能不良或脐带异常时此比值会出现异常，正常妊娠情况下，随孕周增加胎儿 S 下降，D 升高，比值下降，近足月妊娠时 S/D 小于 3。

■ 附表：孕期正常参数值表

B 超单上的测量数据是否在正常范围内，可以参考以下表格：

孕周	双顶径(平均值)厘米	腹围(平均值)厘米	股骨长(平均值)厘米
16 周	3.62±0.58	10.32±1.92	2.10±0.51
18 周	4.25±0.53	12.41±1.89	2.71±0.46
20 周	4.88±0.58	14.80±1.89	3.35±0.47

续表

孕周	双顶径(平均值)厘米	腹围(平均值)厘米	股骨长(平均值)厘米
22 周	5.45±0.57	16.70±2.23	3.82±0.47
24 周	6.05±0.50	18.74±2.23	4.36±0.51
26 周	6.68±0.61	21.62±2.30	4.87±0.41
28 周	7.24±0.65	22.86±2.41	5.35±0.55
30 周	7.83±0.62	24.88±2.03	5.77±0.47
32 周	8.17±0.65	26.20±2.33	6.43±0.49
34 周	8.61±0.63	27.99±2.55	6.62±0.43
36 周	8.81±0.57	29.44±2.83	6.95±0.47
38 周	9.08±0.59	30.63±2.83	7.20±0.43
39 周	9.21±0.59	31.34±3.12	7.34±0.53
40 周	9.28±0.50	31.49±2.79	7.40±0.53

胎教优生小叮咛

准爸爸和孕妈妈不要太紧张于数据，尤其是中后期，由于胎宝宝体位、活动，还有医生的操作差异等，都会引起数字误差，有时会出现较大的波动幅度，不必惊慌，若确实可疑，可咨询医生。

第三章

第3个月　小人儿开始有模有样了

本月胎教要点

怀孕3个月以内是胎宝宝对致畸因素十分敏感的时期，这时孕妈妈无论是在精神、饮食、工作、生活等各个方面都应特别谨慎，尽量避免不良因素影响自身和胎宝宝。

此时，尚未能定型，可能因感受外来事物的影响而发生变化，孕妈妈要多让胎宝宝感受良好的刺激，使胎宝宝在母体内受到感应而向美好的方向变化。

在怀孕第3个月，你的胎教重点是：

注重营养的补充

充足而合理的营养是保证胎宝宝健康成长的重要因素，也是积极开展胎教的基本条件，受孕11周以后，胎宝宝迅速成长和发育，需要的营养也日渐增多，不仅对食品的质要求高，而且量也逐渐增多，孕妈妈要注意营养的补充。

注重情绪的调试

孕妈妈心情舒畅、心境平和、情绪稳定仍然是此阶段胎教的主要内容，始终保持平和、宁静、愉快而充满爱的心理，这对胎宝宝身体和心理的健康成长，以至未来性格的发育都会起到积极和良好的作用。

培养良好的艺术情操

胎宝宝的艺术细胞从现在开始就可以培养了，孕妈妈除了听音乐，还可以多接触琴棋书画，多阅读一些轻松乐观、文字优美的文学作品，还可以学习插花、摄影和刺绣等，不但陶冶自己的情操，也可感染胎宝宝。

亲爱的妈妈，在我俩的共同努力下，我终于是个有模有样的小宝宝了哦，天知道我的小尾巴什么时候就不见了，我还长出了小小的四肢，骨头越来越硬朗，一想起来就高兴的是，我所有的神经肌肉器官都开始工作了，妈妈不要太担心，小宝宝我已经打好了未来成长的基础哦，以后的任务就是长胖点儿、长壮些，所以，我没事就在房间里做做小运动。

告诉妈妈一个小秘密，从现在起，我从小肉团正式升格为小宝宝了，我还知道自己是男孩子还是女孩子。

胎宝宝在发育

9 周胎宝宝—— 子宫里全新的居民

8 周过去了，从这一周开始，胚胎已经可以称为“胎儿”了，也可以称之为“小宝宝”，之前的其实还只是胚胎或胚芽。

现在胎宝宝的头部仍然比较大，所有的器官、肌肉、神经现在都开始工作，四肢生长迅速，手部从手腕开始变得稍微有些弯曲，双脚开始摆脱蹼状的外表，眼帘开始覆盖住眼睛，颚和鼻子都已经成形。

■ 这是一个全新的居民

胎宝宝这一周与前几周有着巨大的变化，尺寸有 22～30 毫米，现在胎宝宝看上去已经初具人形了，胚胎期的小尾巴不见了，背部稍微弯曲，而且可以看见小肩膀了，之前在腹腔外被囊包裹着的肠道开始向逐渐增大的腹腔迁移。

为了接纳新居民，孕妈妈的子宫膨胀得非常大，已经显现出孕态，乳房开始胀大，腰围开始变粗。

胎教优生小叮咛

现在孕妈妈可以喝一些含微量氟的水，这样可得到充足的氟化物，能保证胎儿的牙齿和骨骼发育。

10 周胎宝宝——进入脑迅速增长期

本周的胎宝宝顶臀长为 30～42 毫米，重量有 5～10 克，形状看起来像扁豆荚，面部基本发育完全，可以清晰地看见胎宝宝的面部，如眼睛、鼻子，不过，他的眼皮黏合在一起，要到 24 周之后才能睁开，20 个微小的牙蕾已经开始形成。

胎儿现在四肢清晰，关节已经形成，手臂更长而且肘部变得更加弯曲，脚踝开始发育完成，手指和脚趾已开始分开，指甲正在生长，脚长约 2.5 毫米。

胎宝宝的神经系统也开始有了反应，许多内脏器官开始发挥作用，心脏已经发育完全，每分钟搏动 140 次，肺、胃和肠道继续发育，肾脏已经迁移到了胎宝宝的上腹部，胎盘已经很成熟。

■ 进入脑迅速增长期

妊娠第 3～6 个月是脑细胞迅速增殖的第一阶段，称为“脑迅速增长期”，进入本周前，胎宝宝的大脑就已经形成，现在，他的大脑发育得非常迅速。从这个月起，胎宝宝的脑细胞会进入迅速增殖的阶段，主要是脑细胞体积增大和神经纤维增长，胎宝宝脑的重量因此会不断增加。

胎教优生小叮咛

本周孕妈妈的情绪波动会很大，这会让有的孕妈妈感到不安，其实这主要是受孕激素作用的结果，非常正常，孕妈妈不要太过紧张。

11 周胎宝宝——将告别柔弱的时代

本周，胎宝宝的身长为 45～63 毫米，体重有 8～14 克，大小与孕妈妈的手掌一半相当，头部约占身体的一半，胎宝宝的生长速度在这一周越发惊人，维持生命的器官如肝脏、肾、肠、大脑以及呼吸器官都已经开始工作，还没有睁开的小眼睛里虹膜正在开始发育，手指甲和绒毛状的头发开始出现了，可以清晰地看到他的脊柱的轮廓，并且脊神经开始生长。

现在胎宝宝已经能在孕妈妈的身体里面活动了，可以做吸吮、吞咽或者打哈欠等动作。通过超声波可以看到胎宝宝在羊水里频繁地活动身体，有时还会有两脚交替向前走的动作。

骨骼生长变快

现在，骨骼和关节尚在发育中，骨骼细胞发育加快，肢体开始变长，胎宝宝的骨骼会逐渐变得硬起来，部分软骨已经向比较坚硬的骨骼发展，关节也会慢慢形成。

要注意的是，由于骨骼生长的需要，胎宝宝这时会从孕妈妈体内摄取大量的钙质，如果孕妈妈自身摄入的钙质不足，那么自己骨骼处的钙质便会分解，以补充胎宝宝血钙的不足，所以，孕妈妈要多喝牛奶，每天多吃一些高钙食品。

胎教优生小叮咛

从现在起，孕妈妈的身体不适会渐渐消失，而且胎宝宝也不那么脆弱了，他在子宫中运动还会使得孕妈妈的肚皮看上去凹凸不平，不要担心，好好享受孕育宝宝的乐趣吧。

12 周胎宝宝——基础已经打好

孕早期在本周即将结束，现在的胎宝宝已经初具人形了，身长有65～80毫米，体重比上周稍有增加，不过，头和身体的比例还是显得比较大，眼睛在头的额部更为突出，两眼之间的距离拉近了，眼睑已发育但仍紧闭着。

胎宝宝从牙胚到指甲还在忙碌着，手指及脚指已经成形，纤小的手指甲及脚趾甲正在生长，脚趾能屈能伸，手指会握拳，由于肌肉的发育，活动也变得多起来，能皱眉、撅嘴以及张、闭口等，还会踢腿，舒展身姿。

胎宝宝稳定下来了

现在，所有内脏器官均已形成，并且大部分开始工作，各种关键器官也将在 2 周内完成，大大减少了感染和药物造成损害的可能，肝脏开始制造胆汁，肾脏开始向膀胱分泌尿液，排泄到羊水里，胎儿发生流产的机会相应地减小了，可以说是打好了基础，稳定下来了。

胎教优生小叮咛

现在，孕妈妈的腹部从肚脐到耻骨可能出现一条垂直的黑色线，这是妊娠线，脸上还可能会出现黄褐色的妊娠斑，这是怀孕的特征，在分娩结束后就会逐渐变淡或消失。

你需要了解的知识

到了预防早期流产的关键期

流产是指在怀孕 20 周前终止妊娠的情况，其中发生在 12 周前的称“早期流产”，以后的为晚期流产，到了孕 3 月，就进入了预防早期流产的关键期，此后发生流产的概率会比较小。

引起流产的原因与征兆

引起流产的原因非常复杂，遗传基因缺陷、免疫因素、母体疾病因素甚至是环境因素，都可能引起自然流产，如胚胎发育不正常；孕妈妈患有急、慢性疾病（贫血、高血压、慢性肾炎、心脏病等）；孕妈妈受到汞、铅等有害物质的影响等。

流产最主要的征兆是阴道出血和腹痛、阵痛，下腹有轻微疼痛或感觉腰酸有下坠感，这可能就是流产的前兆，应及时去医院就诊。

怎样减少流产的危险

为了避免发生早期流产，孕妈妈要做到：

定期产检：定期产检能得知胎宝宝的生长发育状况、健康与否，避免发生早期流产。

禁止吸烟、喝酒、喝咖啡：孕妈妈如果吸烟、喝酒、喝咖啡，流产概率会提高。

正常作息：怀孕早期，孕妈妈应尽量避免工作太过劳累、熬夜等，维持正常的生活作息，并保持心情愉悦。

避免危险动作：孕妈妈应尽量避免爬高、提重物或弯腰拿东西，以免造成腹部不适或受到碰撞，导致流产。

补充叶酸：缺乏叶酸也是导致流产的重要因素之一。

留意可能的流产征兆。一般来说，腹痛、阴道出血都是流产的征兆。

胎教优生小叮咛

如果出现流产的征兆，孕妈妈要尽快去医院检查，不可盲目保胎，因为有些流产是胚胎发育异常导致的，若出现多次流产，要到医院查染色体或查血，找到流产的根由。

正确的睡姿可助胎宝宝发育

胎宝宝越大，孕妈妈睡觉的姿势会越来越重要，正确的睡姿对胎宝宝的生长发育有着重要的影响，各个时期，孕妈妈的睡姿需要作相应的调整。

■ 孕早期——可随意采取舒适姿势

这个阶段的胎宝宝，虽身处子宫，但子宫还未太大，处于孕妈妈的盆腔中，由于盆腔的保护，外力直接压迫或自身压迫都不会很重，因此，孕妈妈的睡眠姿势可随意，主要以感觉舒适为原则，仰卧位、侧卧位均可，但趴睡或搂着东西睡觉的姿势应该改正。

■ 孕中期——侧卧位最好

这个阶段子宫增大，应注意保护腹部，避免外力的直接作用，以侧卧位为好，尤其是羊水过多或双胎妊娠的孕妈妈，这样可以更舒服些，其他的睡姿会产生压迫症状。

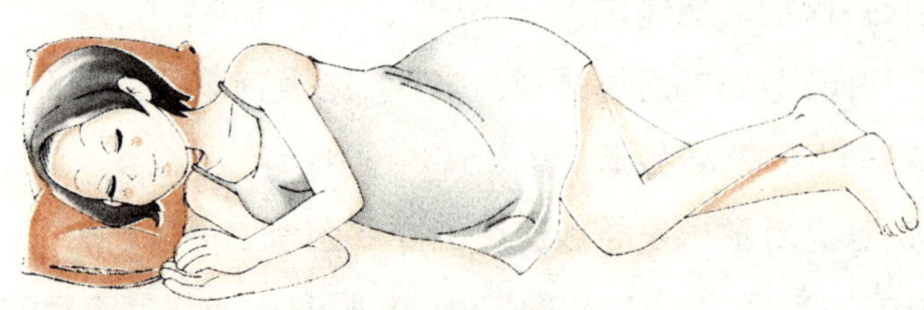

如果孕妈妈感觉下肢沉重，可采取仰卧位，然后用松软的枕头稍抬高下肢。

■ 孕晚期——左侧卧位最好

这个阶段的睡姿对孕妈妈与胎宝宝的安危都有重要的关系，宜采取左侧卧位，此种卧位可纠正增大子宫的右旋，能减轻子宫对腹主动脉和髂动脉的压迫，改善血液循环，增加对胎宝宝的供血量，有利于胎宝宝的生长发育。

要注意，孕妈妈不宜采取仰卧位，这种睡姿会令巨大的子宫压迫下腔静脉，使回心血量及心输出量减少，而出现低血压。孕妈妈会出现头晕、心慌、恶心、憋气等症状，且面色苍白、四肢无力、出冷汗等，如果出现上述症状，应马上采取左侧卧位，血压可逐渐恢复正常，症状也随之消失。

胎教优生小叮咛

任何一种习惯的养成都需要长期坚持，如果孕妈妈一直没有侧卧的习惯，建议从孕早期开始就采用左侧卧的睡姿，也可以从备孕时开始准备。

怎样买到中意的内衣裤

这个月，孕妈妈的身形会发生较大的变化，乳房不断增大，乳头非常敏感，腹围也在一天天增加，以前的内衣裤很可能已经不再合身了，选择一款合适的内衣、内裤是非常重要的事情，怎样才能买到称心如意的内衣裤呢？

下面的建议或许对孕妈妈有帮助。

选购内衣的建议

从怀孕到生产，乳房约增加原先罩杯的 2 倍，这种变化要求孕妈妈根据孕期时间和乳房大小来选择适当的文胸。

❶ 最好选择全罩杯的文胸，并有软钢托支撑。

❷ 面料应选择舒适、吸汗、透气的纯棉质面料。

❸ 色调应选择明亮、轻快的，如白色、粉色、淡蓝色等可以带来好心情的颜色。

❹ 合适的肩带应该在肩胛骨和锁骨之间，这样才不会有束缚感，选购时不妨试穿一下，可以举手、耸肩，看看它是否会掉下来或感到不适。

❺ 临产前的孕妈妈可以选择特别为哺乳设计的哺乳文胸，特点是具有活动式扣瓣肩带，哺乳时不用将整个文胸脱下，只需轻轻按下扣瓣，罩杯前端即可翻下，方便哺乳。

选购内裤的建议

❶ 和内衣一样，孕妈妈的内裤也需要随着腹围的变化来选择，随着孕周的增加，就需要换大一号的内裤。目前，市场上有一种专门为孕妈妈设计的专用内裤，这种内裤一般都有活动腰带的设计，方便孕妈妈根据腹围的变化随时调整内裤的腰围大小，十分方便。

❷ 内裤可选择高腰的设计，能将整个腹部包裹，具有保护肚脐和保暖的作用。

❸ 由于孕妈妈的阴道分泌物增多，所以最好选择透气性好、吸水性强及触感柔和的纯棉质内裤，对皮肤无刺激，也不会引发皮疹。

❹ 在孕晚期，还可以选择有前腹加护的特殊孕妇内裤，这种内裤可以起到托腹带的功效，减轻孕妈妈的身体负担，让孕妈妈轻松度过孕期。

附表

❶ 孕妈妈文胸的尺码及相应上、下胸围对照表

文胸尺码	70C	75C	80C	85C	90D	75D	80D	85D	90D
下胸围尺寸(厘米)	70	75	80	85	90	75	80	85	90
上胸围尺寸(厘米)	85	90	95	100	105	93	98	103	108

注:上胸围尺寸为乳房隆起的最高点;下胸围尺寸为紧贴乳房隆起处的下缘。

❷ 孕妈妈内裤尺码及相应腰围、臀围对照表

内裤尺码	M～L	L～XL	XL～XXL
腹围尺寸(厘米)	78～92	85～110	98～120
臀围尺寸(厘米)	85～95	90～103	100～115

注:腰围尺寸为上半身最细的那部分;臀围尺寸为臀部最丰满的地方。

关乎胎宝宝健康,孕妈妈洗澡有套路

由于新陈代谢逐渐增强,孕妈妈比常人更需要沐浴,以保持皮肤清洁,可洗澡事虽小,却与胎宝宝的健康关系密切,如果孕妈妈在沐浴时不注意方法,有可能会对自身和胎宝宝的健康造成影响,因此,孕妈妈不能忽视了洗澡,孕妈妈洗澡可按以下路数来。

牢记5个安全原则

❶ 温差不要过大

洗澡前后的温差过大,很容易刺激孕妈妈的子宫收缩,造成早产、流产等现象,尤其是夏、冬两季,洗澡的水温应适中(38℃左右),不宜过冷也不宜

过热，不能蒸桑拿，夏季不能洗凉水澡。

❷ 时间不能太长

每次沐浴的时间以10～20分钟为宜，不要长时间用热水冲淋腹部，时间过长容易使角质层软化，导致病毒和细菌的侵入，还容易头昏。

另外，洗澡频率根据个人的习惯和季节而定，最好是每天1次，也可2～3天1次。

❸ 不要坐浴

坐浴容易使细菌进入阴道，造成阴道炎、附件炎等疾病，最好使用淋浴，比较安全卫生。

❹ 不要锁浴室门

孕妈妈洗澡时要注意室内的通风，避免晕厥，如果是在家里洗澡的话，最好不要锁门，以防万一晕倒、摔倒可得到及时救护。

❺ 不要去公共浴池

如果实非得已，应掌握好时间，尽量选择在人少的早晨去，此时水质干净，浴池内空气较好。

清洁还要注意细节部位

❶ 外阴的清洁

除了清洗全身，最重要的是外阴部位的清洗，怀孕后阴道分泌物增多，有时会感觉痛痒，所以一定要每天清洗外阴。外阴最好用清水洗，尽量少用洗剂，避免坐浴，也不要冲洗阴道，否则会影响阴道正常的酸碱环境而引起感染。

小叮咛

洗完澡别急着穿上内裤，可穿上宽松的长衫或裙子，等阴部风干后再穿内裤，可以有效预防阴部瘙痒。

❷ 乳房的清洁

乳房要用温水冲洗，动作要轻柔，不要用力揉搓，以免引起子宫收缩。

❸ 小部位的清洁

肚脐、耳朵、耳背、指甲、脚趾等部位的日常清洁往往被忽视，孕妈妈洗澡时要记得清洗，关于肚脐，可在洗澡前用棉花棒蘸点儿乳液来软化，然后洗澡时冲净即可。

胎教优生小叮咛

洗澡是一种享受，孕妈妈可以用一些小方法令洗澡更快乐、更放松，比如放点儿音乐、用温和无刺激的洗发水或沐浴液进行轻柔地按摩，还可以在咨询专业人士后使用合适的香薰等。

高龄孕妈妈得考虑做个羊膜腔穿刺检查

如果孕妈妈超过 35 岁，那么就属于高龄妈妈了，高龄妈妈孕育相对适龄妈妈来说风险较大，胎儿容易出现小儿先天性缺陷，在怀孕第 3 个月的时候，高龄妈妈需要作一次羊膜腔穿刺检查，这样可以及时发现一些胎宝宝的先天缺陷。

■ 羊膜腔穿刺检查的原理

羊膜腔穿刺是一种抽取羊水来检测胎宝宝染色体是否异常等的一种检查，准确率高达 99%，是目前最常用的检查方法。羊水与胎宝宝的关系很密切，羊水中有胎宝宝皮肤、消化道等处脱落的细胞以及胎宝宝代谢的产物。在B超的协助下，做羊膜腔穿刺抽取羊水，然后将羊水中的细胞沉淀后作接种培养，可以得到胎宝宝的细胞染色体，从而诊断有无染色体病。

■ 羊膜腔穿刺检查的过程

检查过程并不麻烦，具体为：

❶ 孕妈妈平躺，排空膀胱后进行腹部超声波检查，确认胎宝宝数、胎位、胎宝宝形态、胎盘位置及羊膜腔位置等，确定下针的位置。

❷ 以超声波作为引导进行穿刺。

❸ 先抽5毫升羊水舍弃不要，再抽取20毫升羊水，这个过程差不多需要5分钟。

❹ 抽针，再观察胎宝宝心跳等是否正常。

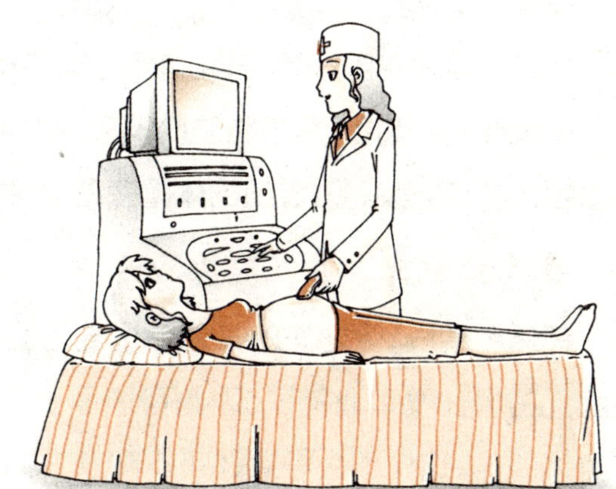

这个过程是不需要麻醉的，是目前应用最广泛而且较安全可靠的诊断手段，所以孕妈妈不用担心，另外抽出的第一针可能含有孕妈妈的细胞，所以舍弃不用。

胎教优生小叮咛

因为要穿刺羊水，许多高龄孕妈妈害怕胎宝宝和自己受到伤害，因而不愿意作羊膜腔穿刺检查，其实这种伤害十分微小，几乎为零，孕妈妈大可不必忧心。

别上了体重下降的当

有的孕妈妈体重会在怀孕早期暂时下降，等到孕中期和孕晚期又慢慢回升，还有的孕妈妈在孕前超重，体重在孕期有所下降，这种情况该怎么办呢？

■ 孕妈妈体重下降的原因

❶ 孕妈妈超重

怀孕期间增加的体重一部分是以脂肪的形式储存起来的，作为能量提供分娩和哺乳期间使用，如果已经有了足够的储备，身体会消耗掉这部分能量。

如果孕妈妈超重，孕前脂肪比较多，则孕期储存的脂肪会减少，增加的体重也会减少，超重越多，增加的体重会越少，甚至还可能出现体重下降的情况。

❷ 身体优先为胎儿提供营养

在怀孕期间，孕妈妈的身体会优先为胎儿提供营养，所摄入的热量大多被胎儿的生长发育消耗了，因此可能需要动用以前储存的脂肪来供给自己的身体所需，这样也会导致体重下降。

❸ 饮食没有变化

孕期，孕妈妈需要更多的热量，如果饮食没变，孕妈妈的体重多会下降一些。

❹ 孕吐

很多孕妈妈在孕早期体重下降是孕吐造成的，因为孕吐会降低食欲。

■ 体重下降不必太过担心

孕妈妈不用太担心体重下降会影响胎儿，只要注意营养，一般不会影响到胎宝宝的发育。有针对孕期恶心和呕吐严重的孕妈妈所做的研究表明，虽然孕妈妈体重下降了，但胎儿状况仍然良好，还有研究表明，肥胖的孕妈妈体重下降或体重变化很少，对宝宝都没有影响。

不过，孕妈妈的饮食一定要有营养，为胎儿提供生长发育所需要的营养物质，同时也不要让自己饿着，保持健康最重要。

■ 孕妈妈体重增加的标准

孕妈妈体重增加的范围以 9～13.5 千克为宜，其中体重较低的孕妈妈范围可适当增加，体重较重的孕妈妈则应相应减少。

就整个孕程而言，14 周以前每周可以增加 0.1 千克，15 周以后至生产，每周可以稳定增加 0.45 千克，每周还应以不超过 0.5 千克为原则。

胎教优生小叮咛

如果孕妈妈体重突然发生剧烈的变化，比如一周内下降或增加了 5 千克，这时一定要引起注意，立刻咨询医生，这很可能意味着更潜在的问题。

这些护肤品孕妈妈需要回避

大部分的护肤品孕妈妈都是可以使用的，只是要注意一些小禁忌。

❶ 含有精油、高纯度植物提取物（简单地说，就是那些号称植物系的品牌）或雌性激素的护肤品。

对孕妇而言，这样的护肤品有很强的刺激性，可能会影响宝宝的正常发育，最好停止使用。

❷ SPA 香薰护理。

如果没有专业人士的指导，孕早期的妈妈千万别做，就算孕3月过去了，使用香薰油也应小心，如果没有很好的香薰知识，整个孕期最好不使用香薰。

❸ 电流的美容仪（离子导入等）之类。

即使电流很小也会流遍全身，可能对胎宝宝造成不利影响，因此这类物品不能用，护理的体系应以清洁和滋润为主。

❹ A酸产品。

这类产品应禁止使用，不过含A醇和A醛的护肤品可以小面积使用，如果没有必要则可以不使用。

❺ 针对妊娠纹的霜或按摩油产品。

不要在孕早期使用这类产品，最好在怀孕3个月后再使用。

胎教优生小叮咛

在身体护理上，孕妈妈还有一些不能做的，比如足底穴位按摩、蒸桑拿之类。孕妈妈脚掌有厚趼时，不可用手撕，可以由准爸爸使用专门的刮刀去除，然后用稍微热一些的水泡脚，注意水温不要超过50℃。

这些预防针最好不要打

打预防针能保护孕妈妈的健康，不过，有流产史的孕妈妈不能打预防针，也并非所有的预防针孕妈妈都能打。

■ 麻疹疫苗

麻疹疫苗是活疫苗，注射后可能对胎儿造成不良影响，孕妈妈不能注射。

一般来说，如果孕妈妈从来没有得过麻疹，也没注射过麻疹疫苗，却又接触了麻疹患者，这时应马上注射丙种球蛋白，不过，这种情况非常少见。

风疹疫苗

风疹疫苗也是活疫苗，孕妈妈也应禁用。

未患过风疹，在孕早期又接触过风疹病人时，可以考虑终止妊娠，因为风疹极易引起胎儿畸形，而免疫球蛋白的预防效果又不能肯定。

此外，水痘、腮腺炎、卡介苗、乙脑和流脑病毒性减毒活疫苗，口服脊髓灰质炎疫苗和百日咳疫苗，孕妈妈都应忌用。

胎教优生小叮咛

在怀孕后，孕妈妈应该向医生详细介绍自己的健康状况及过敏史，让医生帮忙决定究竟该不该注射疫苗，这样才能准确地判断该不该打某种疫苗。

胎教在生活的点滴中

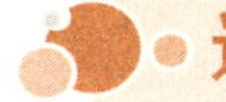

远离二手烟

很多孕妈妈虽然自己不抽烟，但是却忽视了身边二手烟的影响，没有意识到二手烟正在对自己和胎宝宝造成危害。

孕妈妈被动地吸入二手烟的危害

1. 可能增加准妈妈患胃病的概率，还可能会引起厌食情绪。
2. 烟尘中的有害物质可能引起胎宝宝畸形或流产。

❸ 由于烟雾里面含有的尼古丁可以引起子宫动脉收缩，使母体不能顺利地给宝宝供氧，从而可能导致宝宝氧气不足、营养不良。

为了自身及胎宝宝的安全，孕妈妈不仅自己不能抽烟，也应注意预防二手烟。

■ 怎样预防二手烟

预防二手烟，平时一定要养成良好的习惯。

❶ 自己坚决不要吸烟，同时还要回避有烟污染的环境，这样可以防止被动吸入二手烟。

❷ 请家人也坚决不要在家里吸烟，如果家里有来串门的客人，也要妥善地提醒客人请他们不要吸烟。

❸ 尽量不要去公共场所，因为公共场所是没有办法控制和呼吁的，而且人员混杂，难免会有二手烟。

■ 职场孕妈妈怎么避免二手烟

❶ 群发一条 QQ 消息：可以群发一条动之以情、晓之以理的消息或是 E-mail，写的时候，要特别注意措辞，将打招呼和提要求尽量表达得自然而诚恳。

❷ 幽默提醒：如果觉得写 E-mail 太麻烦，或这样比较柔情的提醒还不能起到作用，可以试着做一些幽默的提醒，例如摸着肚子模仿宝宝的口气说："叔叔，我叫萱萱，刚才被呛到了一口，好险哦。"

胎教优生小叮咛

当无法避免出现二手烟时，孕妈妈要记得尽量到空气流通的地方，保证自己呼吸到新鲜的空气。

培养胎宝宝的艺术细胞

艺术胎教是指孕妈妈通过进行一些艺术类欣赏、追求、练习，比如书法、绘画、欣赏名家画作、阅读好书等，从而提高自己和胎宝宝的艺术修养。

艺术胎教能加强宝宝对艺术的理解力

对胎宝宝进行艺术胎教，可以使得胎宝宝在腹中就受到熏陶，获得美的享受，从而培养起艺术细胞，宝宝出生后的艺术理解力也会比别的孩子强。

胎儿与孕妈妈之间有着微妙的心理感应，孕妈妈的一言一行都将对胎儿产生潜移默化的影响，胎宝宝的大脑已经开始发育，不仅能感受孕妈妈的艺术熏陶，而且右脑有潜意识的记忆能力，其出生后遇到类似的情景会刺激脑细胞，激发潜意识，唤起胎儿期的记忆。

因此，为了让宝宝拥有良好的艺术修养，孕妈妈应从胎儿期就开始进行艺术胎教，多欣赏画作、摄影作品，多看优美的文学作品，自己也可以绘画、插花、剪纸等。

胎教优生小叮咛

任何胎教的最主要目的都是让胎宝宝感受到爱，给胎儿造就安宁与舒服的生活环境，艺术胎教也是如此，所以，孕妈妈进行艺术胎教也应注意选择，一些令人心情悲伤沉重、心绪不宁的作品应注意避免。

欣赏优美的摄影作品

摄影是一门较为年轻的艺术门类，它是一种对现实的高度概括，与任何艺术一样，它来源于生活而高于生活，拍摄者使用照相机反映社会生活和自然现象，用有艺术感染力的照片来表达思想感情。

摄影中包含的不仅仅是画面中表现出来的影像，还包含了诸如哲学、人类学、社会学、历史学、艺术史等方面的背景，是一种雅文化，孕妈妈学会欣赏名家摄影作品，可令自己对艺术的理解更深刻，也可将艺术感染力传递给胎宝宝。

这个阶段，孕妈妈不妨多欣赏一些优美的、以孕妈妈和胎宝宝为主题的摄影作品，这样的作品特别能引起孕妈妈的共鸣，艺术感染效果更好。

胎教优生小叮咛

如果孕妈妈对摄影技术有一定的了解，也可以尝试自己来摄影，做生活的摄影师，这不仅能提高艺术修养，还能提高对美学的把握，一举多得。

孕妈妈不适合看的三类电影

相信很多孕妈妈都是铁杆影迷，总忍不住心里痒痒想看电影，其实这并不是坏事，只要方法得当，是对胎宝宝一种很好的艺术熏陶，但孕妈妈要注意的是，有些电影孕期一定要回避。

❶ 场面刺激的电影

场面惊险刺激的电影容易出现惊险的场景，而且音响效果强烈，孕妈妈很容易跟着紧张，胎儿还会躁动不安，这对胎宝宝的发育很不好。

❷ 剧情恐怖或悲伤的电影

剧情过于恐怖或悲伤的话，孕妈妈也容易受感染而受惊或伤怀，这也就是为什么人看到伤感的电影会情不自禁流泪的原因，孕妈妈要保持快乐的情绪，应避免这类电影。

❸ 暴力、血腥镜头很多的电影

这类电影基本起不到舒缓孕妈妈情绪的作用，只会加重紧张、焦躁，同时令胎宝宝不安，因此，孕妈妈千万不要涉足这类影片。

孕妈妈看电影前，不妨请准爸爸筛选一番，将色情、暴力、血腥、恐怖、悲伤、无聊、刺激的电影筛除掉。

胎教优生小叮咛

为追求最佳的观影效果，有的孕妈妈希望到影院去看或看3D电影，建议孕妈妈在孕早期和孕晚期最好别这么做，影院声响效果强烈，即使去也应作好隔音准备，一旦宝宝胎动强烈，应及时退出。

听音乐《田园》

《田园》是贝多芬的F大调第六号交响曲，也是贝多芬最受欢迎的交响乐之一，这部作品1808年在维也纳首演，由贝多芬亲自指挥，在首演节目单上，他写道："乡村生活的回忆，写情多于写景。"

《田园》的灵感来自于大自然，整部作品表达了对大自然的依恋之情，细腻动人，朴实无华，宁静而安逸。这首乐曲让人感受到人与自然既和谐又统一的佳境，自然的千姿百态与音乐的宏伟互为映衬，就像一幅用眼睛看不见的图画，美妙而令人身心舒展。

胎教点读

回想自己曾经观赏田园的景象，这种感觉或许用文字难以描述，那么不妨来听听贝多芬优美动人的乐曲，让它伴随着你，去漫游那恬静的田园风光。

漫步于小区花园或是林荫小道时，听一听这曲《田园》，满耳的大自然的声音和满眼的大自然的颜色会让你从心灵深处呼吸到那纯净清新的空气，和胎宝宝一起，美美地感受一下吧。

补足蛋白质和维生素，帮助宝宝大脑发育

蛋白质和维生素是对脑发育影响最大的营养素之一，在大脑发育所需

的各种营养素中占有较大的比例。

■ 蛋白质是智力活动不可缺少的物质

蛋白质占脑干总重量的30％～35％，是人大脑复杂智力活动中不可缺少的基本物质，如果在胎儿期蛋白质供应严重不足会引起胎宝宝大脑的发育障碍，因此，应多通过饮食进行必要的补充。

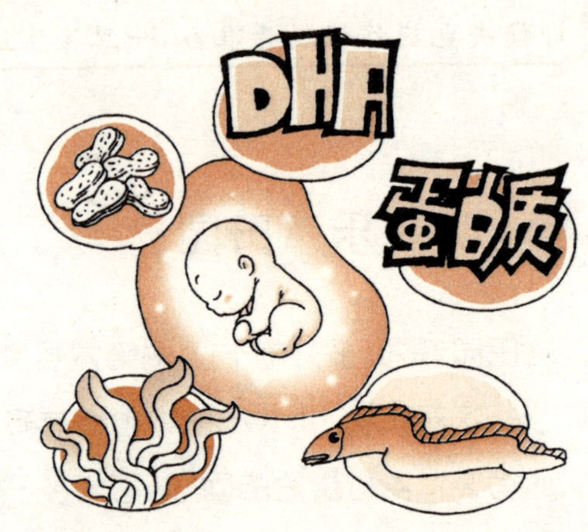

孕妈妈可经常吃的富含蛋白质的食物有：

猪肝、瘦肉、鸡肉、鱼肉、蛋类以及豆制品类等，都对胎宝宝大脑发育很有帮助，另外，牛奶、酸奶也富含人体必需的完全蛋白质。

■ 维生素能使胎宝宝大脑发育得更好

❶ 维生素C

维生素C充足时，可明显促进胎宝宝大脑的发育，使大脑灵活敏锐，对宝宝以后的智商和记忆力都会很有益。

孕妈妈可经常吃的富含维生素C的食物有：

新鲜水果、蔬菜、豆类，尤其是番茄、柑橘、草莓、葡萄，不妨在饭间多吃一些这样的水果。

❷ B族维生素

包括维生素B_1、维生素B_2、维生素B_6、烟酸、维生素B_{12}等，它们通过帮助蛋白质代谢而促进脑的活动。

孕妈妈可经常吃的富含B族维生素的食物有：

番茄、橘子、香蕉、葡萄、梨、核桃、栗子、弥猴桃等水果。

③ 维生素A

维生素A是维持胎宝宝智力正常的重要物质，若缺乏会导致智力低下，孕期应适当补充维生素A，但不可过量，一般一天1毫克的量就可以满足需求，不提倡服用维生素A制剂，可用食补的方式。

孕妈妈可经常吃的富含维生素A的食物有：

胡萝卜、甘薯及玉米，此外，合理的乳制品和蛋类可以比较好地维持维生素A的水平。

④ 维生素E

维生素E可为大脑神经细胞的活动提供足够的营养与氧分，充足的维生素E能使宝宝日后更加聪明。

孕妈妈可经常吃的富含维生素E的食物有：

坚果（松子、核桃等）、蛋黄、动物肝脏、大豆及豆制品、鱼类、植物油等。

少量多餐，保证胎宝宝的营养

孕妈妈在怀孕早期，因为早孕反应的原因，往往容易没有胃口，会影响营养的摄入，因此应少量多餐，以保证胎宝宝的营养，每顿吃到六七分饱即可，以免反胃恶心，如果中途饿了，则及时加餐，一天可吃5～6顿，以孕妈妈的实际需要为准。

此外，孕妈妈的饮食应该以清淡为主，多吃点儿易消化、清淡少油腻的食物，可以根据自己的口味和喜好来选择，即选择自己平时爱吃的食物，如果孕妈妈的胃口一直很差，可以适

当加重饭菜的滋味，但仍需以清淡的食物为主。

还要注意的是，有的孕妈妈以为每次多吃一点儿，才能保证胎宝宝的健康，其实，孕妈妈应根据身体的需要来进食，不要勉强吃喝，否则可能导致营养过剩。

胎教优生小叮咛

孕妈妈如果每顿都吃得有些少，饿得特别快，可以在饭间吃些水果、奶类、点心等，还要记得多喝水。

自制双皮奶，留住温柔好味道

双皮奶是广东顺德的名小吃，香气浓郁，奶味浓，蛋味够，入口香滑，口感细腻，像婴儿的皮肤一样滑，每一口都有幸福的味道，虽然不能每天吃到顺德双皮奶，但孕妈妈可以自己在家做，同样能留住好味道。

■ 需要准备的材料

牛奶(较浓的奶香味更好)120 毫升

鸡蛋 2 个

白糖适量

■ 制作步骤

❶ 用慢火把牛奶和白糖煮开，离火后装入碗中冷却备用。

❷ 把鸡蛋蛋清用筷子迅速搅拌成蛋浆。

❸ 将冷却的牛奶的奶皮小心刺破，将牛奶缓缓倒入蛋浆中，奶皮会稳妥地落入碗底。

❹ 将蛋浆和牛奶充分搅拌溶和，再缓缓地倒回有奶皮的碗中，碗底的奶皮会慢慢浮起，覆盖在混合液上。

❺ 用保鲜膜将碗口密封好(保鲜膜不要与奶皮接触，不然蒸出来表面

会不平整)，入蒸锅隔水蒸 10～15 分钟，起锅，冷却。

❻ 将冷却后的双皮奶放入冰箱冷藏即可。

在房间里贴几张漂亮宝宝照片

孕妈妈可以物色一些漂亮宝宝的图片或相片，在卧室的墙上贴上喜欢的各种大小的宝宝像，或在床头挂上大幅漂亮宝宝的图片。如果找得到自己小时候的漂亮照片，也可以经常拿出来翻看，或是贴在床头。这样，孕妈妈就可以将它们当做是宝宝未来的样子，随时看见都能激发美好的想象，与胎宝宝一起陶醉在这种美好的心情中。

胎教点读

当孕妈妈看着可爱的宝宝相，怀着一颗期待的心情想象宝宝的模样，等待宝宝到来时，心情也会变得特别的“靓”。这种“靓”心情，自然会给胎宝宝良好的刺激，他的“心情”也会变“靓”。

养几株植物，令心情更舒缓

从现在起，孕妈妈多关注一下花花草草吧，植物能让人的心灵鲜活、舒畅、充实，孕妈妈养几株植物，可令心情更好、更宁静。

孕妈妈适合养哪些植物

❶ 能吸收有毒化学物质的植物

芦荟、吊兰、龟背竹是天然的清道夫，可以清除空气中的有害物质。

花叶芋、红背桂等是天然的除尘器，能截留并吸滞空气中的飘浮微粒及烟尘。

❷ **能杀病菌的植物**

仙人掌肉质茎上的气孔白天关闭，夜间打开，在吸收二氧化碳的同时，制造氧气。

玫瑰、紫罗兰、薄荷等植物可使人放松、精神愉快，有利于睡眠。

❸ **能驱蚊虫的植物**

蚊净香草不仅观赏价值高，还能散发出一种清新淡雅的柠檬香味，在室内有很好的驱蚊效果，对人体却没有毒副作用。

除虫菊含除虫菊酯，也能有效驱除蚊虫。

■ 孕妈妈不能养的植物

并非所有的植物都绝对安全、环保，以下植物，孕妈妈最好不要养。

❶ **本身含有毒性的花草**

夹竹桃、郁金香、含羞草、秋水仙等有微毒。

❷ **松柏类植物，包括玉丁香、接骨木等**

这类植物会分泌脂类物质，放出较浓的松脂味，对人体的肠胃有刺激作用，闻久了，会引起恶心、食欲下降，尤其是对孕妈妈影响较大。

❸ **使人产生过敏的花草**

如紫荆花、洋绣球等，接触它们可能诱发哮喘、咳嗽、引发瘙痒症。

❹ **耗氧性花草**

如夜来香、丁香等，它们进行光合作用时，大量消耗氧气，影响人体健康，夜来香、兰花、百合花的香气还会让孕妈妈过度兴奋而引起失眠。

胎教优生小叮咛

室内的绿色植物不宜摆放过多，特别是卧室，孕妈妈还可以考虑养一些容易成活的植物，像美人蕉、仙人掌、月季花等，这样可以不必太费心打理。

孕期抑郁常常来，学几招轻松应对

近10%的孕妈妈在怀孕期间会感觉到不同程度的抑郁，几乎每个孕妈妈都可能遇到抑郁的情况，主要表现为焦虑、易怒、疲劳、提不起精神、想哭等，如果出现抑郁状况，孕妈妈要学会应对，下面的方法可能会有帮助。

❶ 不妨多些阿Q精神

可别小瞧了阿Q精神的力量，放在如今，阿Q精神绝对是担得起幽默的重责哦，不但能迅速地解除不快想法，而且能令生活充满喜剧色彩，让自己和周围的人更开心，是击退抑郁情绪的绝好帮手。下次胃口不佳时，不妨这样想：这是因为胎宝宝太健康，暂时不需要吃饭。

❷ 做做糊涂鬼也不错

很多时候，心情不好是因为过于在意，当遇到一些不想理会的问题时，孕妈妈不妨装傻充愣，难得糊涂嘛，少操点儿心自然能让抑郁无处安身。

❸ 要相信兵来将挡，水来土掩

孕妈妈容易为一些琐事而烦忧，例如，怀孕了会不会被炒鱿鱼，长斑了会不会很难看等，人生在世，不如意者十之八九，该发生的始终都会发生，而不该发生的也终究不会发生，孕妈妈大可不必忧烦，事情再糟，也不会糟得太离谱，工作没了还可以找更好的，斑点以后会消退，孕妈妈要相信：兵来自有将来挡，水来自有土来掩。

❹ 吃一点儿海味

常吃虾、海鱼、海带等海味有助于减少孕期抑郁的发生，不过，要注意的是，海鲜一次不能吃太多，螃蟹性味寒凉，在孕期不宜食用。

胎教优生小叮咛

防止孕期抑郁主要还是由“心”入手，孕妈妈除了要保持乐观、良好的心态，还要及时与家人交流，把心中的不良情绪宣泄出来，这将让孕妈妈得到更多的宽慰和鼓励。

孕期体操——床上运动

床上运动不需花费太多的时间，可以锻炼四肢和腰部，清晨和晚上都可进行，是一套比较适合孕早期进行的体操。

❶ 自然地坐在床上，两腿前伸成“V”字形，双手放在膝盖上，上身右转，保持两腿伸直，足趾向上，腰部要直，目视右脚，慢慢从 1 数到 10，然后再转至左边，同样数到 10，恢复原来的正面姿势。

❷ 仰卧在床上，膝部放松，双足平放于床面，两手放在身旁，将右膝抱起，使之向胸部靠拢，然后换左腿。

❸ 仰卧在床上，双膝屈起，手臂放在身旁，侧身滚向左边，用左臀着床，头向右看，恢复原来姿势。然后滚向右边，以右臀着床，头向左看，反复做几次，以活动颈部和腰部。

❹ 跪于床上，双手、双膝平均承担体重，背部挺直，使头与脊柱成直线，慢慢将右膝抬起靠近胸部，然后抬头，右腿向后伸直，然后换左腿进行。

胎教优生小叮咛

在整个孕期，孕妈妈最好持之以恒，坚持每天做孕期体操，这样可以达到最好的效果。不过，要根据自己的身体状况来决定锻炼量，动作要轻柔，以不感到疲劳为宜。

瑜伽是孕期可常做的运动

瑜伽是一种很柔软的运动，非常适合孕妈妈的生理需要，现在也有专门为孕妈妈量身打造的孕期瑜伽，对调节身心很有帮助，好处很多。

❶ 增强身体的平衡感

孕期瑜伽比较舒缓，可以增强体力和肌肉张力，增强身体的平衡感。

❷ 放松心情，提高注意力

孕期瑜伽能让孕妈妈更了解自己的身体，平缓焦虑、紧张的心情，集中注意力。

❸ 缓解身体不适

通过练习孕期瑜伽，可以改善血液循环，增强肌肉的力量和伸缩性，可缓解腰酸、背疼和肌肉劳累。

❹ 有助于顺产

练习孕期瑜伽可不知不觉地放松腹部肌肉，这对于缓解或减少生产过程中的痛楚和不适大有帮助，有助于顺产。

❺ 改善睡眠，消除失眠

练习孕期瑜伽能让你的睡眠更香，更容易入睡，并一觉睡到天亮。

❻ 令胎宝宝更灵活敏锐

练习瑜伽也会给予胎宝宝适当而温和的刺激和按摩，令宝宝出生后变得更加灵活敏锐。

胎教优生小叮咛

在正式开始练习孕期瑜伽前，不管以前是否练习过瑜伽，必须在咨询产科医生，并得到许可之后，才能开始练习。

孕期瑜伽——直立式

直立式常用来休息放松，适合初级练习者，孕妈妈在孕早、中、后期皆可练习，具体做法是：

❶ 双脚平行分开站立，身体重量平分在两脚上，闭上眼睛，放松双膝（不要弯曲双膝，膝盖部位不要往后拉或收紧），舌头保持柔软平放在口腔底部，不要咬紧牙齿，不要抵住上颚，放松双肩，感受耳垂和肩膀之间的空间感，觉得肩膀非常自然柔软地落在耳垂下方，心里继续体会这种柔软的感觉顺着手臂，经过手腕流到指尖，体会它从脊椎顺流而下的感觉。

❷ 先放松胃部肌肉，然后是臀部肌肉，这种柔软的感觉继续顺着双腿，经过双膝到达双脚，想象你的双脚是扎在土地里不断生长的根，感觉一天的不适和压力都从大脑出来，顺着脊柱和腿，从脚板排出，这个姿势保持的时间越长，身体感觉越平静。

这是开始练习瑜伽之前的一个很好的预备姿势，注意练习中呼吸要保持平稳。

胎教优生小叮咛

孕妈妈练习瑜伽时，要避免选择那些强度大的动作练习，一切动作都应以缓和而从容的心情去做。

练好孕期瑜伽重在正确地呼吸

练习孕期瑜伽很重要的一点就是呼吸要正确，孕妈妈可参考以下正确的呼吸法。

❶ 仰卧在垫子上，屈膝，两膝靠拢，双脚分开，略比臀宽。

❷ 待感觉呼吸平稳时，放松手臂、手、肩膀，双手轻放于腹部，鼻子吸气并有意识地让空气到达体内手下方的位置，手臂不动，让气流带动两手自然分开，进行10次有控制的深呼吸。

❸ 将双手移至乳房下方以及乳房上方锁骨以下的位置，各重复10次深呼吸，默记空气通过肺的各个部分时的感觉。

❹ 以平常的方式呼吸10次以放松身体，手臂置于身体两侧，手心朝上。

❺ 接下来进行一次缓慢的、有控制的深呼吸，让空气逐渐从肺底部至中部，最后到顶部充满整个肺；呼气时，先呼出肺顶部的空气，然后是中部，最后是底部，重复10次。

❻ 以平常的呼吸方式放松即可。

孕妈妈要注意的是，练习时不要咬紧上、下齿，舌头保持柔软置于口腔底部即可，保持放松。

胎教优生小叮咛

孕妈妈练习瑜伽前，应先做正确呼吸法，仔细观察自己的呼吸情况，看是否平稳有规律，待呼吸自然后再开始练习。

自制新生宝宝礼物——小肚兜

宝宝出生后要避免着凉，为他准备一些肚兜就能避免小肚子着凉了，自制肚兜很容易，做法也简单，有绣工的孕妈妈还能在肚兜上发挥更多的好创意。

更重要的是，想到这将成为宝宝的礼物，相信孕妈妈一定会很有成就感，这种积极的情绪对胎宝宝的发育将非常有利，所以，孕妈妈怀着美好的期待，来为胎宝宝准备这份有意义的礼物吧。

■ 需要准备的材料

两块棉质的方布，尺寸约为 30 厘米×30 厘米，可自己进行调整，带子 4 根（用同样的棉质布料裁剪，或其他棉质系带）。

■ 制作步骤

❶ 将两块棉布面朝外相叠，然后对折成三角形。

❷ 将一边为折边的任一角裁剪出凹弧形，用做脖子部分，其余两角剪成凸圆形。

❸ 将剪好的布料展开，缝合两块布的接口，然后在脖子两端以及两边腰部各缝一条带子即可。

准爸爸做胎教

让家庭氛围变得更好些

在孕妈妈的整个妊娠过程中，大多数的时间都是在家中度过的，家庭气氛和谐与否对胎宝宝的生长发育影响很大。

和谐的家庭气氛是造就身心健康后代的基础，在和睦相处的氛围中孕妈妈得到的是温馨的心理感受，胎宝宝也能在如此良好的环境中获得最佳熏染，从而促进身心的健康发育。

准爸爸作为家庭主干，对家庭氛围的影响不可小瞧哦，准爸爸有责任为孕妈妈创造良好的家庭氛围。

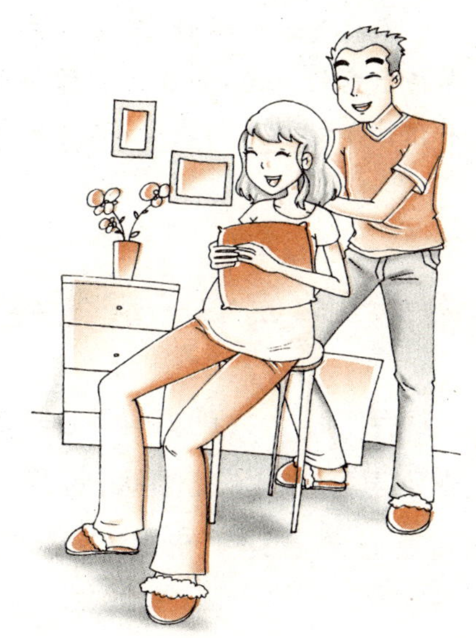

❶ 积极热忱地为孕妈妈及腹内的胎宝宝做好服务，不断地给孕妈妈的精神与饮食起居上的充分照顾，扮演好未来父亲的荣耀角色，使孕妈妈觉得称心，胎宝宝也会感到惬意。

❷ 准爸爸应该多体贴、关心、爱护孕妈妈，主动承担较重的家务劳动，孕妈妈也不应存有“怀孕有功”的念头，适当地做些较轻的家务活也是有益无害的。

■ 值得借鉴的周总理家庭八互歌

众所周知，周总理的一生对家庭气氛控制得特别好，他和邓颖超根据几十年的生活实践，总结出了一首“八互歌”，可作为准爸爸创造温馨家庭的借鉴。

一互敬，多协商。二互爱，情意长。
三互信，莫乱想。四互勉，共向上。
五互助，热心肠。六互让，不逞强。
七互谅，心坦荡。八互慰，暖心房。
合家欢，乐无疆。八互歌，切莫忘。
努力做，认真想。携手进，路宽广。

“八互歌”道出了怎样才能使夫妻和谐、家庭温馨，互敬互爱是共同创造温馨家庭的感情基础。

胎教优生小叮咛

家庭气氛好不好，其实最主要的还是看准爸爸是否有诚心，要抱着期待乐意的心态，如果抱着敷衍的态度，如果不情不愿，做任何事情也不会让孕妈妈感到体贴，反而无益于家庭氛围。

和孕妈妈一起看会儿综艺节目，舒缓坏心情

综艺节目最大的好处是：轻松简单，具有娱人娱己的精神，总能让人在欢声笑语中忘却烦恼，对调节气氛和舒缓坏心情特别有好处，几乎能有效治愈各种不快，如果准爸爸能和孕妈妈一起看，那笑料会更充分。

所以，准爸爸不妨筛选几个在内容上合格（格调不要低俗，场面不要太刺激）的节目，比如《大声说》《快乐大本营》《我猜我猜我猜猜猜》等，事先确定节目当期的主题，然后安排一些时间陪孕妈妈看一看。

胎教优生小叮咛

综艺节目吸引人有一个共同的特点，就是拥有幽默感十足的主持人，准爸爸不妨吸收这一点，平时多发挥自己的幽默感，生活也能成为一台气氛良好的综艺节目。

帮孕妈妈克服过分依赖的心理

孕妈妈怀孕后，感情会变得很脆弱，在精神上和心理上都不愿离开准爸爸，对准爸爸有一种依赖感，希望准爸爸能时时陪在身边和自己一起分享快乐、分担忧患。

另外，孕妈妈生理上的巨变也会造成心理上的不平衡，准爸爸的陪伴能起到一种稳定的作用，孕妈妈往往希望准爸爸能以自己为中心，时时关心自

己，处处照料自己。

这种依赖心理既有生理上的需要，也有感情上的需要，这都是正常的。但是孕妈妈如果过分依赖准爸爸，也会给胎宝宝造成不好的影响，而且由于工作和其他事情，准爸爸也无法时时刻刻陪着孕妈妈。

不过，准爸爸千万不可对孕妈妈不耐烦，要学会帮助孕妈妈克服过分依赖的心理。

准爸爸平时不要吝惜几句温暖的话，多关心孕妈妈，跟孕妈妈说些贴心话，多表白自己的爱心，令孕妈妈心安，这也能使胎儿受到爱的鼓励，孕妈妈得到了必要的关心就不会太依赖准爸爸。

此外，准爸爸还要帮助孕妈妈认识到坚强与毅力的好处，孕妈妈的自尊自强、坚强毅力、独立充实对胎宝宝的生长发育有着无形的影响，能使得胎宝宝养成自强自立的良好品质基础。

第四章

第4个月　你真实地感受着他的存在

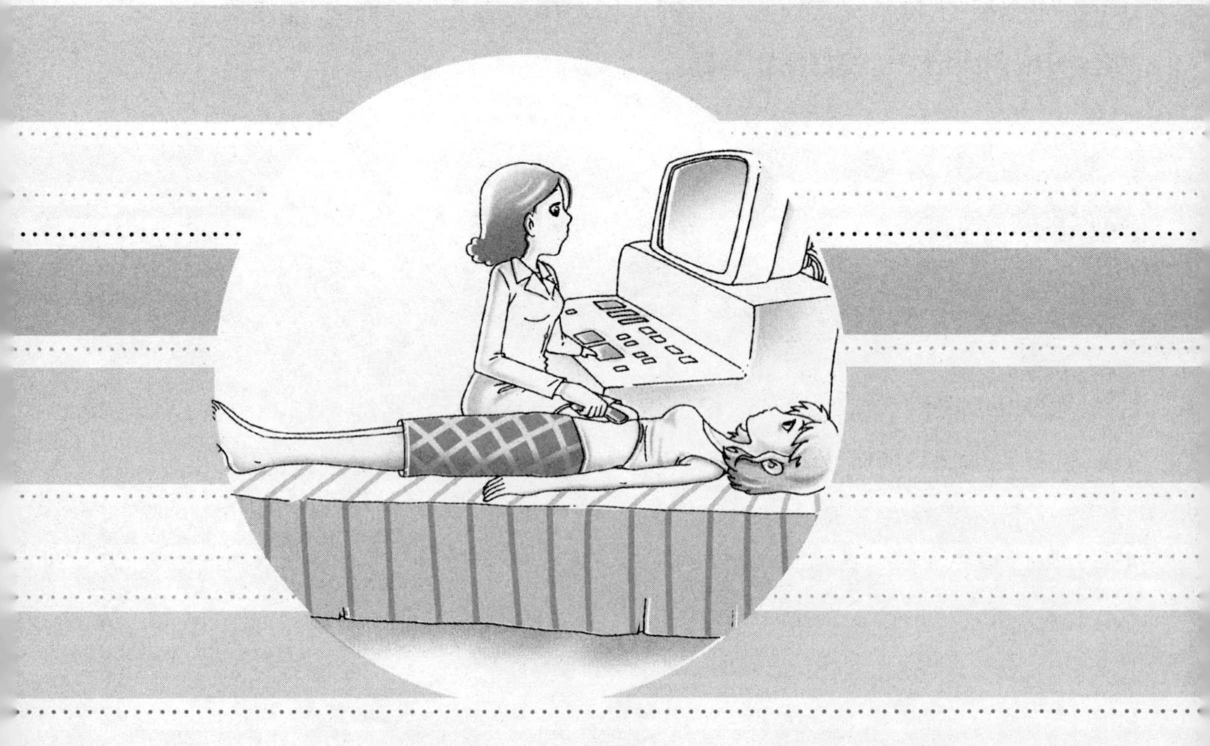

本月胎教要点

进入本月之后，孕妈妈体内的环境已比较稳定，胎宝宝逐渐长得大起来，肝、肾及其他消化腺已开始发挥作用，胎宝宝活动的幅度与力量越来越大，孕妈妈已经可以感觉到胎动。

这个时期的孕妈妈除需要像第3个月那样继续调节好饮食生活，做好“外象内感”的胎教外，可增加一些新的胎教内容，如抚摸胎宝宝、训练胎宝宝的运动功能等。

在怀孕第4个月，你的胎教重点是：

注重饮食的调理

此时，胎宝宝进入了急速生长时期，因此需要充分的营养，要多摄取蛋白质、植物性脂肪、钙、维生素等营养物质。

多与胎宝宝沟通

这个时期，胎宝宝对声音已相当敏感，能分辨和听到各种不同的声音，并能进行“学习”，所以，孕妈妈准爸爸应每天不定时地和胎宝宝讲话，互相沟通，及时地给予胎宝宝听力训练。

这个阶段，还可适当地做抚摸胎教，训练胎宝宝的运动能力。

妈妈，你一定常常在担心我现在怎么样了，所以你总是用手不停地在肚皮上摸来摸去，其实啊，只有我知道你还摸到我的身体哦，虽然我长得特别快，但还是不够大，但我现在可壮实了，妈妈放心。

我已经完全适应了新房子里的生活，而且我最近还和“房东”协商好了，它答应帮我慢慢扩大房子的体积，让我不至于太拥挤哦。至于我的娱乐活动嘛，也是很丰富的，我会做鬼脸、吮手指，还会打嗝呢，我还有个好朋友，它叫脐带，我很喜欢和它玩，没事时我喜欢动动新胳膊、新腿，妈妈，你感觉到我的存在了吗？

胎宝宝在发育

13 周胎宝宝——胎盘发育完成

进入本周之后，胎宝宝的脸看上去更像漂亮的娃娃了，脸部比较清晰，现在的身长为 70～76 毫米，体重在 20 克左右。

胎宝宝的眼睛在头的额部更为突出，两眼之间的距离拉近了，眼睑仍然紧紧地闭合，嘴唇能够张合，耳朵现在很安稳地长在脑袋两边，脖子已经发育得足以支撑头部了，手指上开始出现指纹，手指开始能与手掌握紧，脚趾与脚底也可以弯曲，神经元迅速地增多，神经突触形成，胎宝宝的条件反射能力加强。

■ 重要的胎盘

在这一周，陪伴胎宝宝整个孕期的一个重要部分发育完成，这就是胎盘，同时从胎盘将营养和氧气输送到胎宝宝体内的通道——脐带也已经稳定地投入工作。同时，它也负责将胎宝宝的代谢废物运送出去，在接下来的孕期里，胎宝宝将源源不断地从胎盘里得到自己所需要的营养和氧气，迅速而稳健地继续发育。

胎教优生小叮咛

这时如果孕妈妈用手轻轻在腹部碰触，胎宝宝就会蠕动起来，不过，孕妈妈仍然感觉不到胎宝宝的动作，这个阶段的孕妈妈要注意防止晚期流产，特别是有过流产史的孕妈妈。

14 周胎宝宝——会皱眉做鬼脸

进入本周之后，胎宝宝身体的所有基本构造都已经形成了，尽管它们仍然非常的微小，到了本周末，胎宝宝的身长有 85～92 毫米，重量在 30～43 克。

这个时候胎宝宝的生长速度很快，身体部分生长得比头部快，支撑头部的脖颈现在也更加清晰、明显了。头发也开始迅速地生长，不过，头发的密度和颜色会在胎宝宝出生后发生改变。在接下来的时间里，胎宝宝的胳膊会长得更长一些，使它与身体的其他部分成比例，这时胳膊已经比较灵活了，但是腿还要再发育一段时间才能够比例协调，同时，在胎儿手指上已经出现独一无二的指纹印。

会皱眉做鬼脸了

由于大脑的刺激，胎宝宝细部肌肉的动作越来越精细，他的面部肌肉也开始得到锻炼，可以斜眼、皱眉和做鬼脸，另外，抓握和吸吮的能力也越来越强，常常吸吮自己的手指。科学证明，这些动作可以促进胎宝宝大脑的成长。

15 周胎宝宝——开始打嗝

本周，胎儿的生长速度仍然很快，远远地超过了前几周，身长大约有 10

厘米，体重为 60～70 克。在接下来的几周中，胎宝宝的身长和体重可能发生很大的变化，会增长一倍甚至更多。

胎宝宝的腿现在比胳膊长，并且可以活动所有的关节和四肢，他的手也更加灵活。眉毛开始长出来了，头发的生长速度也很快，胎儿薄薄的皮肤上覆盖了一层细细的绒毛，另外，胎宝宝的汗腺正在形成，味蕾也开始形成，眼睑仍然闭合，但可以感觉到光，如果孕妈妈对着肚子打开手电筒，他很可能会躲开光源。

■ 特别的事情——胎宝宝开始打嗝

在这一周里，最特别的事情就是胎宝宝会在子宫中打嗝了，这是胎宝宝开始呼吸的前兆，不过，因为这时候胎宝宝气管中充斥的不是空气而是流动的液体，所以孕妈妈还无法听到这样的声音，这会有一点儿小小的遗憾。

胎教优生小叮咛

这一周，孕妈妈可能感受到胎动，请将第一次胎动的时间记录下来，作为将来回忆的见证，对于过去有怀孕史的孕妈妈来讲，发现胎动的时间还会比过去提前。

16 周胎宝宝——越来越强壮

本周，胎宝宝身长为 12～15 厘米，体重在 120～150 克，看上去就像一个惹人爱的梨子。他的头部相比以前明显更直立了，双眼已经移到了头部前方，眼睑仍然紧闭，但是眼球已经在慢慢移动了。眼睫毛和眉毛正在生长，耳朵也达到了最终所在的位置。血管网遍布全身，通过薄而透明的皮肤就可以看到。

■ 越来越强壮的胎宝宝

胎宝宝的双臂及两腿的关节已经形成，硬骨开始发育，腿的长度超过了胳膊，手指甲完整地形成了，指关节也开始运动，另外，可以不断吸入和呼出羊水。本周发生的最大的事情就是，胎宝宝会在孕妈妈的子宫中玩耍了，他最好的玩具就是脐带。

胎教优生小叮咛

本周，孕妈妈的腹部可能有触痛感，这是胎动更加明显的原因，属于正常的反应，不必担心，孕妈妈从现在起可以多和胎宝宝交流，以便建立良好的母子关系。

你需要了解的知识

置办合适的孕妇装，扮靓怀孕两不误

进入到孕中期之后，孕妈妈的腹部会明显隆起，胸围、腰围、臀围也都会有所增加，一件合适的孕妇装不仅能解决生理上的问题，还可以让自己看上去更美丽。

■ 看看你的体形适合什么样式

和平常挑衣服一样，孕妇装的挑选首先应该根据体形来确定款式和风格。

体形	置衣指南
身材瘦削	多穿背心裙，注意领口不要太低，此外还要留意肩膀宽度是否合适
胸部丰满	不要穿细肩带的衣服，以免看起来不平衡，同时避免穿高腰或胸线下的衣服，以免胸部显得更明显
身材高壮	一定要考量胸部、肩膀的宽度，可以选择连袖的孕妇装，布料上不要挑选太膨松感的衣服，以免看起来显得更臃肿
身材娇小	轻巧、可爱的孕妇装是首选，若是两件式的套装式孕妇装，需要注意上衣不要太长，这样会让身形看起来比较修长

■ 合适的孕妇装需要具备哪些要素

❶ 式样宽松、易于穿脱

无论哪种样式的孕妇装，都应以舒适、宽大为原则，简单易穿脱的式样为主，上衣适宜选择开前襟的，以方便穿脱。

❷ 质地柔软、透气性强、易吸汗、性能好

适合制作孕妇装的面料以天然材质为好，包括棉、麻、真丝等，以全棉最为常见，贴身的衣物，最好选择全棉的。怀孕期间皮肤非常敏感，人造纤维的面料容易引起过敏。

❸ 最好选择色调明快、柔和甜美的颜色

这些色彩可以让孕妈妈消除疲劳、抑制烦躁、控制情绪。

❹ 可调节式的孕妇装最节约

孕妈妈的体形每个月都会发生较大的变化，可调节性的衣裤可以一直使用，节省开支，最流行的款式是背带裤，而且不会勒到腰部和胸部，能给人

以宽松自然的美感。

可供参考的置装清单

孕妇裙或裤1～2件，大号衬衫或棉T恤2件，宽松毛衣或开衫1件，前开襟睡衣1件，支撑式胸罩、纯棉内裤、纯棉袜子各至少2件，舒服低跟鞋2双。

要注意的是，不需要在购置孕妇装上开销过大，1～2件就可以了，因为它几乎是一次性的产品，大部分人一生只会用到一次。

胎教优生小叮咛

孕妈妈不妨尝试DIY孕妇装，特别是在夏季，用旧裙子等改装很方便，而且自己动手不但省钱，也可以调节孕妈妈的情绪，增加了孕育的乐趣，还是一种不可多得的胎教。

给化妆台做个全面的清点吧

孕妈妈不适合浓烈的彩妆，可以化淡妆，但要注意及时卸妆清洁，平时用温和的护肤产品进行保养，一定不要使用劣质化妆品和含铅油彩，孕妈妈可清点一下自己的化妆台或化妆包，将一些一定不能使用的化妆品或护肤品(可参考第3个月“这些护肤品孕妈妈需要回避”)收起来，将经常会用到的物品放在显眼好拿的地方。

需要清理的化妆品

口红	口红中的油脂会让空气中的一些有害物质容易被吸附在嘴唇上，并随着唾液侵入体内，使腹中的胎宝宝受害。口红还含有铅等对胎宝宝不利的化学物质
染发剂	据调查，染发剂不仅会引起皮肤癌，而且还会引起乳腺癌，导致胎宝宝畸形

续表

冷烫精	冷烫精会影响体内胎宝宝的正常生长发育，少数孕妈妈还会对其产生过敏反应
脱毛剂	脱毛剂是化学制品，会影响胎宝宝的健康
指甲油	指甲油里含有一种叫“酞酸酯”的物质，这种物质若被人吸收，不仅对人的健康有害，而且容易引起流产及胎宝宝畸形
祛斑霜	很多祛斑霜都含有铅、汞等化合物以及某些激素，长期使用会影响胎宝宝发育，有发生畸胎的可能
香薰精油	部分精油对胎宝宝的发育不利，还可能导致流产。要尽量少用香薰美容护肤，孕早期最好不用。在使用精油前，一定要咨询相关的专业人士和自己的妇产科大夫
香水	香水中一般含有一些人工芳香剂（化学香料），具有一定的毒性，容易刺激呼吸道、皮肤神经系统，引起过敏反应，还会引起头晕、咳嗽甚至头痛等不适。另外，浓烈的香水还容易使胎宝宝出生后患腹泻和耳部感染，孕妈妈应远离香水，同时也应远离“二手香”（环境中的香水味道）

孕妈妈化淡妆时用得到的建议

❶ 最好使用同一个品牌的化妆品。

❷ 一些高科技生化产品、祛痘、祛斑的特殊保养品，含激素及磨砂类产品，最好都不要使用，尽量选择温和、不刺激的产品，比如纯植物油或纯矿物油的婴儿油、适合敏感肌肤的洁面乳来保养化妆后的皮肤。

❸ 选择安全性强、透气性好、油性小、含铅少、不含激素且品质优良的产品，否则在天气热的时候不利于排汗，影响代谢功能。

❹ 不文眼线、眉毛，不绣红唇，不拔眉毛。孕妈妈在修眉毛的时候，可以改

用修眉刀。

❺ 尽量不涂抹口红，如有使用，喝水时、进餐前应先抹去，防止有害物质通过口腔进入体内。

❻ 每次妆容的清洗一定要彻底，防止色素沉着。

胎教优生小叮咛

孕妈妈若偶尔化了一两次浓妆或使用了不该使用的化妆品，只要及时清洁，不会对胎宝宝造成影响，但一定要停止继续使用，并在以后的生活中多加保养，不放心的话可以寻求医生的帮助。

挑选一双合脚的防滑软底鞋

孕妈妈的双脚比较特殊，怀孕期间，一双合适的鞋非常重要。

■ 根据季节和用途来确定鞋的式样

❶ 季节

夏天应选用有防滑底的鞋，以免雨天或遇到水渍时被滑倒。

要注意：很流行的坡形泡沫底凉鞋不适宜孕妈妈，虽然它弹性好，也比较适合脚的形状，但它鞋底很滑，容易摔跤。

冬天穿温暖舒适的布棉鞋最好，不仅弹性好，而且适合孕妈妈多变的脚形。

❷ 方便起居

日常起居时可穿薄布拖鞋，孕妈妈汗腺分泌旺盛，容易形成汗脚，布脱鞋可吸汗。

要注意：以往日常所穿的橡胶或塑

料拖鞋不适宜孕妈妈，虽然方便、柔软、有弹性，但可能引发皮炎，尤其是过敏性体质的孕妈妈。

❸ 照顾站立过久或远行的需要

孕妈妈站立过久或行走较远时，建议穿柔韧易弯曲的软底布鞋、旅游鞋，这些鞋的鞋底、鞋帮不硬，利于下肢血液循环，而且有一定的弹性，可随脚的形状进行变化，穿着舒适，可减轻身体负担。

■ 合适的鞋子需要具备哪些要素

❶ 鞋子的尺码需依脚长而定，应选择比脚大 1 厘米左右的鞋子，这样可以为脚的胀大留出空间。

❷ 选择圆头且肥度较宽、鞋面材质较软的鞋子。鞋底要选择耐磨度好且止滑性较佳的大底。

❸ 鞋型选择上开式，即系鞋带式或魔术粘贴带式较佳，其次可以选择有松紧带或可调整宽度的鞋类款式。

❹ 注意鞋跟高度，理想的鞋跟高度为 1.5～3 厘米。平跟的鞋子则会由于孕妈妈身体重心前移、体重增加等原因，给孕妈妈带来足底筋膜炎等足部不适的困扰。鞋跟太高的话，则会使身体站不稳，而且还会增加脚部的负担。

胎教优生小叮咛

如果穿鞋不适，或是新鞋子令孕妈妈产生异常症状，必须及时咨询医生，获得相关的诊疗意见。

及时调整睡眠习惯，和胎宝宝一起睡个好觉

因为身体方面的变化，孕妈妈容易疲劳，良好的睡眠质量对孕妈妈很重要，好的睡眠应该从好的习惯做起，孕妈妈要及时调整睡眠习惯。

保证充足的睡眠

睡眠时间应比平时多1个小时，最低不能少于8个小时，每天晚上保证在11点之前进入睡眠，改掉半夜才入睡的不良习惯，建立身体生物钟的正常节律。

睡前不做剧烈运动

除了不做剧烈运动外，睡前可以洗热水澡或用热水浸泡双足，听一些舒缓的音乐，也可喝一杯牛奶，能解除困乏，有助于顺利地进入梦乡。

睡前不喝容易引起兴奋的茶水

睡前不要喝容易引起兴奋的咖啡和浓茶，为了避免半夜起来上厕所，最好在睡前2个小时不再喝水。

改掉不正确的睡眠姿势

避免仰睡或俯睡，最好是采用侧卧，左侧卧最佳，并且要保持腿和膝盖弯曲，可以在两腿之间垫一个枕头。

胎教优生小叮咛

老人们都很重视胎梦，认为象征着胎儿往后的前程，因此，有的孕妈妈做噩梦后心理压力很大，其实胎梦与平常的梦是一样的，均因所思所虑而引起，孕妈妈不必太纠结于梦中所见。

坚持预防，阻拦妊娠纹造访

受子宫增大的影响，腹部皮肤弹性纤维被挤压甚至断裂，孕妈妈腹部可能出现粉红色或紫红色的不规则纵形裂纹，有的可延伸到胸部、大腿、背部及臀部等处。

妊娠纹并非每个孕妈妈都会有，严重程度也因人而异，孕妈妈可以坚持预防，主要的预防措施有：

■ 饮食

摄取均衡营养，避免摄取过多的甜食及油炸食物，改善皮肤的肤质，让皮肤保持弹性，可减少妊娠纹的发生。另外，适当吃些富含维生素 E 的食物，如卷心菜，可延缓皮肤衰老。

■ 按摩

按摩可以增加皮肤弹性，减轻妊娠纹。

孕妈妈可以从现在开始到产后 3 个月内，坚持进行腹部环形按摩，可以有效预防妊娠纹生成或淡化已形成的细纹，按摩时可以配合使用孕妇专用的按摩霜或按摩油，产后还可以配合使用精油按摩。

■ 控制体重

避免脂肪过度堆积是减轻妊娠纹的有效方法。

孕妈妈可多进行锻炼，增加皮肤弹性的同时可以控制体重增长速度，其中游泳对于恢复皮肤弹性好处很大，还可以借助水的阻力进行皮肤按摩。

胎教优生小叮咛

如果孕妈妈觉得肚子过大、过重，身体和皮肤都感觉压力沉重时，可以考虑使用托腹带，分担腹部的负担，减缓皮肤过度的延展拉扯。

怎么使用空调和电扇

孕妈妈新陈代谢十分旺盛，皮肤散发的热量也有所增加，在炎热的夏季出汗很多，借助电扇或空调纳凉是必要的，但要注意方法：

电扇不能久吹不停，更不能直接对着身体久吹，空调温度设定不要过低、时间不要过长，否则会出现头晕头痛、疲乏无力、饮食下降等不适反应；电扇最好离孕妈妈远一点儿，并且使用摇头功能，风速中、低档即可，空调温度最好定在23℃～28℃，室内感觉微凉就可以，不要和室外温差太大，并避免直接吹到空调的冷风。

出汗多时，更不要马上吹电风扇或直吹空调，因为这时全身皮肤毛孔疏松，汗腺大开，邪风极易乘虚而入，轻者伤风感冒，重者高烧不退，给孕妈妈和胎儿的健康造成危害。

胎教优生小叮咛

夏天房间要经常开窗换气，吹过电扇后出门或出空调房时，先在门口站一会儿，待身体相对适应后再走出房间，以免感冒。

孕中期是改善和保养头发的好时机

受雌激素的影响，孕妈妈的头发变得光洁浓密，而且很少有头垢和头屑，如果能在这一时期内抓住这一契机，好好打理自己的头发，可以将头发打造得更加秀。

■ 选用合适的洗发水

应选择适合自己发质且性质比较温和的洗发水。

如果头发本来就比较干燥，则可选用少量且成分温和的洗发水洗头，并且减少洗头的次数，避免洗去过多自然分泌的油脂，洗完头后，可以抹点儿保湿润发膜，以保持头发的湿润。相反，如果头发是油性的，可适当增加洗头次数。

如果原先使用的品牌性质温和，最好能继续使用，不要突然更换洗发水。特别是不要使用以前从未使用过的品牌，防止皮肤过敏。

■ 洗头频率要适中

中性或油性头发的孕妈妈，每周洗头 1～2 次；干性头发的孕妈妈，每周洗 1 次即可。白天洗头最方便，如果是晚上洗头，则要等头发干后再入睡。

■ 不染发、烫发

染发、烫发时会接触到很多有毒化学物质，令胎宝宝的发育受到影响，也不利于头发的保养。

■ 按摩头皮

洗头时，用指尖轻轻按摩头皮，可促进头皮血液循环，平时也可多按摩。

■ 不用电吹风

经常用电吹风吹头发，头发会比较干燥且易开叉。孕妈妈洗完头发以后，可以用干毛巾擦到不滴水然后自然风干。

■ 用少许橄榄油

头发干涩的孕妈妈可以将少许橄榄油在手心搓开后抹在发尾上，令头发更柔顺有光泽。

胎教优生小叮咛

洗头发时，孕妈妈要注意姿势，短发的孕妈妈可坐在高度适宜的椅子上，头往前倾，慢慢地清洗；长发的孕妈妈最好坐在有靠背的椅子上，头往后仰，请准爸爸帮忙冲洗。

胃口大开，一定要注意口腔卫生

怀孕期间，孕妈妈要保持良好的口腔卫生习惯，尤其是进入孕中期后，孕妈妈食欲比较好，更应常常保持口腔清洁，保护牙齿。

■ 每天早、晚坚持刷牙

晨起和临睡前必须刷牙，这是清除牙结石、保持口腔健康的必要途径，孕妈妈牙龈容易充血，口腔更加敏感，刷牙时要注意：

❶ 使用软毛牙刷和温水顺牙缝进行刷牙，以减少对牙龈的刺激，避免牙龈出血。

❷ 每次刷牙时间至少 3 分钟，彻底清除食物残渣。

❸ 记得清洁舌面，全面清洁口腔。

❹ 牙龈出血严重时，可直接使用孕妇专用漱口水。

■ 餐后要漱口

餐后 5 分钟，口腔内细菌开始繁殖，食物残渣会发酵、腐败，容易造成口腔感染、引发牙周炎、牙龈炎，或导致牙齿松动。

孕妈妈食欲增大，对酸性食物比较偏好，口腔 pH 值下降偏向酸性环境，这些都加大了口腔细菌繁殖的次数和速度，所以，孕妈妈要坚持饭后漱口，建议孕妈妈使用专用漱口水。

■ 避免刺激性食物

孕妈妈应尽量避免吃过冷、过热、过于酸辣的食物，以免牙齿无法承受，要选择质软、不需多嚼、易于消化的食物，减轻牙龈负担，避免损伤牙龈。

此外，还要少吃甜食，注意平衡膳食，多吃含维生素 C 的蔬果，预防和改善牙龈出血、肿痛等。

■ 孕中期适合治疗孕期牙病

怀孕 4～6 个月是治疗孕期牙病最安全的时段，如果出现比较严重的龋齿或牙龈炎等牙病，可以在这个阶段进行治疗。

胎教优生小叮咛

保护牙齿健康应该在准备怀孕时开始，孕前作一次全面的口腔检查，孕期注意口腔卫生，月子期间同样要注意清洁牙齿。

胎教在生活的点滴中

欣赏名画《西斯廷圣母像》

这幅画是拉斐尔（意大利文艺复兴时期杰出画家，1483—1520）的代表作，画面中圣母抱着圣子从云端降下，体态丰满优美，面部表情端庄安详，圣子的眼神中有孩童的懵懂清澈，却又不乏睿智，画面下方的小天使童稚可爱，画面背景全部用小天使的头像组成，构思新颖独到。

■ 胎教点读

欣赏画作时，能让人感受到母爱的幸福与伟大，这一切将使你的心灵仿佛受到了洗涤、净化和提升，画作中的美能通过孕妈妈的神经传递给胎宝宝，开发胎宝宝的艺术潜能，令大脑发育期的胎宝宝发育得更聪敏。

怎样欣赏一幅名画

一幅名画能给人极大的精神享受，从中得到美的感受，怎样从中得到启迪呢？一般来说，欣赏画作可以从以下几方面着手。

❶ 先了解画作的主题，比如画中画了些什么、背景是什么、画家是谁、画家的特点等，这些有助于加深对画作的了解，从中受到教育、启迪。

❷ 从正面及多角度欣赏画作，一般名画都具有精巧奇妙的构图，也许一眼看不出来，多看几次，就会发现有惊喜。

❸ 欣赏画作的色彩变化，色彩美是绘画美的直接因素，是感情的语言，色彩的冷暖、远近、轻重差别，会带来不同的情感意味。

❹ 欣赏画作的光暗变化，光暗与色彩搭配，巧妙调色，会产生感染力，给人带来美感。

胎教优生小叮咛

胎宝宝对图形及颜色往往会表现出浓厚的兴趣，孕妈妈不妨多看一些情感美好的世界名画，这些名画将引领胎宝宝感悟艺术的魅力，插上想象的翅膀。

信手涂鸦，孕妈妈学绘画

欣赏名画之余，孕妈妈也可拿起画笔来自己作画。

孕妈妈绘画的时候，不要在意自己是否画得好，可以持笔临摹美术作品，也可随心所欲地涂抹，要全身心投入，一旦沉浸在绘画的过程中，就会感到快乐和满足。在绘画时，孕妈妈可以跟宝宝说说画的是什么，怎么画的，这种互动可以带来更多的灵感，当然，如果能临摹一些儿童画，童趣和稚拙感能帮助孕妈妈步入儿童世界。

胎教优生小叮咛

心理学家认为，绘画不仅能提高人的审美能力，产生美的感受，还能释放内心情感，调节心绪平衡，即使不会画画，孕妈妈在涂涂抹抹之中也会自得其乐。

听音乐《摇篮曲》

这首《摇篮曲》由勃拉姆斯作曲，曲子犹如一首抒情诗，是母亲抚慰宝宝入睡的歌曲，旋律轻柔甜美，伴奏的节奏则带有摇篮的动荡感。后人曾将这首歌曲改编为轻音乐，在世界上广为流传，深入人心。

■ 胎教点读

《摇篮曲》适合在睡前轻轻哼唱，或静静地听，恬静、优美的旋律能让你和胎宝宝感觉到温暖，很快你们就能在乐曲中入睡，安享一夜的好梦。

除了勃拉姆斯外，舒伯特和莫扎特也都写过《摇篮曲》，孕妈妈都可以听一听，感受一下。

美丽妙招，做个靓丽的孕妈妈

❶ 坚持用已经习惯的化妆品和护肤品，为防止皮肤过敏，最好不要再尝试使用新的化妆品和护肤品。

❷ 夏季要注意防紫外线，出门应戴遮阳帽或用遮阳伞，为避免阳光对皮肤的直射，可选用专门为孕妇设计的防晒用品。

❸ 注意适当控制体重增长的速度，家里准备一个磅秤，多关注自己的体重增长情况，不要让体重增加过快。

❹ 保证充足的睡眠，良好的精神状态是美丽的法宝。

❺ 保持自己的装扮风格，轻盈的连衣裙抑或弹性良好的低腰裤均可，但不要穿尖细的高跟鞋，也不要配低胸衣、迷你裙，职场孕妈妈可以继续穿舒适的中跟鞋、简洁的职业套装。

❻ 自信一点儿，适当的时候秀出自己的线条来，不用日复一日地用宽松衣服来掩饰隆起的腹部，以后，孕妈妈的体形会有一种特有的雍容优雅，不妨自然地显现出来。

❼ 吃些富含维生素 C 的食物，如草莓、蔬菜等，牛奶和奶制品也有助于保持靓丽。

胎教优生小叮咛

怀孕的女人本身就非常有魅力，只要孕妈妈尽量让自己心情快乐，避免不必要的伤害，做个漂亮的孕妈妈并不难。

多微笑吧，胎宝宝能感受到

好情绪是胎宝宝健康发育的保证，孕妈妈每天都应开开心心，不要吝啬自己的微笑。

愉悦的情绪可促使大脑皮层兴奋，使孕妈妈的血压、脉搏、呼吸、消化液的分泌均处于相互平稳、相互协调的状态，有利于孕妈妈的身心健康。同时有利于改善胎盘的供血量，促进胎宝宝健康发育。

微笑是孕妈妈的一种心理保健，在遇到烦心事的时候，控制各种过激情绪，提醒自己：腹中的胎宝宝虽然看不见孕妈妈的表情，却能感受到孕妈妈的喜、怒、哀、乐。然后微笑地去面对，始终保持开朗、乐观的心情。

每天清晨，孕妈妈可以对着镜子，先给自己一个微笑，可以让你这一天都充满朝气与活力，并将这种美好的情绪传达给胎宝宝。

胎教优生小叮咛

准爸爸也要常常微笑，要知道，准爸爸的情绪影响着孕妈妈，我们相信，一个充满欢声笑语的家庭必然是幸福的。

多吃点儿主食，为胎宝宝迅速发育供能

我国营养学会修订的膳食营养素供给量建议，孕妈妈在妊娠4个月时，每日热能摄入应增加0.83兆焦(200千卡)。

热能在每日营养中的分配大致为：

碳水化合物：60%～70%；

脂肪：20%～25%；

蛋白质：15%～20%。

碳水化合物主要从主食中摄取，进入第4月，胎宝宝的迅速增长需要大量的热能，孕妈妈可以适当增加主食的摄入量，每日增加主食75克左右，应选用标准米、面，搭配食用一些杂粮，如小米、玉米、燕麦片等杂粮。一般来说，孕中期每日主食摄入量应在400～500克之间，这对保证热量供给、节省蛋白质有着重要意义。

胎教优生小叮咛

如果孕妈妈热能摄取不足，很容易引起胎宝宝营养不良和各系统、器官发育迟缓，体重、身长增长缓慢，最终使得宝宝出生时的体重低于正常值。

给胎宝宝大脑加点儿“油”

这个月，胎宝宝大脑的发育很迅速，不仅重量增加，而且脑细胞的数量也迅速增加，因此有必要增加有利于大脑发育的营养物质，如磷脂和胆固醇等脂类。

孕妈妈可以经常交替吃一些核桃、松子、葵花子、杏仁、榛子、花生等脂类食物，同时，还应适量增加植物油的摄取，如豆油、花生油、玉米油等。这些食物富含大脑发育必需的脂肪酸，不仅可满足孕妈妈身体对脂类的需求，还有利于宝宝大脑发育。

脂类摄入要注意适量，孕妈妈每天的食物中含有60克脂肪就足够了，太多会导致肥胖，还会引起其他相关症状。

胎教优生小叮咛

孕妈妈进入孕中期后，食欲增加，情绪逐渐好转，很适合调理身体的营养，可根据胎宝宝的身体发育需要，有效地补充营养。

孕期补铁需要长期坚持

由于血容量增加，孕中期以后，孕妈妈很容易发生缺铁性贫血，缺铁性贫血会影响腹中胎宝宝的健康生长，甚至可能引起胎儿宫内窘迫、早产等危险，宝宝出生后也容易患缺铁性贫血，因此不能忽视了补铁。

怀孕后，胎宝宝生长以及胎盘血液循环等都需要大量的血液供应，此外，还要补偿分娩失血及保证产后哺乳，宝宝出生时体内需要贮存铁约300毫克，以满足出生后4～5个月的需要，这些铁质的量非常大，孕妈妈需在孕中期就开始补充，并长期坚持，直到宝宝出生。

中国营养学会建议，孕妈妈在孕中期每日铁的供给量为25毫克，孕晚期每日铁的需要量为30毫克。孕妈妈应当多吃含铁丰富的食物，补充动物血、肉类、肝脏等富含血红素和铁的动物性食品，以及菠菜、油菜这些含铁丰富的蔬菜，同时，补充含维生素C丰富的水果以利于增加铁的吸收。

胎教优生小叮咛

孕妈妈只通过膳食来满足各种铁质需求比较困难，必要时可在医生的指导下补充铁剂，并且要坚持服用。

孕期怎样游泳胎教效果最好

怀孕期间身体状况良好的孕妈妈，在整个孕期都可以进行游泳运动，游泳对于孕妈妈来说是一项相当好的有氧运动。

❶ 可以让孕妈妈全身肌肉都参加活动，促进血液流通，让胎宝宝更好地发育。

❷ 能耗较大，孕妈妈可通过游泳来控制增长过快的体重。

❸ 水的浮力能够减轻身体负担，从而缓解或消除孕期常有的腰背痛症状，并促进骨盆内血液回流，消除淤血现象，有利于减少便秘、痔疮、四肢浮肿和静脉曲张等问题的发生。

❹ 可以锻炼肺活量，让孕妈妈在分娩时能长时间地憋气用力，缩短产程。

❺ 经常游泳可以改善情绪，对胎宝宝的神经系统有很好的影响。

■ 能让胎教效果更好的游泳建议

❶ 在游泳前最好征得医生的同意。

❷ 选择一个卫生条件好、人少，没有阳光直射的游泳池，最好有专职医务人员在场。

❸ 下水前先做一下热身，确认水温在 30℃左右再下水。

❹ 下水时戴上泳镜，入水时千万不可纵身跳水。

❺ 游泳时运作要稳健和缓，最好选择仰泳，在水中漂浮、轻轻打水都是不错的锻炼姿势，不要使用蛙泳的姿势。

6 与其他游泳的人保持一定的距离，防止别人踢到腹部，伤到宝宝。

7 游泳时间以 1 小时以内为宜。

8 锻炼时段选择在上午 10～12 时进行比较好，通常在这个时间内不易发生子宫收缩。

9 孕中期是最适宜游泳的阶段。

胎教优生小叮咛

游泳之后如果感到腹部疼痛，出现出血现象，要立即咨询医生，凡有流产史、早产史、慢性高血压、心脏病、癫痫，或妊娠期发生一系列并发症（如妊娠高血压综合征、前置胎盘等）的孕妈妈都不宜游泳。

孕期体操——脚腕运动

孕妈妈日渐增大的肚子，使得行动有点儿不方便，为了能轻松行走，需要让脚腕关节变得柔韧有力，这里给孕妈妈介绍一种锻炼脚腕的孕期体操——脚腕运动。

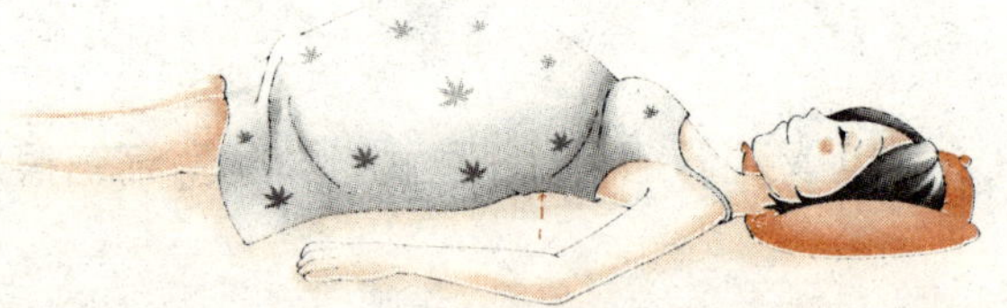

1 仰卧在床上，双腿放松，平放于床。

2 左右摇摆两只脚腕，重复 10 次。

3 左右转动两只脚腕，重复 10 次。

4 前后活动两只脚腕，充分伸展、收缩跟腱 10 次。

5 如果有必要，休息 2 分钟，接着按照 1～4 步的方法进行练习。

经常做脚腕运动还有助于消除妊娠后期的脚部浮肿，所以，孕妈妈最好能每天坚持练习。

胎教优生小叮咛

在日常生活中，只要觉得脚部有疲劳感，无论是坐、躺、站立，都可以随时随地锻炼脚腕，使脚腕关节变得柔韧有力。

准爸爸做胎教

陪孕妈妈参加孕期知识培训

准爸爸要升级为好爸爸，相应的知识储备是不可缺少的阶梯，所以，准爸爸应多学习一些孕产育儿的知识，多提升自己。

在孕妈妈接受产检的医院时，一般都会定期举行孕期知识培训课程，以及一些产前宣传教育。这些课程基本涵盖了所有妊娠问题，包括孕妈妈营养保健、孕期心理健康、骨盆操、分娩止痛选择、胎宝宝发育、母乳喂养、新生儿护理、产后保健、防止产后忧郁等。

孕期知识培训通常安排在周末，白天、晚上都会举行，而且大部分都鼓励准爸爸参加，为方便孕妈妈，每堂课 1～2 小时不等。准爸爸不妨每次都抽时间陪孕妈妈参加，现在很多医院都会手把手教准爸爸练习各种手法和技巧，这是非常好的机会。

胎教优生小叮咛

准爸爸也可多与孕妈妈一起阅读相关的胎教育儿书籍和杂志，不但能学到必要的知识，而且能帮助孕妈妈调节情绪。

学做家庭监护，为胎宝宝健康保驾护航

怀孕期间，除了定期产检，以确保孕妈妈与胎儿正常外，还需要经常性地在家中进行自我监护，以便及早发现胎儿生长发育的异常情况，及时采取应对措施，孕中期后，孕妈妈行动不便，准爸爸应学会做家庭监护。

■ 数胎动

胎动是胎儿发育存活的标志之一，准爸爸帮助孕妈妈数胎动，是监护胎儿发育和健康状况的手段之一，也是家庭生活中的母－子－父之间的关系开始逐渐形成的表现。

数胎动的方法：

准爸爸将两手掌放在孕妈妈的腹壁上，可感觉到胎儿有伸手、蹬腿样活动。

从发现有胎动开始，最好每天早晨、午后、晚上各数一次，每次数1小时，然后将3小时的胎动次数相加乘以4，即可代表12小时的胎动次数。

胎动规律：

胎动一般开始于怀孕4个月，在16～24周时会比较明显，一天有两个高峰，一个在下午19～21时，另一个是在午夜23时至凌晨1时，早晨最低。一般正常的胎动持续在20～30次/12小时，异常的在20次/12小时。

注意：若每天不能数3次，则至少每天数1小时，即于晚上20时以后数1小时，1小时内胎动明显少于2次，可继续重复数1小时，若还是少于2次，或根本没有胎动，必须立即去医院检查。

■ 听胎心

听胎心音也是观察胎儿发育情况的重要手段之一。

听胎心的方法：

使孕妈妈仰卧，两腿伸直，准爸爸直接用耳朵或者听筒放在腹壁（脐部上、下、左、右 4 个部位）上听，时间为每天一次，每次 1 分钟。

胎心规律：

一般正常胎心率为每分钟 120～160 次，过快、过慢或不规律均属异常现象，证明胎儿在子宫内有问题，需到医院诊查。

■ 量宫底

子宫底的高度指的是从耻骨联合上缘到宫底的高度，测量子宫底的高度，主要是用来测定和推算胎儿发育和成长的情况。

量宫底的方法：

孕妈妈排尿后，使其仰卧，两腿屈曲，准爸爸用卷尺测量耻骨联合（阴毛覆盖下的那块骨头）上缘至子宫底的距离。自怀孕 20 周开始，每周测 1 次。最好在医生指导、培训后再做。

宫底高度规律

随着孕期增加，子宫底的高度逐渐上升，怀孕第 16 周时居耻骨和肚脐中央，20～22 周达到腹部；28 周位于肚脐与胸骨下端剑突中央；32～34 周达到剑突下 1～2 横指，36 周时胎头入盆宫底上升速度减慢，或略有下降。

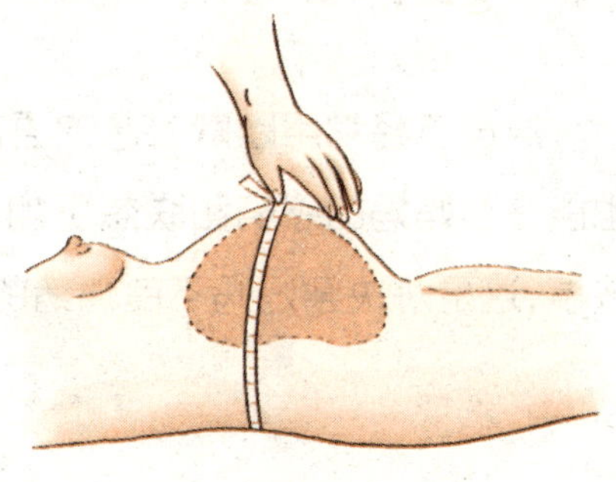

腹围

一般自 20 周起，宫底每周增加 1 厘米，若过分超过或明显落后于相应水平，应咨询医生。

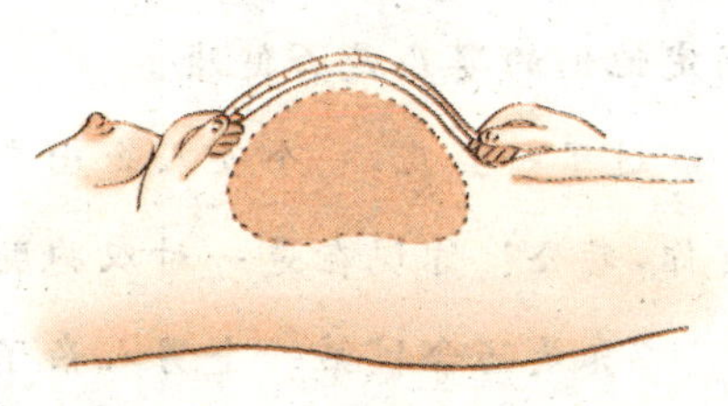

子宫底高

■ 称体重

孕妈妈的体重随着胎儿的生长发

育而增长，体重的增长应当是逐渐的，一般规律如下：

孕周	体重增长值
1～12 周	2～3 千克
13～28 周	4～5 千克
29～40 周	5～5.5 千克

整个孕期，孕妈妈体重平均增加 9～13.5 千克，怀孕中期以后，每周体重增加约 450 克。

如体重增加过少，可能是营养不足、贫血，或胎儿发育迟缓。

如果体重增加过多，要注意是否身体水肿、羊水过多等，不正常的体重情况，预示着母体病变或胎儿发育异常，应及时向医生咨询。

为孕妈妈讲讲幽默小故事

准爸爸经常用幽默诙谐的语言讲话，可以调节孕妈妈紧张消极的情绪，也能令孕妈妈的感情和联想更加丰富，准爸爸可以多为孕妈妈讲讲幽默小故事，这是解决孕妈妈不良情绪的一剂良方。

■ 幽默小故事——4 个准爸爸

医院彩超室外面的椅子上，坐着 4 个男人，他们的妻子都是在这所医院做的试管婴儿，手术都很成功。现在妻子们都在彩超室里等待彩超检查，以确定他们的婴儿是否健康。

过了一会儿，一个女人走出来，面带笑容，走到第一名男子跟前，说："祝贺你，老公！你现在是一对双胞胎的爸爸！"

"真是巧合！"第一个男人亲了妻子一下，转身对另外 3 个人说："我工作的单位，就是双星！"

第二个女人出来，祝贺第二个男人拥有了三胞胎。

“哇，这真是令人难以置信！我工作的单位恰巧是三联！”第二个男人也向其他3个男人夸耀道。

不久，第三个女人出来，告诉第三个男人拥有了他的四胞胎。这名震惊中的男人，勉强地答复道：“怎么可能！我的工作单位，就是江西四特酒厂！”

在此之后，每个人转向第四个男人，因为他刚刚晕倒躺在了地上。大家急忙将他扶起来，第四个男人终于慢慢地恢复了意识，只见他目光呆滞、神情恍惚，嘴里喃喃地说着：“千不该万不该……我不该从五粮液跳槽到七匹狼啊……”

幽默小故事——妈咪，你什么时候把我吃下去的？

有一天，5岁大的莉莉问妈妈：“妈咪，我从哪里来的？”

妈妈答：“你从我肚子里来的呀！”

莉莉看着妈妈的肚子又问道：“我那时候是不是还很小很小，而且没有眼睛跟嘴巴？”

妈妈答：“对呀！”

“喔……”

过了一会儿，莉莉又跑过来：“妈咪，妈咪，那你是什么时候把我吃下去的？”

第五章

第5个月　恍若蝶翅轻划而过的胎动

本月胎教要点

胎宝宝在5个月时，胎动更加活跃，心跳也更加有力，感知功能明显提高，对外界传入刺激信号的接受能力大大提高，已经是个能听、能看、会玩、有感觉的小生命了，孕妈妈要多用心与其交流。

在怀孕第5个月，你的胎教重点是：

加强声音和语言的刺激

这个月的胎教，最好是每天听音乐，因为胎宝宝的听觉能力逐渐开启，此外，多放音乐可使胎宝宝感到安心，脑发育能得到更多的良性刺激。

还可以给胎宝宝讲故事、朗诵诗歌，看看胎宝宝在腹中有无反应，没有反应也无妨，目的是要刺激胎宝宝对声音和语言的感应。

多让胎宝宝做运动

从第5个月起，胎儿触觉功能逐渐发育起来，可开始用触摸胎儿的方法进行胎教，抚摸时要配合语言或音乐刺激，获得更佳的胎教效果。

开展抚摸胎教的理想时间是每天傍晚，这个时候胎动最为频繁与活跃，对有早期宫缩的孕妈妈，不可用触摸动作。

妈妈，这是一个重要的月份哦，现在我能用各种方式告诉你，我是一个健康的宝宝。

妈妈你听，我的心脏跳动得又强又有力，爸爸不用依靠听诊器也能听到了。不过，我最高兴的并不是这个，说实话，我老早就习惯心脏发出的这些声音了，我兴奋的是，“房东”不仅给我免费扩大房间体积，而且还允许我在里面自由运动。

现在，我经常指挥胳膊和腿进行搏击比赛，指挥累了我就懒洋洋地翻滚几圈，妈妈你知道吗，这些运动给我带来了很多乐趣。我知道，妈妈也想和我分享快乐的时光，所以，我也喜欢用手轻轻推房间的墙壁，妈妈，你一定感觉到宝宝的动作了吧？

胎宝宝在发育

17 周胎宝宝——活跃地感受着这个世界

17 周的胎宝宝看上去像个大洋葱，身长大约有 13 厘米，体重有 150～200 克，在今后 3 周内，他将经历一个飞速增长的过程，重量和身长都将增加 2 倍以上。胎宝宝此时的骨胳都还是软骨，可以保护骨胳的“卵磷脂”开始慢慢地覆盖在骨髓上。他的循环系统和尿道完全进入正常的工作状态，肺也开始工作。

■ 胎动变得活跃

胎宝宝现在与出生后的婴儿一样可爱，变得非常顽皮，胎动也非常活跃，他能够活动关节以及骨架，他特别喜欢用手拉或抓住脐带，脐带此时长得更粗、更强壮了。

胎教优生小叮咛

本周，孕妈妈可以借助听诊器听到胎宝宝强有力的心跳，这可以减少对分娩的恐惧，使信心倍增。

18 周胎宝宝——小胸脯一起一伏

18 周的胎宝宝身长有 13～15 厘米，体重有 160～198 克。胎宝宝的指尖和脚趾上的肉垫已经形成，薄薄的皮肤下的血管清晰可见，耳朵已长到正常的位置。胎宝宝的躯干、肢体都发育得比较完善了，看上去越来越具有人类的形状，同时下肢比上肢长，下肢各部分也成比例。

■ 胎宝宝在正常"呼吸"

这周，胎宝宝的活动越来越频繁，经常戳、踢、扭动和翻转，孕妈妈会越来越多地感受到胎宝宝的这些动作。他的小胸脯不时地鼓起来、陷下去，这是呼吸的表现，但这时的胎宝宝吸入、呼出的不是空气而是羊水。

胎教优生小叮咛

本周，胎宝宝的骨已含钙质，在 X 射线下能够显影，股骨长度和头径都已经能够测量，测量头径可以用来进一步核实预产期。

19 周胎宝宝——听见声音了

19 周的胎宝宝身长大约有 15 厘米，体重有 200～250 克。此周胎宝宝最大的变化就是感觉器官开始按照区域迅速地发展，味觉、嗅觉、触觉、视觉、听觉从现在开始在大脑中专门的区域里发育，此时神经元的数量减少，神经元之间的连通开始增加。

■ 听见声音了

本周，胎宝宝的世界迎来一个新的阶段，他可以听到周围的声音了，最先听到的声音主要是血液流过血管的声音、胃部消化的杂音、心脏跳动的声音，以及孕妈妈声带发出的声音。研究显示，孕妈妈说话时，胎宝宝的心跳会减慢，说明他放松下来了。

胎教优生小叮咛

胎宝宝能听音了，孕妈妈现在一定要注意自己的言行，不要给胎宝宝留下不好的印象。

20 周胎宝宝——开始分泌胎脂

20 周的胎宝宝生长发育趋于平稳，皮肤开始增厚，发育成 4 层，身长为 16～25 厘米，体重有 250～300 克。胎宝宝的头上长出了头发，牙齿也正在发育，神经和肌肉之间的联系也已经建立，当肌肉受到刺激收缩和松弛时，胎宝宝的肢体就可以围绕关节运动，多数孕妈妈会初次感受到胎宝宝像鱼一样在轻轻地游动。

■ 防水的胎脂

胎宝宝的腺体开始分泌出一种黏稠的白色油脂状物质，这就是胎脂，具有防水作用，可防止胎宝宝的皮肤长期浸泡在羊水中被腐蚀。此外，胎宝宝已能获取孕妈妈身体里的免疫抗体，帮助他在出生后的最初一段时间里抵抗疾病。

胎教优生小叮咛

现在胎宝宝比较稳定，孕妈妈要将更多的精力放到增强营养上，多吃些营养均衡的食品，切忌饮食过量。

你需要了解的知识

正确护理宝宝的“粮仓”

孕中期乳房护理很重要，此时如果护理不当，可影响产后哺乳，比如乳头内陷、乳腺管不畅通、乳头皲裂等。

■ 孕期护理乳房需要了解的

❶ 怀孕后，乳房逐渐变大，此时不要穿过紧的上衣，以免由于压迫乳房而妨碍其发育。应配戴合适的乳罩，防止乳房下垂。

❷ 孕妈妈的皮脂腺分泌旺盛，乳头上常有孕积垢和痂皮，强行清除可伤及表皮，应先用植物油（麻油、花生油或豆油）涂敷，使之变软再清除。

❸ 妊娠4～5个月后，孕妈妈应每日用毛巾蘸温水擦洗奶头数次，以增加其弹力，并可使表皮增厚，从而耐受婴儿吸吮，减少产后乳头皲裂的发生。

❹ 不要用香皂清洁乳房，香皂很容易洗去皮肤表面的角质层，时间久了会对皮肤表面的保护层造成损害，使乳房表皮肿胀，使得皮肤不再细腻有质感。

■ 正确的乳房按摩法

洗浴后正确按摩乳房可促进血液循环，方法是：

❶ 清洗乳晕和乳头后，用热毛巾敷盖乳房并用手轻轻地按住；

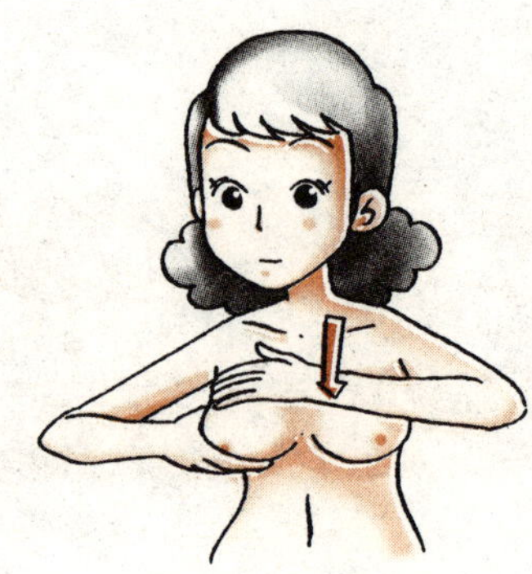

❷ 将乳房擦净后撒一些爽身粉，并用涂有爽身粉的手指从乳房四周由内向外轻轻按摩；

❸ 用手指腹在乳房周围以画圈的方式轻轻按摩；

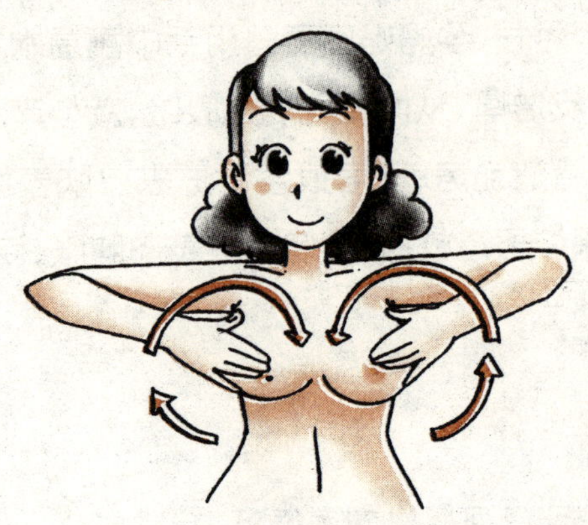

❹ 轻轻按住乳房并从四周向乳头方向轻轻按摩；拇指和食指压住乳晕边缘，再用两指轻轻挤压。

以上按摩可以在每天沐浴或睡觉前进行 2～3 分钟，按摩动作尽量轻柔，不可过度，如果有下腹部疼痛，应该立刻停止。

■ 如何护理乳头

孕期进行乳头护理可增强乳头的承受能力，使乳头在分娩后不容易被宝宝吮破，护理方法是：

❶ 从怀孕第 5 个月起，经常用温水擦洗乳头，清除附在上面的乳痂，涂油脂；

❷ 洗澡后，先涂油脂，然后用拇指和食指轻轻抚摩乳头及其周围皮肤；

❸ 不要强行去除乳头上硬痂样的东西。可在入睡前覆盖一块长约 10 厘米、涂满油脂的四方纱布，第二天早晨起床后再擦掉硬痂；

❹ 经常用干燥柔软的小毛巾轻轻擦拭乳头皮肤，增加乳头表皮的坚韧性，避免以后哺乳破损。

胎教优生小叮咛

由于雌性激素作用于乳腺，孕妈妈可能出现乳房瘙痒的症状，这时不要搔挠，以免伤害乳房，这种症状在分娩后会慢慢消失，一般不用采取特殊处理。

如何纠正乳头内陷

正常的乳头为圆柱形，突出于乳房平面，呈一结状，如果孕妈妈乳头内陷明显，可致产后哺乳发生困难，乳汁淤积，甚至继发感染而发生乳腺炎。乳头内陷的孕妈妈应该从怀孕 5～6 个月时开始设法纠正。

■ 纠正乳头内陷的方法

❶ 用一手托住乳房，另一手的拇指和中、食指抓住乳头向外牵拉，每日

2 次，每次重复 10～20 次。

❷ 用一个 5 毫升空注射器的外管扣在乳头上，用一橡皮管连接另一个 5 毫升注射器，利用负压抽吸方法也有助于乳头外突。

❸ 将两拇指相对地放在乳头左、右两侧，缓缓下压并由乳头向两侧拉开，牵拉乳晕皮肤及皮下组织，使乳头向外突出，重复多次。随后将两拇指分别在乳头上、下侧，由乳头向上、下纵形拉开。每日 2 次，每次 5 分钟。

牵拉乳头可能会引起子宫收缩，动作一定要轻柔，时间尽量短，如果子宫出现频繁收缩应立即停止。

注意：有习惯性流产、早产史的孕妈妈不适合在孕期做乳头纠正，只能在产后处理。

胎教优生小叮咛

此期，乳房内可能开始生成乳汁，所以，乳头会分泌少量白色乳汁，这时孕妈妈可在胸罩内垫个棉垫，以免将衣服弄湿，造成尴尬。

常常腿抽筋，怎样应对

怀孕中期以后，孕妈妈常有腿部抽筋、疼痛的现象，而且多在晚上或睡觉期间频繁发作。

■ 腿抽筋的原因

❶ 孕妈妈体重逐渐增加，双腿负担加重，腿部的肌肉经常处于疲劳状态，所以容易抽筋。

❷ 在孕中、晚期，孕妈妈每天钙的需要量增为 1200 毫克，如果摄取钙不足，肌肉的兴奋性增强，容易发生肌肉痉挛，而孕妈妈腿部肌肉的负担大于其他部位，更容易发生抽筋。

■ 怎样应对和防止腿抽筋

孕妈妈可以从以下几个方面做起。

❶ 多吃含钙质食物如牛奶、孕妇奶粉、鱼骨等，五谷、果蔬、奶类、肉类食物都要吃，并合理搭配。

❷ 适当进行户外活动，接受日光照射。

❸ 不要使腿部的肌肉过度疲劳，不要穿高跟鞋。

❹ 睡前可对腿和脚进行按摩。

❺ 必要时可在医生的指导下加服钙剂和维生素 D。

❻ 一旦抽筋发生，立即站在地面上蹬直患肢；或是坐着，将患肢蹬在墙上，蹬直；或请身边亲友将患肢拉直。总之，使小腿蹬直、肌肉绷紧，再局部按摩小腿肌肉，即可缓解疼痛甚至使疼痛立即消失。

胎教优生小叮咛

虽然缺钙是孕妈妈腿抽筋的原因之一，但绝不能以小腿是否抽筋作为需要补钙的指标，因为每个人对缺钙的耐受值有所差异，有的孕妈妈在钙缺乏时，并没有小腿抽筋的症状。

孕妈妈如何安然度夏

整个孕期，孕妈妈会经历 3～4 个季度，遇上炎热的夏天时，孕妈妈该怎样安然度过呢？我们为孕妈妈总结了六宜六不宜。

■ 孕期度夏的六不宜

❶ 不宜烦躁易怒

炎夏使孕妈妈容易烦躁不安，这样对母子健康不利，要注意控制。

❷ 不宜起居无常

夏季人们往往起居失常，作息时间没有规律，这对孕妈妈和胎宝宝不利。

孕妈妈中午应该有适当的休息时间，用于消除疲劳，弥补晚上的睡眠不足，但也不宜嗜睡过长，以免伤神。为适应气候，孕妈妈还应适当参加一些体育锻炼，增强体质。

❸ 不宜暴晒中暑

阳光暴晒或中暑会引起胎儿的不良反应，孕妈妈外出时要戴遮阳帽或打遮阳伞，平时可饮用一些防暑茶、绿豆汤等清暑解热的饮料。

❹ 不宜夜间贪凉

人们在夜间往往喜欢迎风而卧，或电扇彻夜不停，但这些不适合孕妈妈。

❺ 不宜卫生不节

夏季细菌滋生繁殖很快，很容易传播各种疾病，孕妈妈一定要注意卫生，食物应尽量新鲜，日常起居要注意清洁，尽量不到公共游泳池游泳。

❻ 不宜饮食马虎

人们夏天普遍饮食欠佳，但孕妈妈的饮食和营养不可马虎，既不可过食生冷，也不能饮食过于简单，随便对付，以免腹中胎儿营养不良。

■ 孕期度夏六宜

❶ 多喝水

孕妈妈在夏天往往需要更多的水分，一定要保证每天喝充足的水，每天至少8杯，并且要随时补充，不能等到口渴了再喝，还可吃一些富含水分的水果和蔬菜，如西瓜等。

❷ 到郊外走走

如果长期居住在城市，夏天的热浪很容易令孕妈妈心慌，孕中期时可以计划一个去郊外的行程，事先一定要做好准备，带上药箱，调查清楚附近的医疗设施，以确保安全。

❸ 选择安全的凉鞋

如果选择了不适合的凉鞋，比如平底凉鞋，可能不能提供弓形的支撑，会引起脚痛、肿胀甚至扁平足等问题，因此，选择凉鞋的时候应该留意凉鞋是否能够提供一个弓形支撑。

❹ 使用防晒霜

需要出门时，一定要涂抹防晒霜，否则很容易出现黑斑等的皮肤问题，即使在下雨或者阴天出门，也需要涂上防晒霜，因为紫外线能够透过云层射到皮肤上。

❺ 理发

夏天头发容易汗湿，如果头发打理起来不方便，可以考虑理一个清爽的发型。

❻ 适当游泳

游泳是最好的消暑方法之一，而且能够很好地缓解背部的疼痛与压力，但在下水之前应先征询医生的意见，看自己的情况是否适合游泳。

孕妈妈如何平稳越冬

当平均气温在0℃左右时，对于孕妈妈来说，身体将面临更大的挑战，那么遇上寒冷的冬天时，孕妈妈该怎样度过呢？

❶ 注意保暖

冬季应注意保暖，力求室温稳定（22℃～28℃），不宜过高，早、晚外出更应预防着凉，避免随意外出，最好不要到影剧院、超市、商场等人多的公共场所去。

衣服也是保暖的重要措施，要注意的是，衣服不可笨重、紧身，否则会妨碍身体的灵活性，容易摔跤。鞋袜应保暖、合脚、透气、舒适，裤子也应透气，以免引起外阴疾病，帽子和围巾不应遮挡视野或影响声音的传导。

❷ 注意室内湿度和通风

冬天大多数时候在室内，除了稳定的室温外，还要保持良好的湿度，可用加湿器、湿拖布勤拖地面等，门窗不能完全关严，特别是用煤取暖的房间，使用空调时，应开启门窗通风换气，连续使用空调时要经常把窗留一条缝隙。

❸ 注意晒太阳

多晒太阳可促进钙的吸收，冬季天气较好时，每天应晒半小时以上的太阳，晒太阳时也不一定非要在户外，在自家的阳台上也可以进行，要注意摘掉帽子和手套，尽量将皮肤暴露在外，紫外线透不过玻璃，所以不要隔着玻璃窗晒。

❹ 注意营养均衡，多吃营养丰富的食物

冬季食欲增加，正是增加营养的好时机，应该比其他季节多吃些营养食物，以保证营养均衡，肉蛋、蔬菜、水果、奶、主食应均衡多样摄取，同时还应注意补充水，餐间食用坚果类可弥补微量元素的不足，但体重每周增长应控制在 0.5 千克以内。

❺ 提高抵抗力，预防感冒

冬季是呼吸道疾病的高发时段，除良好的饮食外，还要有充足的睡眠，保证 8～10 小时睡眠，中午休息半小时至 1 小时，以提高机体抵抗力，当已经患上感冒或发烧时，应及时就医，正确用药治疗。

❻ 出行要有人陪伴

冬天孕妈妈到户外除了保暖外，一定要有同伴，以免发生意外。此外，在寒冷空气中暴露不要超过 1 小时。

胎教优生小叮咛

妊娠期高血压在冬季最容易发生，一旦发现孕妈妈下肢浮肿，喝水多而小便少，饮食适量但体重增加过快，无明显原因周身不适、睡眠差、头昏、视物不清时，应立即去医院检查。

预防妊娠高血压综合征

妊娠高血压综合征，是指怀孕 5 个月后出现高血压、浮肿、蛋白尿、体重增加过快等一系列综合症状，它会影响胎盘功能，使胎宝宝发育迟缓，甚至窒息，一定要做好预防工作。

■ 定期产检

孕妈妈不应错过产检，要多关注血压、尿蛋白和体重，因为妊娠高血压加上尿蛋白，可能意味着一种比较严重的孕期疾病，就是先兆子痫，应及早发现及早治疗，把影响降到最低。

■ 控制体重增长速度与幅度

每周体重增长过快是妊娠高血压综合征的危险因素，尤其是孕晚期，每周增重 0.5 千克为宜。

■ 控制盐分摄入

食盐控制量每日应在 5 克以内，避免所有含盐量高的食品，如浓肉汁、调味汁、腌制品、熏干制品、罐头制品、油炸食品、肉类熟食等。酱油也不能摄入过多，6 毫升酱油约等于 1 克盐的量。

■ 补充维生素 C 和维生素 E

这样能够抑制血中脂质过氧化作用，降低妊娠高血压综合征的反应。

因此，妊高征孕妈妈应多吃蔬菜、水果、坚果等健康食品。

■ 及时纠正异常情况

如发现贫血，要及时补充铁质；若发现下肢浮肿，要增加卧床时间，把脚抬高休息；血压偏高时要按时服药。症状严重时要考虑终止妊娠。

■ 注意既往史

曾患有肾炎、高血压等疾病以及上次怀孕有过妊娠高血压综合征的孕妈妈要在医生的指导下进行重点监护。

胎教优生小叮咛

妊高征发病原因尚不清楚，因此难以完全避免，如果出现妊娠高血压症状，一定要尽可能多休息，不要为工作或生活所累，听从医生的指导，一般病情都能得到控制并好转。

孕中期是带胎宝宝出游的好时机

怀孕中期16～28周最适合出游，这个时段，孕妈妈已适应怀孕生理变化，身体状态最佳，不适症状最少，而且发生流产或早产的机会最小，即使长途旅行也不会有太大的问题，如果需要旅游，最好安排在孕中期。

■ 出游前需要了解的

❶ 制订合理的旅行计划。在行程安排上一定要留出足够的休息时间。若行程难以计划和安排，有许多不确定的因素，最好还是不去为好。

❷ 途中要有人全程陪同。最好是由准爸爸、家人或好友等熟悉的人陪伴前往。

❸ 随身携带药品。胃肠药、治疗外伤的药水、药膏、创可贴、花露水等，使用前要先看说明书上有无孕妈妈慎用的字样。

❹ 运动量不要太大或太刺激。例如，不要玩过山车、自由落体、高空弹跳等。

❺ 旅途中随时注意身体状况。若有任何身体不适，如下体出血、腹痛、腹胀等，应立即就医，不要轻视身体上的任何症状而继续旅行，以免错过最佳诊治时机。

❻ 一般来说，出游季节以气候温和、凉爽的春季及秋季为好，地点以平坦的平原、交通方便的地方为主，不要做走马看花似的旅游，省去舟车劳顿之苦。

❼ 旅游前最好先向医生咨询，以确定自己的身体状况是否适合旅游。

■ 旅途中衣食住行需要注意的

衣：衣着以穿脱方便的保暖衣物为主，也可戴上帽子、围巾等，以预防感冒；若所去地区天气炎热，帽子、防晒油不可少；多带一些纸内裤可以应急。

食：避免吃生冷、不干净的食物，以免造成消化不良、腹泻等突发状况；奶制品、海鲜等食物容易变质，若不能确定是否新鲜，最好不要吃。

住：避免前往海岛或交通不便的地方；蚊蝇多、卫生差的地区不可前往。

行：坐车、搭飞机一定要系好安全带，而且要在落座前找好洗手间的位置；不要搭坐摩托车或快艇；登山、走路要注意不要太费体力，一切宜量力而为。

■ 出游时可能用到的交通工具

交通工具名称	乘坐时需要注意的
大众交通系统	以平稳、震动幅度不大的为佳，地铁、火车比较合适，公交车只适合短途乘坐

续表

交通工具名称	乘坐时需要注意的
飞机	一般航空公司规定，怀孕35～36周以上的孕妈妈不能上飞机，因为容易引起早产或流产，孕中期乘坐飞机需缴交医生所开的预产期证明。长途旅行时，乘坐飞机时要注意补充水分，时间不应超过6个小时
船	一般不建议孕妈妈搭乘船只，因为船的摇晃程度较大。若一定要搭船，务必选择大型船只，容易晕船的孕妈妈可食用面包、饼干等干性食物，暂时停止补充铁剂，并且少量多餐
自驾车	坐在后座上比较安全，且应该坐在驾驶座的后方，并将安全带从肚子下方绕过系好，此外，孕妈妈应尽量避免自己驾车

胎教在生活的点滴中

胎儿也能上大学

世界上第一批从“胎儿大学”毕业的宝宝们是美国的70后，在他们毕业4～7年期间，有研究发现，他们的智商比没有接受过胎教的孩子要高20%～45%，此后许多国家，如英国、德国、俄罗斯、加拿大、日本等都开始成立“胎儿大学”或类似机构，目前，我国也出现了一些胎儿大学，这种新鲜的教育方式正越来越被人们接受。

这里我们介绍一所美国加利福尼亚州的胎儿大学。

在这所大学里，担任教师的有产科医生、心理学家和家庭教育学家，“新生”全部是已经5个月的胎儿，大学的作息制度很严格，必须按时上课和休息，所“教”的课程主要是语言和音乐。

语言课：

孕妈妈用一个喇叭筒向腹中的学生不断地重复言语，或者借助一个特殊的麦克风同胎儿讲话，同时用手在腹部作各种示范动作，与胎儿做游戏，如抚摸、拍、推、摇等，并为每一个胎儿取一个动听的乳名。

音乐课：

选择一些优雅动听的乐曲给孕妈妈和胎儿听，有时让孕妈妈把一个玩具琴放在肚子上，演奏一连串的音符，有时还让孕妈妈唱一些歌曲。

经过全程序的一段时间学习，胎儿出生时已懂得大约15个词汇和其中的含义，并能对这些词汇作出反应。

这些受过胎儿教育的学生一出世，便可获得一张文凭和一顶学士帽。

欣赏名画《折荷图》

这幅画作是丰子恺所作，画面中两个小人儿“折得荷花浑忘却，空将荷叶盖头归”，他们身边是简洁明了、安静而不失生机，整个画境童意盎然，宛如初春的小雨，在一阵阵荡漾着乡间泥土芬芳的新春气息中，淅淅沥沥、沁人心脾。

作家丰子恺是一位卓有成就的文艺大师，他的漫画多以儿童作为题材，幽默风趣，诗作风格雍容恬静，他主张“沟通文学及绘画的关系”，因而画作中总以诗配画，颇具情趣，我国第一次出现漫画也是始于丰子恺先生。

胎教点读

读丰先生的儿童漫画，能将孕妈妈带入一个充满生活情趣、给人以无限遐想的绝妙美境，相信孕妈妈能通过画面走入儿童纯真的世界中，发挥对胎宝宝美好的想象，自然与淡泊的画境能令孕妈妈心绪宁静，这是对胎宝宝最好的胎教。

试一试家庭插花

插花是一门艺术，随手一插也可能饱含意境，重在插花人动手来做，发挥自己的创意，这也是一种很有益的胎教，下面我们给孕妈妈提供一种菊花的插法。

■ 需要准备的材料

废弃纸筒 1 个（茶叶筒、饼干筒等均可）。

试管数支（可用窄玻璃杯代替）。

小菊花数枝。

龟背叶 2 片（可用栀子花叶代替）。

■ 插花步骤

❶ 将装好水的试管一一放进纸筒里，装满纸筒为止。

❷ 将修剪好的小菊花一一插入试管中，摆出自己喜欢的造型。

❸ 将龟背叶插放到小菊花枝叶间，遮住纸筒口，调整龟背叶到看不到试管。

胎教优生小叮咛

插花是一项创意活动，并没有绝对的插法，孕妈妈不妨按照自己的心愿和想法来插。

给胎宝宝取个小名儿

胎宝宝 5～6 个月时有了听觉，这时可以给他取一个乳名，不仅“对话”方便，而且经常叫唤胎宝宝的名字，能够引起条件反射，时间久了，当他听到名字的时候就知道是在和他说话了。此外，宝宝出生后，当呼唤其乳名时，他听到曾经熟悉的名字时，会有一种特殊的安全感，烦躁、哭闹明显减少，有时会露出高兴的表情。

起中文名的思路

给胎宝宝起的名字要响亮一些，可以用叠音，这样叫起来顺口，容易听，也容易记住，不用像起大名那样郑重其事，比如皮皮、球球、丁丁、咚咚、嘟嘟、安安、畅畅、晨晨、萌萌等。

被用得最多的时尚汉字排名

①涵 ②嘉 ③哲 ④怡 ⑤妍 ⑥博 ⑦宇 ⑧晨 ⑨轩
⑩泽 ⑪乐 ⑫俊 ⑬佳 ⑭子 ⑮浩 ⑯奕 ⑰思 ⑱睿
⑲悦 ⑳萱 ㉑琪 ㉒梓 ㉓欣 ㉔彤 ㉕熙 ㉖逸 ㉗依
㉘卓 ㉙昊 ㉚宸 ㉛淇 ㉜雨 ㉝凡 ㉞泓 ㉟皓 ㊱一
㊲昕 ㊳天 ㊴瀚 ㊵可 ㊶雅 ㊷煜 ㊸伊 ㊹琦 ㊺旭
㊻淳 ㊼辰 ㊽然 ㊾函 ㊿婷

起英文名的思路

如果打算给宝宝起个英文名，下面的建议也许对你有帮助。

❶ 和中文名字一样，宝宝的英文名发音也要响亮、好听，拼写要便于书写和记忆，尤其着意是否有独特的风格，不能与太多人重复。

❷ 与中文名字相互呼应，发音接近，比如希蒙可以是 Simon，德源则可以是 Daryl 或 Darrell，名字里有“拓”可以选择 Tom、Tommy、Tomas，名字里有“美”、“梅”的，可以选择 May，“文”可以是 Wendi 或 Wendy。

❸ 注重名字本身的美好含义，如 Joy（高兴）、Grace（优雅）、Sunny（阳光），这样的名字也符合我们中国人的心愿，而又不会像汉语那样直白。

❹ 姓与名的巧妙搭配，英文签名时经常用到姓与名的首字母，Daphne Deng 的签名就是 D. D，这也可以作为宝宝的昵称或小名，宝宝 Daphne Deng 可以被叫做 DD，这样的小名叫起来省力亲热，而且很酷。

比较好听的重叠首字母还有：BB、JJ、KK、QQ、TT、YY 等，比如 Baron

Bao、Joy Jin、Katharine Kong。

听音乐《春之声圆舞曲》

《春之声圆舞曲》是小约翰·斯特劳斯的杰作，乐曲饱含了青春的朝气和无限的活力，生动地描绘了大地回春、冰雪消融、万物复苏的景象，歌颂了春天的美好之景和作曲家对大自然的无比热爱之情，百余年来一直深受世界人民的喜爱。

声乐歌词

春之声在天空中荡漾，
小鸟甜蜜地歌唱，
小丘和山谷闪耀着光彩，
谷音在回响。
啊，春天穿着魅力的衣裳，
同我们在一起，
我们沐浴着明媚的阳光，
忘掉了恐惧和悲伤。
在这晴朗的日子里，
我们奔跑，欢笑，游玩。

胎教点读

作为一首圆舞曲，本曲有很多独特之处，它节奏自由、旋律生动，具有较强的欣赏性，全曲具有相当高的艺术性，雅俗共赏、经久不衰，仔细听来，孕妈妈可以感受到曲子宛如一幅色彩浓重的油画，永远保留住了大自然的春色，孕妈妈静心听一听，让胎宝宝也领略这优美的意境，和你一起分享浓浓的春色。

放松精神，消除紧张感

下面给孕妈妈介绍一种精神放松法——自律训练，它的目的是消除紧张情绪，集中精神、安定身心，具体方法是：

准备：

先用温水让自己紧张的身体松弛下来，换上宽松的衣服，在一个地方冥想，消除紧张情绪。

步骤：

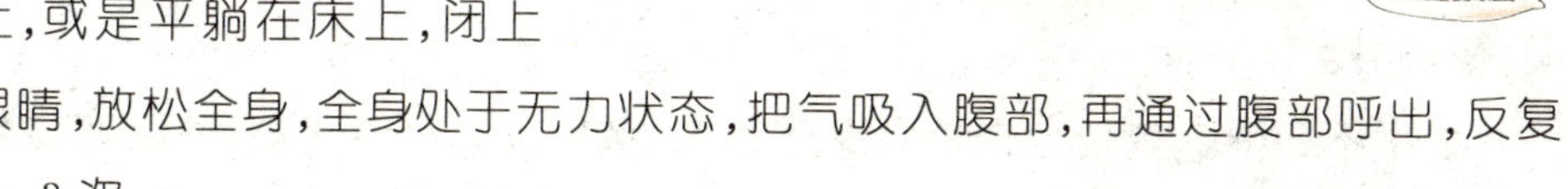

第一阶段：坐在椅子上，或是平躺在床上，闭上眼睛，放松全身，全身处于无力状态，把气吸入腹部，再通过腹部呼出，反复2～3次。

第二阶段：心中默念“内心平静、双臂沉重”，把意识集中于四肢，努力体会沉重的感觉。

第三阶段：“内心平静、双臂沉重”和“双脚温暖、内心平静”各念两遍，体会手脚温暖的感觉。

第四阶段：双臂前移，移动手指，将胳膊肘弯曲后再打开，然后伸个懒腰，冥想结束。

胎教优生小叮咛

在不同的国家，由于人们的兴趣不一样，孕妈妈们放松自己的方式也各有特色，比如日本妈妈崇尚插花，她们在孕期也会用插花来放松；俄罗斯妈妈喜欢歌曲，她们开创了将想说的话用歌曲来表达的胎教方式。

DHA，提升胎宝宝 IQ 的营养素

DHA 是大脑发育必不可少的多不饱和脂肪酸，是构成大脑皮层神经膜

的重要物质，能维护大脑细胞膜的完整性，并有促进脑发育、提高记忆力的作用。

在宝宝的脑袋里，脑干含有50%～60%的脂类，其中在大脑灰质的特殊磷脂中，DHA占总脂肪酸的33%，是脑组织的主要构成元素。

此外，脑细胞的分裂需要大量的DHA，而胎儿期是脑细胞数量增殖的主要时期，需要及时补充足量的DHA。

DHA对智力提升的帮助是长期的、持续的，但必须足量才能起到应有的作用，世界卫生组织推荐孕妈妈每天摄取DHA 300毫克。

DHA的摄入主要通过膳食来完成，孕妈妈要多吃海鱼、海产品：如鲔鱼、金枪鱼、三文鱼、鲱鱼、鲑鱼（大西洋鲑鱼）、鳟鱼、鳕鱼、刀鱼、青鱼、沙丁鱼、鳗鱼等。

如果不习惯吃或较少有机会吃到海鱼，或担心海产品污染问题，可以每天补充专为孕妈妈研制的含高水平DHA的配方奶粉。

胎教优生小叮咛

市面上不少孕妈妈营养品都宣称添加了DHA，选购时要特别留意产品所标注的营养成分和含量，少量的DHA几乎没有作用，一定要足量才行。

怎样让蔬菜吃起来更营养

蔬菜的营养与烹饪方式有很大的关系，因为烹饪过程容易破坏一些营养素，比如维生素C和维生素B，各种蔬菜采取合适的烹饪方式可以让蔬菜更营养，孕妈妈可以参考下表。

烹饪方式	适合的蔬菜	需要注意的事情
生吃	黄瓜、胡萝卜、白萝卜、水萝卜、番茄、柿子椒、大白菜心、紫包菜等	生吃时最好选择无公害的绿色蔬菜或有机蔬菜；生吃的方法除了蔬菜汁，还可凉拌新鲜蔬菜
氽烫	菠菜、竹笋、茭白等含草酸较多的蔬菜；西兰花、菜花等十字花科蔬菜；大头菜等芥菜类的蔬菜；马齿苋等野菜	草酸在肠道内与钙结合成难吸收的草酸钙，干扰人体对钙的吸收；十字花科蔬菜、芥菜蔬菜氽烫过后口感更好，且能促进消化吸收；野菜氽烫一下能彻底去除尘土和小虫，还能防止过敏
煮熟	扁豆、四季豆、土豆、芋头、山药、豆芽等	扁豆、四季豆含毒素，一定要熟透变色再食用；土豆等蔬菜含淀粉，不煮熟无法消化；豆芽无论是凉拌还是烹炒都要煮熟

胎教优生小叮咛

有的食物在不同的烹饪方式时所提供的营养成分不同，如番茄本适合生吃，以利于维生素C的摄取，但若是熟吃，其中的番茄红素则能更好地被吸收利用，因此，适合生吃的食物也应常常熟吃，这对身体更有益。

职场孕妈妈怎样吃得更营养

职场孕妈妈可能不得不吃工作餐，难免会在营养方面有欠缺，甚至还有一些不太健康、容易导致发胖的饮食，孕妈妈要想吃得更营养，一定要善于“去粗取精”，注意选择，以下建议可能会给孕妈妈一些帮助。

❶ 不要选择味重刺激的食物

孕妈妈应少吃太咸的食物，以防止体内水钠潴留，引起血压上升或双足浮肿，其他辛辣、调味重的食物也应该明智地拒绝。

❷ 尽量避免油炸食物

外面餐馆的油炸类食物，在制作过程中使用的食用油一般都是被重复使用过很多次的回锅油，这种油反复沸腾，有很多有害物质，孕妈妈最好不要食用工作餐里的油炸食物。

❸ 慎重挑选饮料

对于孕妈妈来说，健康饮料包括矿泉水和纯果汁，其他饮料最好不要选择，尤其是含咖啡因或酒精的饮料。

❹ 自带袋装牛奶和新鲜水果

为了弥补吃新鲜蔬菜的不足，孕妈妈应在午饭前 30 分钟吃个水果，以补充维生素的缺乏，可以自带，此外还可带牛奶，以补充钙。

胎教优生小叮咛

容易饥饿的孕妈妈要记得带些全麦饼干或者面包之类的食物，以备饿的时候需要。

胖妈妈怎样吃得更健康

肥胖的孕妈妈不能通过药物来减肥，可在医生的指导下调节饮食，那么，胖妈妈平时怎样才能吃得更健康呢？

■ 养成良好的膳食习惯

有的孕妈妈喜欢边吃边看电视，不知不觉进食了大量的食物，这种习惯非常不好，容易造成营养过剩，胖妈妈要注意饮食规律，按时进餐，养成良好的膳食习惯。

■ 营养均衡的同时控制热量摄入

首先应控制糖类食物和脂肪含量高的食物，米饭、面食等主食均可适当减少。

动物性食物中可选择含脂肪相对较低的鸡、鱼、虾、蛋、奶，少选择含脂肪量相对较高的猪、牛、羊肉。

还要适当增加一些豆类，这样既可以保证蛋白质的供给，又能控制脂肪量。

■ 避免吃油炸、煎、熏的食物

油制品往往含有过高的热量，孕妈妈要避免，多吃蒸、炖、烩、烧的食物，少吃面制品、甜食、淀粉高的食物，不要选择饼干、糖果、瓜子仁、油炸土豆片等食物做零食。

■ 多吃蔬菜、水果

主食和脂肪进食量减少后，往往饥饿感较严重，孕妈妈可多吃一些蔬菜、水果，注意要选择含糖分少的水果，既缓解饥饿感，又可增加维生素和有机物的摄入。

■ 休息时间不宜过长

孕妈妈不能贪睡，早点儿起床，餐后到室外活动 20 分钟以上，并进行一些力所能及的体力活动，以帮助消耗多余的热量。

胎教优生小叮咛

胖妈妈应定期产检，加强家庭自我监护，及时发现和治疗妊娠并发症，同时一定要合理营养，平衡膳食，不可暴食，同时配合医生进行调整。

美食的艺术，做个好吃好看的酸奶蛋糕

酸酸甜甜的酸奶蛋糕，不仅好吃，而且能做成好看的形状，不管是做给

准爸爸吃，还是自己和胎宝宝吃，都是不错的选择。

值得一提的是，做蛋糕不仅是一门手艺，更是一种艺术，很少有人能拒绝美食的诱惑。孕妈妈做一款美味又好看的蛋糕，其实就是完成一件艺术品的过程，是对自己和胎宝宝身心的一次陶冶，对提高胎宝宝的审美感觉也有好处哦。

开始美食的艺术，下面就和我们一起来完成这款心形酸奶蛋糕吧。

■ 需要准备的材料

黄油 48 克

酸奶 200 毫升

鸡蛋 4 个

低筋面粉 40 克、玉米淀粉 24 克

醋数滴

白糖 45 克(3 大匙)

■ 制作步骤

❶ 将鸡蛋分离蛋清、蛋黄，蛋黄分装在 4 个不同的容器中，蛋清全部放入一个容器中。

❷ 黄油隔水融化，加入酸奶，用手工打蛋器搅拌均匀。

❸ 将 1 个蛋黄倒入酸奶糊中，拌匀，按前述方法将其余 3 个蛋黄也一一放入拌匀。

❹ 将低筋面粉、玉米淀粉拌匀后筛入蛋黄糊中，拌匀(注意要用铲子像炒菜一样从盆底捞起面糊然后倒下，不能转圈搅拌)。

❺ 蛋清中加几滴白醋，用打蛋器低速打出粗泡沫，加入第一次白糖 15 毫克，低速打 20 秒左右后，加入第二次白糖 15 毫克，中速打 20 秒左右，再加入第三次白糖 15 毫克，高速打 20 秒左右，换成中速一直打到蛋清发泡(用打蛋器头舀起蛋清糊，有三角瓦片状出现)。

❻ 烤箱预热到 165℃～170℃，舀起 1/3 蛋清糊放入蛋黄糊中拌匀，然

后将蛋黄糊全部倒入蛋清糊中拌匀，倒入 8 寸心形蛋糕模中，抬高蛋糕模摔落台面两次，震破大气泡，放入烤箱烤制 60 分钟即可。

孕期体操——猫姿

猫姿是一种倾斜骨盆的练习，不仅可以有效地预防腰痛，还可以对分娩时所需的肌肉进行锻炼，更好地支持子宫，有助于将来顺产。

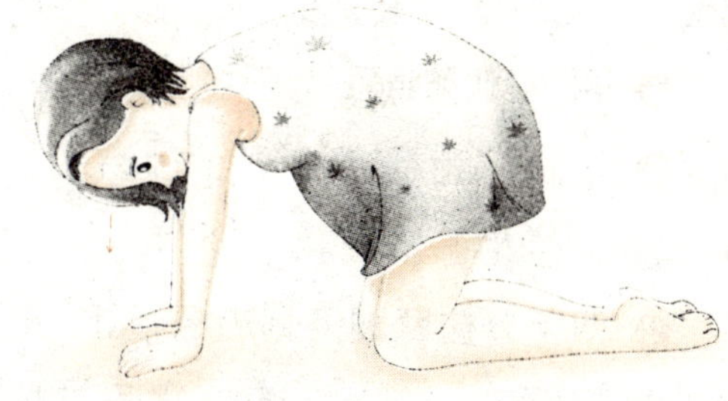

准备工作：

选择一个宽阔的平面，地板或是床，放松身体，深呼吸，待呼吸平静下来后开始练习。

做法：

❶ 趴下，手与双膝分开，身体呈爬姿，手腿与腰同宽。

❷ 一边呼气，一边拱起背部，前倾骨盆，头部弯向两臂中间，直至看到肚脐，想象着猫夹着尾巴的姿势来绷紧腹部。

❸ 吸气后，再一边呼气一边慢慢放松腹部。

❹ 呼气的同时，一边恢复到原来的姿势，一边向上抬头。

❺ 边吸气边前抬上身。

❻ 边呼气边后撤身体，直至趴下。

❼ 注意在整个过程中，肘部不要弯曲。重复 10 次。

胎教优生小叮咛

在做猫姿的过程中可能引起宝宝在腹中旋转，因此，不适合孕晚期的妈妈练习。

孕期瑜伽——婴儿式

孕中期时，孕妈妈应该有意识地锻炼骨盆部位和髋部，为孕晚期的分娩做好准备，下面为孕妈妈介绍一种可以帮助伸展髋部和骨盆部位的瑜伽——婴儿式。

❶ 仰卧，双膝屈于胸前。

❷ 双膝保持弯曲，向上举起双脚，小腿与地面垂直。

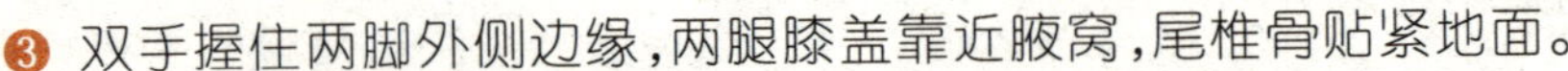

❸ 双手握住两脚外侧边缘，两腿膝盖靠近腋窝，尾椎骨贴紧地面。

❹ 保持这个姿势，以感觉舒适为限度，然后双脚放回地面，双膝弯曲。

❺ 双膝屈于胸前，吸气。

❻ 呼气，双膝置于身体右侧并贴地。注意不要向上抬脚。

❼ 吸气，双膝回复起始姿势。

❽ 呼气，双膝置于身体左侧并贴地。

❾ 吸气，回复起始姿势。

❿ 身体每侧动作各重复 5 次。

第五步以后的动作可以减轻练习时髋部所产生的紧张感。

要注意，这套瑜伽动作不适合孕晚期的孕妈妈练习，尤其是怀孕 30 周以后。

准爸爸做胎教

准爸爸怎样和胎宝宝玩游戏

5 个月的胎宝宝已经是个有感觉的小生命了，会伸懒腰、打哈欠、调皮地用脚蹬妈妈的肚子，准爸爸这个时候更应该多和胎宝宝做一些互动，轻声呼唤、轻柔抚摸都是不错的交流方法，现在可以适当地加一些游戏的内容。

游戏的种类多种多样，关键是准爸爸也能够参与到胎教中来，孕妈妈平躺时，准爸爸以抚摸轻按的方式诱导胎宝宝在“宫中”活动；孕妈妈进餐时准爸爸可以模拟给胎宝宝喂饭，游戏时要注意语言上的配合，如“宝宝，爸爸有没有摸到你的小胳膊呀?”“爸爸做的饭好不好吃呀?”等。

玩游戏不仅可以加深准爸爸与胎宝宝之间的联系，还可以加深与孕妈妈之间的感情。

准爸爸怎么给胎宝宝讲述故事

准爸爸是胎教的主力军，其中语言胎教是最主要的方面，从本月开始，对胎宝宝听力的练习可以适当加强了，准爸爸可以多给胎宝宝讲讲故事。

在给胎宝宝讲故事的时候，准爸爸要把他当成懂事的孩子一样看待，不要抱着敷衍孕妈妈的态度，并且让孕妈妈也积极地参与进来，让胎教通过孕妈妈的心理感受，更好地作用于胎宝宝。

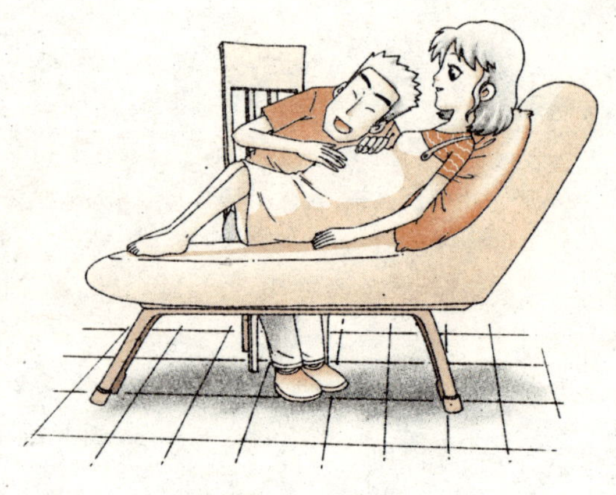

故事形式上以有好玩的对话的小故事为佳，给孕妈妈安排一个角色，然后两个人绘声绘色地模拟角色中的人物进行对话。故事内容应轻松愉悦，娓娓动听，千万不要讲一些会令孕妈妈产生心理恐惧的故事。另外，本书也精选了一部分好的小故事，准爸爸亦可从中选择。

准爸爸在讲故事的时候，尽量将作品中的人、事、物详细、清楚地描述出来，例如说到太阳时，可以描述一下太阳的模样、颜色、形状、作用等，让自己更好地融入到故事中的世界去。

胎教优生小叮咛

除了讲故事外，准爸爸还要多跟胎宝宝说话，话题没有局限，可像朋友一般随便说些什么，每天都应坚持，例如晚上睡前说："宝宝我是爸爸，晚安哟"等。

第六章

第6个月　胎宝宝躲在子宫聆听

本月胎教要点

这个月,胎宝宝的状态较为安定,孕妈妈可进行简单、适量的运动,既可避免肥胖,也使未来的生产过程更为顺利。

进入本月之后,胎宝宝的大脑已经比较发达,并产生了自我的意识,渐渐形成了自己的个性特征与不同情感,可以说胎宝宝已经懂事了。

这一时期正是胎教任务最重的时期,孕妈妈和准爸爸应有明确的"人父"、"人母"意识,提高自我修养,不失时机地对胎宝宝进行教育。

在怀孕第6个月,你的胎教重点是:

加强母爱

母爱对胎宝宝来说是独一无二的,也是最幸福的,特别是怀孕中、晚期,要仔细体会和观察胎宝宝的信号,关注胎宝宝的生长,及时锻炼身体,摄入足够营养,避免不良刺激。

多呼唤胎宝宝的乳名

这时,胎宝宝能对听到的声音作出不同的反应,和胎宝宝对话时,要先呼唤他的名字,帮助他加深印象,这样可以令当胎宝宝出生后也能回忆起这熟悉的呼唤,产生特殊的安全感。

教胎宝宝学习

胎宝宝有了学习和记忆的能力,孕妈妈要不失时机地对胎宝宝进行教育。此外，孕妈妈还应当保持旺盛的求知欲，让胎宝宝也受到积极的影响，从而促进大脑和智力的发育。

妈妈，我真想跳出去告诉你一件令人兴奋的事儿，我能听见你的声音了，那天你和爸爸说悄悄话，全让我给听见了哦，呵呵，以后你们可不能再背着宝宝偷偷说话了，其实，没事的时候，我很希望能和爸爸妈妈聊聊天。

还有个事儿，我也不知道算不算好事，专家说从现在起，我就有生存能力了，就算出去了也能把我放到暖箱里保护好，可是妈妈，我才刚刚开始完全占领我的房间，还一点儿也不想出去呢。

对了，关于房间的事，有点儿小遗憾，"房东"刚刚找过我，他说我长得太快了，房子扩张的速度明显赶不上我，让我做好心理准备。不过，我还是特别高兴，因为有好多运动项目等着我，我现在不仅会带球、射球还会顶头球，我已经决定了，下一步我要向帅贝（贝克汉姆）靠拢，认真练习脚球，要是踢疼了妈妈，请妈妈多见谅哦。

21周胎宝宝——有点儿滑溜溜的

本周，胎宝宝的身长为16～18厘米，体重为300～350克，在这个时候，胎宝宝的体重开始大幅度增加。现在胎宝宝的身体比较匀称，虽然整体看上去头仍旧显得稍大，但是腿、手臂和躯干并不会显得太短。胎宝宝的眉毛和眼睑清晰可见，手指和脚趾也开始长出指甲。

■ 滑溜溜的胎宝宝

胎宝宝现在看上去变得滑溜溜的，胎脂覆盖了他的全身，它可以保护胎宝宝的皮肤，不少宝宝在出生时身上都还残留着这些白色的胎脂，此时，细细的胎毛也已经布满全身。

现在的胎宝宝非常爱动，平均一个小时可以动 50 次左右，夜深人静的时候，孕妈妈可以强烈地感觉到。此期胎宝宝的听力达到了一定的水平，对外界的声音会更加敏感和好奇。

胎教优生小叮咛

孕妈妈现在会发现自己的胃口异常的好，很多以前不喜欢的食品现在也都能够接受了，家人一定要做好厨房的工作。

22 周胎宝宝——是个浓缩版的小婴儿

本周，胎宝宝的身长有 19～22 厘米，体重有 350～400 克，胎宝宝的眼睛也已发育，但是虹膜(眼中的有色部分)仍缺乏颜色，眉毛和眼睑已经清晰可辨。胎宝宝的嘴唇越来越清晰，小牙尖也出现在牙龈内，显露出长牙的最初迹象。胎宝宝的胰腺(产生激素的重要器官)正在稳步发育。

■ 看上去像个小宝宝

现在胎宝宝的外貌和举止已经很像个小宝宝了，由于胎宝宝体重依然偏小的缘故，这时候的皮肤依然可以看见皮肤下的骨头、器官和血管，是皱的、红红的，要等胎宝宝体重增加到一定的程度才能把皮肤撑起来，当然这皱褶也是为皮下脂肪的生长留有余地。

胎教优生小叮咛

现在孕妈妈的身体越来越重，行动越来越不便，上楼会吃力，这很正常，孕妈妈要渐渐适应身体的这种变化。

23周胎宝宝——正欲睁眼看世界

本周，胎宝宝的身长为19～22厘米，体重在400克左右，骨骼和肌肉已经长成了，身材也比较匀称，可以说，他现在已经很健壮了。胎宝宝肺中的血管已经形成，呼吸系统正在快速地建立，他不断地吞咽，但是要等到出生后才能完成真正的呼吸和排便动作。现在，胎宝宝的皮肤还是红红的、皱皱的，透过皮肤显露出的血管是皮肤变红的原因。

视网膜形成

胎宝宝的嘴唇、眉毛和眼睫毛已各就各位，清晰可见，视网膜也已形成，因此，他现在具备了微弱的视觉，能模糊地看见东西了，并且听力基本形成，已经能够辨认孕妈妈的说话声、心跳声和肠胃的蠕动声，不过，外界突如其来的大声响还是会惊吓到他。

24周胎宝宝——开始充满子宫

本周，胎宝宝身长为25～30厘米，体重有500～550克。胎宝宝此时在孕妈妈的子宫中开始充满整个空间，所以，他的活动会受到一些限制，最喜欢的活动仍然是抓住脐带，触摸四周。虽然体重增加了不少，但是胎宝宝还是显得很瘦，不过他的身体正在协调生长，很快也会增加更多的脂肪。

胎宝宝的大脑发育得非常快，味蕾现在可能也在发挥作用了。现在棕

色脂肪已经开始沉积在颈部、胸部和大腿两侧，并将一直持续到足月，这种特殊的脂肪组织是为了使身体产生热量，维持体温。汗腺也正在形成。

胎教优生小叮咛

在这个阶段，胎宝宝可能会发生早产，孕妈妈一定要定期产检，发现身体有异常反应要及时去医院检查，防止早产发生。

你需要了解的知识

巧妙站、走、坐，轻松应对大肚挑战

对于大肚孕妈妈而言，平常一些轻而易举就能做到的动作，现在都是一个很大的挑战，尤其是在行走、站立或坐下的时候，稍不注意，就会引起全身酸痛。如果掌握一些行动的技巧，不仅可以避免一些不必要的酸痛，有时候还能起到一些意外的效果。

■ 站、走、坐的前提动作——挺起肚子

因为子宫增大，孕妈妈的重心开始发生变化，突出的腹部使得身体重心前移，为了保持平衡，孕妈妈要将肚子挺起来一点儿，让重心落在脚部，这样才不至于摔倒。

■ 站姿

两腿平行，两脚稍微分开，这样可以使身体重心落在两脚中间，不易疲

劳。若站立时间较长，则应将两脚一前一后站立，并每隔几分钟就变换两脚前后位置，使体重落在伸出的前腿上，可以减少疲劳。

■ 走姿

行走时背要直、头要抬起、臀要紧收，保持身体平衡，稳步行走，不要用脚尖走路，必要时可以用两只手分别顶住自己的后腰，挺起肚子，或是像划船一样划动两条胳膊，这样也有助于身体平衡。如果需要的话，可以扶着扶手或栏杆行走，这样就更省力了。

■ 坐姿

深坐椅中，后背笔直靠椅背，股和膝关节呈直角，大腿呈水平位。这样可以减轻长时间坐姿带来的疲劳感。

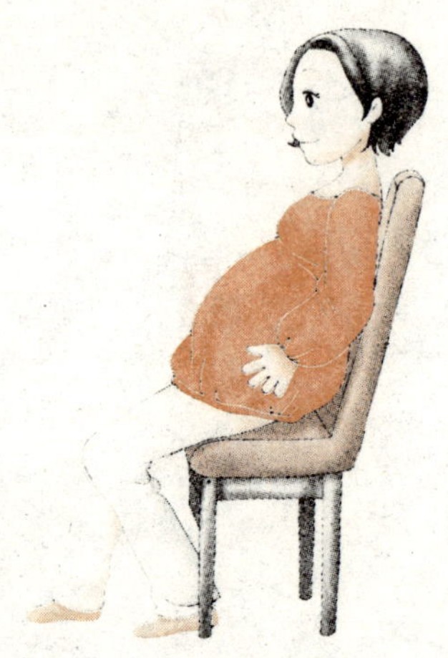

胎教优生小叮咛

如果要取高处的东西，最好请别人代劳，尤其是有流产史的孕妈妈，因为伸长上身及胳膊时，容易造成腹部用力，不利于子宫中的胎宝宝。

从现在开始，做好顺产准备

无论对于孕妈妈还是胎宝宝来说，顺产都有很多好处。

❶ 产后恢复快，可喂哺母乳等。

❷ 从产道出来时，胎宝宝的肺功能可以得到锻炼。

❸ 胎宝宝的大脑经过产道的压迫能发育得更完善。

❹ 胎宝宝经过产道时压迫挤出羊水，可避免新生儿出现湿肺或呼吸障碍等并发症。

想要顺产变得轻松，孕妈妈从现在开始就要做准备了。

合理饮食，控制体重

如果孕妈妈孕期营养补充过多，脂肪摄入超量，身体锻炼少，就比较容易造成胎宝宝过大，会给顺产带来一定的难度。因此，孕妈妈在孕期要合理饮食，控制好体重，为顺产做好准备。

多吃含锌的食物

锌对分娩的影响主要是可增强子宫有关酶的活性，促进子宫肌收缩，把胎宝宝推出子宫腔，孕妈妈每天从食物中摄取的锌越多，自然分娩的机会就越大。

含锌多的食物有：

肉类	猪肝、猪肾、瘦肉
海产品	鱼、紫菜、牡蛎、蛤蜊
豆类	黄豆、绿豆、蚕豆
坚果	花生、核桃、栗子

定时做产前检查

孕妈妈的产道与能否顺利生产有很大关系。产道分为软产道和骨产道，骨产道，就是经常说的骨盆，它的大小及形状是不会变化的。因此，在孕前要做好检查，测量骨盆的大小，对能否进行自然分娩做出评估。

坚持锻炼

适度的运动，不仅有益于身体健康，而且能为生产时所需要的体力蓄积能量，孕妈妈要坚持进行一些可行的体力锻炼，为顺产加油。

■ 消除恐惧心理

调查表明，孕妈妈不能承受分娩痛的原因，更多的是来自心理而不是生理，所以孕妈妈要做好充分的心理准备，保持心情稳定，坚定信心，充分学习和了解分娩的知识，并了解生产的过程，消除恐惧心理。

怎样缓解频繁袭来的便秘

怀孕后，由于胃肠道蠕动速度减慢、盆底肌肉群张力变弱、子宫的压迫等因素，食物通过胃肠道的时间明显延长，容易发生便秘，轻度的便秘会让妈妈腹痛、腹胀；重者可导致肠梗阻，并发早产，为了胎宝宝的安全，孕期要及时缓解便秘。

■ 缓解便秘从生活习惯开始

孕期便秘不能随便用药，最好是从饮食、起居等各方面来进行调理，从改变不良生活习惯入手。

多吃新鲜蔬菜，如芹菜、菠菜、大白菜、韭菜、南瓜等，不宜进食苹果、菠萝、柿子、桂圆、橘子等，这些水果会加重便秘。

❷ 膳食应以粗细搭配、荤素搭配为好，少吃被精制过的食物，多吃一些荞麦、高粱、玉米等粗粮，可以在煮饭时适当添加，既有丰富的营养，又能防治

便秘。

❸ 多喝水，尤其是每日清晨起床后，可以喝一杯温水，润通肠道，促进排便。

❹ 最好每天喝一杯酸奶，有助于加强消化功能，增加大便湿润度，促进其排出，一般在30分钟到2个小时之间饮用酸奶效果最佳。

❺ 少吃辛辣和带刺激性的食物，避免大量饮酒。这些饮食都会导致大便秘结，加重便秘。

❻ 不易消化的食物如莲藕、蚕豆、荷包蛋、糯米等也要少吃，否则也会加重肠胃负担。

❼ 适当进行一些活动，可以促进肠管运动增强，缩短食物通过肠道的时间，并能增加排便量。

❽ 养成良好的排便习惯，每日定时排便1次，孕妈妈最好在每天早晨起床后就立即排便，一旦有便意要及时排掉。

要注意的是，孕妈妈便秘持续超过3周以上时，应及早就医，尤其当便秘转变成腹泻，或腹泻转变成便秘时，更应寻求医生帮助，千万不要置之不理，忽略身体发出的讯号。

长期便秘的缓解妙方

长期便秘的孕妈妈可以尝试以下方法。

❶ 每天早晨醒来后，尝试空腹喝一些蜂蜜水，或者舀一小勺蜂蜜吃，刺激肠道蠕动，帮助身体产生便意。

❷ 将1根香蕉、1小块木瓜、1袋250毫升的牛奶放入榨汁机内，打成果汁。每天晚上睡觉前喝一杯，坚持喝3天就会有很好的效果。但孕妈妈要先确定自己对香蕉、木瓜、牛奶不过敏，另外，第一次不要喝得太多，每天1杯即可。

❸ 习惯性便秘的孕妈妈，可以早、晚空腹喝一小口香油，以润肠通便。

要注意的是，以上方法对于肠胃不好、有腹泻现象的孕妈妈并不适用，应征求医生的建议。

胎教优生小叮咛

便秘问题需要用药时，孕妈妈应在医生的指导下服用一些安全的通便药物，切勿盲目使用泻药、蓖麻油、番泻叶等有刺激性的药物。这些药物可能会引起腹部绞痛，轻则出现子宫收缩，严重的话可能会引起流产。

怎么处理胎动异常

正常的明显胎动1小时不少于3～5次，12小时明显胎动次数为30～40次以上，但由于个体差异，有的胎儿12小时可动100次左右，只要胎动有规律、有节奏，变化不大，即是正常的，否则为胎动异常，各种异常胎动的原因与防治对策可参见下表。

异常胎动类型	可能的原因	防治对策
胎动突然减少	孕妈妈发烧，胎盘、子宫的血流量减少，胎动减少，如果体温持续超过38℃，应尽快就医	1. 注意休息，避免感冒，避免在流行性疾病发生时去人多的地方 2. 保持室内空气流通，保证空气新鲜 3. 多喝水、多吃新鲜蔬果
胎动突然加快	孕妈妈受剧烈的外伤	1. 少去人多的地方，以免被撞到 2. 不要剧烈运动
胎动突然加剧，随后慢慢停止	会使胎宝宝做出类似的反应的原因一般是缺氧、受到外界刺激、高血压，以及外界噪声的刺激	1. 定时产检，并配合医生的建议安排日常的生活起居 2. 避免不必要的外力冲撞和噪声刺激 3. 保持良好的心态，放松心情，避免紧张
急促的胎动后突然停止	脐带绕颈或打结，导致胎儿因缺氧而窒息	1. 一旦出现异常，要立即就诊，以免耽误治疗时间 2. 每天坚持数胎动，感觉不良时，马上去医院检查

胎教优生小叮咛

20～35周是胎动最剧烈的一个阶段，可以感觉到宝宝拳打脚踢、翻滚等各种大动作，所以，这个月如果胎宝宝太活跃，孕妈妈晚上睡不着觉，可以试着换个姿势睡。

肚子小会影响胎儿发育吗

孕妈妈之间比肚子的现象很常见，不少人认为：肚子越大，生出来的宝宝越健康，如果肚子小，孩子肯定营养没跟上，其实肚子的大小与营养的关系不是太大，肚子小不是影响胎儿发育的因素，它主要是跟孕妈妈自身的体形及子宫位置有关。

每个孕妈妈的肚子大小都会有差别，这是因为孕妈妈的子宫位置可以向前倾、向后倾，再加上孕妈妈高、矮、胖、瘦各不相同，即使相同的妊娠月份，肚子大小看上去也不会都一样。我们为孕妈妈提供了一个腹围的参考标准，孕妈妈可以参照，肚子在这个范围内波动都是正常的。

妊娠月份	腹围下限	腹围上限	标准
孕5月	76厘米	89厘米	82厘米
孕6月	80厘米	91厘米	85厘米
孕7月	82厘米	94厘米	87厘米
孕8月	84厘米	95厘米	89厘米
孕9月	86厘米	98厘米	92厘米
孕10月	89厘米	100厘米	94厘米

尽管在整个孕期腹围的增长遵循着一定的规律，但并不完全一致，有时候实际可能会比给出的标准增加多了些，也可能少了些，这时应听取医生的意见，只要医生认为没有问题，孕妈妈即可放心。

孕妈妈的腹围大小并不能完全代表胎宝宝的大小和体重，而是由医生根据子宫的高度、腹围、腹部检查来评估，如果医生确实觉得孕妈妈的肚子太小，会建议孕妈妈进行B超检查，进一步评估胎宝宝的生长发育，如果胎宝宝一切正常就没问题，孕妈妈不必过于担心。

胎教优生小叮咛

其实，肚子大并不代表胎儿长得好，只有在羊水、肚皮厚度、子宫位置都正常时，肚子越大，才表示胎儿越重，但胎儿越重并不代表越健康，过重会引发难产，还容易患肥胖、糖尿病等疾病，所以，孕妈妈千万不要盲目比肚子大小。

当心变成糖妈妈

孕妈妈患糖尿病被称为"妊娠期糖尿病"，多出现在孕20～24周之后，发生率为3%～6%，最明显的症状是"三多一少"：吃多、喝多、尿多，但体重减轻，还伴有呕吐，另外一个常见的症状是疲乏无力。我国每年约有120万孕妈妈受妊娠糖尿病困扰，"糖妈妈"这一特殊群体还在逐年增加。

■ 糖妈妈的风险

对自己来说：

容易并发妊娠期高血压疾病，概率比一般人高出数十倍之多。

容易患感染性疾病，如尿路感染等。

容易导致羊水过多、胎膜早破、早产等。

如果没有及时诊断和治疗，严重的话可发生酮症酸中毒，产后可能长期患有糖尿病。

对胎儿来说：

可直接导致流产、宫内发育迟缓，畸形儿、巨大胎儿及低体重儿的概率增加。

可能出现新生儿高胆红素血症、低血糖、呼吸窘迫综合征等多种新生儿合并症。

胎儿日后患糖尿病、高血压、冠心病的风险会加大。

■ 糖妈妈的诱因

怀孕后，激素分泌增多，产生抵抗胰岛素的作用，随着孕周的增加，不断增多的雌、孕激素促使机体分泌更多的胰岛素保持正常的糖代谢，一些对胰岛素代偿能力差的孕妈妈可能会出现糖代谢异常或者胰岛素敏感性不够，一些孕妈妈有糖尿病家族史，还有一些孕妈妈营养过度、运动缺乏，这都是成为“糖妈妈”的诱因。

■ 孕妈妈要进行糖尿病筛查

建议孕妈妈在怀孕第 24～28 周时进行糖尿病筛查，超过 35 岁、肥胖、有糖尿病家族史、有不良孕产史的孕妈妈属于高危人群，需要更早进行糖尿病筛查。

糖尿病筛查的具体方法是：

口服 50 克的葡萄糖筛检及口服 100 克葡萄糖耐受试验，测出空腹、餐后 1 小时、2 小时及 3 小时之血糖浓度，若发现其中至少有两项数值高于标准值时，则可能为妊娠期糖尿病，血糖浓度标准值见下表。

时间	浓度(mg/dl，毫克/分升)
空腹	105
餐后 1 小时	190
餐后 2 小时	165
餐后 3 小时	145

■ 糖妈妈应该怎么办

如果确诊为糖尿病，孕妈妈先不要慌张，积极应对，以下建议可能对孕妈妈有帮助。

❶ 严格控制饮食均衡、营养全面，控制热量和糖分的摄入，少食多餐，增加膳食纤维。

❷ 适当进行户外运动，运动疗法十分有益于糖尿病的控制。

❸ 如果需要药物控制，一定要严格配合医生的治疗和做好自我检测。

❹ 保持心情舒畅，认真对待病情，但不做无谓的担心。

■ 糖妈妈要重视饮食控制法

糖妈妈首先要做的是控制饮食，饮食可直接关系到治疗的效果，日常需要注意以下几点。

❶ 控制碳水化合物摄入量，大米、面粉、小米等主食一般每日控制在250～400克。

❷ 注意蛋白质、脂肪摄入量，蛋白质每日每千克体重进食1克，脂肪以植物油为主，每日每千克体重进食1克左右。

❸ 多吃新鲜蔬菜，如番茄、黄瓜、小白菜、菠菜、芹菜、冬瓜、韭菜、卷心菜等。

❹ 有限制地吃水果，水果应选择含糖量低的，如梨、橘子、猕猴桃等。

❺ 饮食以清谈为宜，肥腻、辛辣、刺激类食物要尽量避免，拒绝食用糖精等人工甜味剂。

❻ 少食多餐，每日进食5～6次，且定时定量。

如果饮食控制后血糖仍高于理想水平，或出现饥饿性酮症，要及时看医生，配合医生的治疗。

胎教优生小叮咛

分娩后，多数糖妈妈可恢复正常，但仍有部分孕妈妈会持续高血糖，因此，产后仍要密切监测血糖并坚持治疗。

怎样避免胎教不当引起反效果

在关于胎教不当引致反效果的报道中，最多的要数音乐胎教的问题了，这其实与胎教方法过激有很大的关系，只要运用正当的胎教方法，胎教是有益无害的，给胎宝宝进行音乐胎教时需要注意以下几点。

❶ 不要让胎儿听正常人都无法忍受的音量。

❷ 音乐以舒缓的轻音乐为佳，不要太悲壮、激烈、亢奋，更不要一段轻缓的旋律后突然出现一段高亢旋律，这可能惊吓到胎儿，甚至造成日后宝宝自闭。

❸ 不要在吵闹的环境中生活，噪声的恶性刺激会导致宝宝日后头晕、头痛、失眠、多梦、乏力、记忆力减退、注意力不集中。

❹ 进行胎教时不要直接把录音机或胎教传声器放在肚皮上，这可能造成听力损害。

胎教优生小叮咛

虽然不能将放音设备直接贴在肚皮上给胎宝宝听，但孕妈妈自己戴着耳机听胎教音乐也是不行的，这样胎宝宝完全听不到声音，不能达到胎教效果，应以正确的方法母子同听。

孕妈妈学写毛笔字

书法是一门艺术，能提高人的审美感觉，孕妈妈学写毛笔字其实是一种美学胎教。

需要准备的工具

毛笔

墨汁

纸张:刚开始练习用宣纸太浪费了,可用学生用 15 格纸,用废报纸也行。

字帖:一本好字帖对于初学者非常重要,最好从真书(楷、隶、魏碑等)入手,行草比较难,不宜先行练习。

向孕妈妈推荐几本好字帖

楷书:颜真卿的勤礼碑、多宝塔碑、麻姑仙坛记;柳公权的玄秘塔、神策军碑;欧阳询的九成宫等。

隶书:史晨碑、张迁碑等。

魏碑:郑文公碑等。

怎样开始写毛笔字

❶ 从笔画开始练起,再循序渐进,穿插带笔画的字进行练习,如"三、王"练横画,练熟后可以临古诗帖。

❷ 不练笔画,可以直接从练字开始,主要方法有:

描红:在勾勒出的字框内填写笔画,一般书店都有售。

摹临:在前人的法帖上覆上白纸临摹。

临摹:参照前人的法帖进行临摹。

背临:先学习消化前人的法帖,然后不看法帖完成书写。

胎教优生小叮咛

毛笔字最好能天天写,两三天写一次也可,但三天打鱼、两天晒网是起不到效果的,而且坚持不懈地练习对身体及性格调整会有益处。

孕妈妈多动脑，胎宝宝也受益

孕妈妈的思想活动对胎儿大脑发育的影响很重要，肚里的胎宝宝虽小，却能感知孕妈妈的思想，孕妈妈动脑多，胎宝宝的大脑也会受益。

孕妈妈在保证休息和健康的基础上，适当地读书学习、勤于动脑，对生活和工作充满积极的热情和盎然的情趣，保持旺盛的求知欲，可以令胎儿从自己身上获得更多积极的信息，从而促进他的大脑发育，形成良好的进取精神和求知欲。

胎教优生小叮咛

孕妈妈很多时候会感到特别疲惫，容易犯懒，什么也不想干，甚至什么也不愿想。这虽然属于正常的生理情况，但孕妈妈要注意调节，否则可能失去让胎宝宝长心智的良机。

动脑时间——脑筋急转弯

快预热一下吧，马上来看下面的脑筋急转弯，你和胎宝宝能不能全都“挖出”答案来呢？

❶ 冬天，宝宝怕冷，到了屋里也不肯脱帽。可是他见了一个人乖乖地脱下帽，那人是谁？

❷ 有种动物，大小像只猫，长相又像虎，这是什么动物？

❸ 早晨醒来，每个人都要做的第一件事是什么？

❹ 当哥伦布一只脚迈上新大陆后，紧接着做什么？

❺ 你能做，我能做，大家都做；一个人能做，两个人不能一起做。这是做什么？

❻ 为什么宝宝刚出生只有一只左眼睛？

❼ 在一次考试中，两个学生交了一模一样的考卷，但老师认为他们肯

定没有做弊，这是为什么。

⑧ 你能用蓝笔写出红字来吗？

⑨ 如何才能把你的左手完全放在你穿在身上的右裤袋里，而同时把你的右手完全放在你穿在身上的左裤袋里？

⑩ 盆里有6个馒头，6个小朋友每人分到1个，但盆里还留着1个，为什么？

答案：

① 理发师

② 小老虎

③ 睁开眼睛

④ 迈上另一只脚

⑤ 做梦

⑥ 人本来就只有一只左眼睛

⑦ 他们交的是白卷

⑧ 写个“红”字有何难

⑨ 反穿裤子

⑩ 最后一个小朋友把盆子一起拿走了

教胎宝宝学习字母和数字

这个月可以教胎宝宝学习和动脑，除了汉字，还应让胎宝宝学习字母和数字。

在学习开始前，孕妈妈应把呼吸调整得深沉而平静，然后把要教的内容在头脑中描绘出来。为了让胎宝宝与教学合拍，最好先给胎宝宝一个信号，如抚摸着肚子说：“乖宝宝，我们开始上课了。”等。

■ 学习字母

① 准备彩笔和白纸。

❷ 按照 A～Z 的顺序，用彩笔在白纸上写下这 26 个字母，每天教 4～5 个，鲜艳的颜色可以强化孕妈妈的意念和集中注意力，并促使孕妈妈获得明确的视觉感。

❸ 教每个字母时，一边反复地发这个音，一边用彩笔写它的笔画。

❹ 通过视觉将字母的形状和颜色深深地印在脑海里，大写教完了再教小写。

❺ 孕妈妈对这一字母理解的信息，会以最佳状态传递给胎宝宝。

■ 学习数字

❶ 和教字母一样，先将 0～9 这 10 个数字用彩笔写在纸上，每天教 3～4 个。

❷ 运用想象，让数字变得具体和形象，比如 1 像竖起来的铅笔，2 像浮在水面上的天鹅的倩影，3 像人的耳朵，8 像两个圆粘在一起，9 像小蝌蚪等。

❸ 教的过程中，读音清楚地数几遍。

■ 胎教点读

胎教成功的诀窍之一就是将具体的、有立体感的形象而不是平面的形象导入胎教中去。

让胎宝宝也学点儿英语

胎宝宝目前具有接受英语启蒙的能力，从现在起到出生是孕妈妈进行英语胎教的黄金时间，胎教英语启蒙能使胎宝宝将来成为精通两种语言的人才。

教胎宝宝学英语的方法为：

❶ 和胎宝宝说英语

孕妈妈可以讲一些很简单的英语，将自己看见、听见的事情，以简单的英语对胎儿说话，例如：“This is Mommy”、“It's a nice day”、“Let's go to the park”、“That is a cat”，还要尽量用到胎宝宝的名字，例如：“Lisa, I am your Mommy and I love you so much!”、“Johnny, you are my lovely baby and I will try to give anything that you like!”

❷ 通过媒介学习

媒介可以帮助孕妈妈营造练习英语的良好环境，听一些英文儿歌、音乐，看原版的带有中文字幕（方便孕妈咪理解）的卡通 DVD 等，既地道又增加了趣味性。此外，还可以利用现有的英语媒介教育资源，比如 Baby Einstein（小小爱因斯坦）系列，不仅内容有趣，而且读起来朗朗上口，这些媒介可以带来活泼的气氛、清晰的发音，起到很好的胎教效果。

英语胎教一个月后，不妨试试其成效，对着胎儿说些经常说的英文语句，胎儿听到之后是否有反应，会否踢孕妈妈的肚子。

胎教优生小叮咛

除了英语，孕妈妈最好用普通话和胎宝宝说话。此外，宝宝出生后仍要持续与宝宝进行语言沟通，不然日久就会生疏。

学唱英语小儿歌

唱一些欢快、俏皮的英文儿歌是很好的英语胎教方式，不仅可以作为胎教音乐，也可以学着唱给胎宝宝听，对胎宝宝进行英语启蒙，下面是两首非常好听的英语小儿歌：

Oh Mr. Sun

Oh, Mr. Sun, Sun, Mr. Golden Sun.
Please shine down on me!
Oh Mr. Sun, Sun, Mr. Golden Sun.
Hiding behind a tree.
Little children are asking you.
Please come out so we can play with you.
Oh Mr. Sun, Sun, Mr. Golden Sun.
Please shine down on me!

太阳公公

哦，太阳公公，金色的太阳公公
照在我身上吧
哦，太阳公公，金色的太阳公公
躲在大树后面
小朋友在叫嚷
快出来，我们一起玩吧
哦，太阳公公，金色的太阳公公
照在我身上吧

Catch a Fish

One two three four five
once I caught a fish alive
Six Seven Eight Nine Ten
then I let it go again
Why did you let it go
Cause it bit my finger so
Which finger did it bite

This little finger on the right

抓鱼

一二三四五

抓到大活鱼

六七八九十

放它回河里

为啥放走它

手指被咬啦

哪个手指呀

右手小指头

音乐能让宝宝气质更出众

音乐是感情和心灵的语言，它能使人张开幻想的翅膀，随着优美的旋律，翱翔在海阔天空。

不同的乐曲对于陶冶宝宝的情操起着不同的作用，因而可以促进宝宝气质的完善，但是通过有针对性的音乐陶冶，能使宝宝在气质上发生改变，巴赫的复调音乐能促进宝宝恬静、稳定；圆舞曲促进宝宝欢快、开朗；奏鸣曲能激发宝宝的热情、奔放等。

音乐的陶冶和训练应该从胎儿期开始，具备了听音乐的生理条件后可以开始有计划地进行音乐胎教。

胎宝宝更喜欢这样的音乐

胎宝宝已经具有了对音乐的感受能力，在选择音乐时一定要注意选择合适的音乐。一般来说，胎宝宝更喜欢中世纪文艺复兴的古典音乐，如巴赫、莫扎特等的乐曲，这些乐曲中蕴涵着和人类生命节律相通的部分，它们与大脑中的阿尔发波和心跳波形相似，所以很容易被胎宝宝和孕妈妈接受。

其他值得推荐的类似古典乐曲：

■ 西方

巴哈：G 大调奏鸣曲、D 大调奏鸣曲、G 小调奏鸣曲。

莫扎特：长笛四重奏。

■ 东方

古琴曲：《流水》、《梅花三弄》。

古筝曲：《高山流水》、《渔舟唱晚》、《出水莲》。

琵琶曲：《月儿高》、《春江花月夜》。

二胡曲：《二泉映月》、《听松》。

不过，胎教的原则应该是孕妈妈本身喜欢才最重要，如果一种音乐，即使是推荐的古典音乐，令孕妈妈一听便觉得不舒服，无论多少专家推荐，效果都是负面的，心情愉快轻松的孕妇，自然能生出性情平和的可爱宝宝。

孕妈妈要注意避免的音乐：

❶ 节奏强烈、变化大、刺激性强的躁动音乐，如迪斯科舞曲、霹雳舞曲，它们可能造成细胞破裂死亡；

❷ 音域过高的音乐，聆听过高音域的音乐也会损伤脑细胞；

❸ 过于哀伤的音乐，这样的音乐会影响孕妈妈的情绪。

胎教优生小叮咛

对于适合的音乐，孕妈妈最好能经常聆听，因为声波经过反复，不断地得到强化，可以促进胎宝宝的右脑发育。

听音乐《小狗圆舞曲》

《小狗圆舞曲》是肖邦的作品，也叫降D大调圆舞曲，是肖邦在世时最后发表的圆舞曲，也是肖邦圆舞曲中最著名的一首。乐曲描写小狗飞快旋转追逐自己尾巴的样子，曲调健康活泼、悠然自得、诙谐有趣。

让《小狗圆舞曲》变得有趣的还有一件事，这首曲子是肖邦为他当时的女友，法国著名女作家乔治·桑的一条小狗所作。这条小狗特别喜欢飞快地转着圆圈追逐自己的尾巴，惹得女主人非常高兴，于是要求肖邦用音乐表现出来，就这样《小狗圆舞曲》出现了。

■ 胎教点读

这是一首快乐的曲子，描述了一只快乐的小狗，相信孕妈妈和胎宝宝也会被作者的快乐感染。这个阶段，孕妈妈每天可以给胎宝宝播放1～2次音乐，每次15～20分钟。

多吃这些食物，缓解孕期水肿

约有75%的孕妈妈在怀孕期间或多或少会有水肿情形发生，不过，水肿不会对胎宝宝产生不良影响，产后会慢慢自愈，孕妈妈可以通过饮食来缓解，一些有利尿作用的食物可多吃。

■ 鲫鱼

鲫鱼是一种益脾胃、安五脏、利水湿的淡水鱼，鲫鱼肉是高蛋白、高钙、低脂肪、低钠的食物，经常食用，可改善血液的渗透压，有利于合理调整体内水分的分布，使组织中的水分回流进入血液循环中，从而达到消除水肿的目的。

■ 鲤鱼

鲤鱼有补益、利水的功效，常食可以补益强壮、利水祛湿，鲤鱼肉中含有丰富的优质蛋白质，钠的含量也很低，可消水肿。

■ 冬瓜

冬瓜具有清热泻火、利水渗湿、清热解暑的功效，可提供丰富的营养素和无机盐，既可泽胎化毒，又可利水消肿，孕妈妈可以常吃。

■ 土豆

土豆含有丰富的无机盐分，钾含量很高，不仅能帮助身体排出因食盐过多而滞留在体内的钠，还能促进身体排出多余水分，因而可以消除水肿。

■ 西瓜

西瓜含有一种类似氨基酸类的成分，叫作瓜氨酸，有很好的利尿功效，对因怀孕引起的水肿有效。

胎教优生小叮咛

有一个很简单的去水肿方法，就是喝玉米须茶，做法是取玉米须适量，用热水冲泡20分钟，每天饮用即可。

既营养又不增体重的食物

孕妈妈现在胃口比较好，要注意避免吃得太多而导致体重增长过快，其实，有一些食物比较特别，孕妈妈即使多吃一点儿也不会引起体重增长过快，想吃又不敢吃时，孕妈妈可以考虑一下它们。

食物	功效	温馨提示
全麦面包、饼干	全麦面包可以提供丰富的铁和锌，全麦饼干可以保证孕妈妈一天的血糖平稳和精力充沛	可以作为孕妈妈的备用零食，不论何时有吃东西的欲望，都可以来上几片
麦片	可以帮助孕妈妈降低体内胆固醇的水平，而且还能够让孕妈妈保持精力充沛	不要选择那些口味香甜、精加工过的麦片，最好是天然的没有任何添加成分的，可以按照喜好在麦片粥里加一些果仁、葡萄干或是蜂蜜
脱脂牛奶	可以为孕妈妈提供丰富的钙	孕妈妈需要从食物中吸取的钙大约比平时多1倍，喝更多的脱脂牛奶是孕妈妈聪明的选择
香蕉	可以快速地提供能量，帮助孕妈妈击退随时出现的疲劳	可以把香蕉切成片放进麦片粥里，也可以和牛奶、全麦面包一起做早餐
柑橘	富含维生素C、叶酸和大量的纤维，能帮助孕妈妈保持体力，防止因缺水造成的疲劳	吃鲜橘子时，最好连橘络(附在肉上的橘丝)一起吃，橘络有理气化痰的功效，并含有丰富的维生素D
绿叶蔬菜	绿叶蔬菜中含有丰富的维生素和营养物质，比如菠菜中含有丰富的叶酸和锌、甘蓝中含有丰富的钙质	可以随时在汤里或是饺子馅里加入一些新鲜的绿色蔬菜，既好看又能够增加营养
瘦肉	含有丰富的铁质，极易被人体吸收	为保证通过血液供给胎宝宝足够的营养，孕妈妈对于铁的需要就会成倍地增加，铁不足时极易感到疲劳
豆制品	可以为孕妈妈提供很多孕期所需的营养	对于那些坚持素食的孕妈妈，豆制品是一种再好不过的健康食品了

胎教优生小叮咛

孕妈妈可以准备一个小本子，每天记录下自己都吃了些什么，时常总结比较，这样不仅可以防止不知不觉中吃得太多，还可以防止偏食以至于营养不够全面。

选补脑效果好的坚果做零食

要想胎宝宝有一个聪明的脑袋，要抓住脑发育的黄金时期多吃些补脑食物。

坚果通常被归为脂肪类食物，高热量、高脂肪是它们的特性，但是坚果主要是以不饱和脂肪酸为主。对于胎儿的大脑发育来说，需要的第一营养成分就是不饱和脂肪酸，因此，坚果是补脑佳品。下面介绍几种可作为孕妈妈零食的坚果。

■ 开心果

推荐摄入量：5～8粒。

开心果含有大量油脂和维生素E，有润肠通便的作用，同时可补脑。

■ 松子

推荐摄入量：20～30克。

松子含有丰富的胡萝卜素和维生素E，以及人体必需的脂肪酸、油酸、亚油酸，有防癌、抗癌作用，还能促进胎宝宝大脑健康发育。

■ 花生

推荐摄入量：25～30克。

花生含有约50%的脂肪和25%的蛋白质，还含有维生素B_1、维生素B_2及维生素E等多种营养成分，孕妈妈常吃还可以预防产后缺乳。

■ 核桃

推荐摄入量:2～3 个。

核桃含有较高的亚油酸,在体内能合成 DHA,有补脑、健脑作用,核桃也含有丰富的维生素 E,能促进胎宝宝血管生长和发育。

■ 榛子

推荐摄入量:8～10 粒。

含有约 50%的脂肪,脂肪酸以不饱和脂肪酸为主,并富含磷、铁、钾等矿物质,以及胡萝卜素、维生素 B_1、维生素 B_2、烟酸,经常吃可以明目、健脑。

■ 葵花子

推荐摄入量:20～30 克。

葵花子脂肪富含亚油酸,能促进脑发育,也含有大量的维生素 E,促进胎宝宝血管生长和发育,同时还能增进卵巢机能,增强孕酮的作用,有助于安胎。

■ 腰果

推荐摄入量:5～8 粒。

营养丰富,含蛋白质达 21%,含油率达 40%,各种维生素含量也都很高,具有补充体力、健脑的作用,还能使干燥的皮肤得到改善,同时可补充铁、锌等。

孕期体操——抬腰提肛

孕中期最适合做一些比孕早期动作稍微复杂一些的运动,这里给孕妈妈介绍抬腰提肛运动,经常训练对于分娩时放松肌肉很有帮助,还可以帮助缓解孕妈妈便秘,对于孕中期可能会出现的漏尿情况也有好处,做法是：

❶ 仰卧，平躺于床上，双腿放平，两手放于身体两侧，平静地呼吸。

❷ 右脚向上弯曲，然后右腿向右边打开。

❸ 重复第2步4次，放回原位。

❹ 换左脚，同样动作重复4次，放回原位。

❺ 双腿放平，慢慢吸气，同时收缩肛门，腰部抬起。

❻ 慢慢呼气，放松腰部，再放松肛门。

❼ 重复第5～6步5次。

❽ 这个运动每日可以早、晚做2次，每次5分钟左右。

以上动作可以简单地理解为：把腰尽量地离开床面，像忍大便一样地提肛门。

剪一条会游泳的小鱼

剪纸是一个很好玩的手工活动，只需要简简单单几张彩纸，就可以剪出可爱的图案来，这就是剪纸艺术的魅力哦。孕妈妈来动动手吧，别让胎宝宝错过了体会剪纸艺术的机会哦，下面我们给孕妈妈介绍一种方法来剪出会动的小鱼。

■ 需要准备的材料

几种不同颜色的纸（绿色、黄色、黑色或其他自己喜欢的颜色）

剪刀

胶水

■ 制作步骤

❶ 在绿色纸上剪出一个鱼形的造型。

❷ 在黄颜色纸上剪出两个稍大的黄色椭圆形，是用来做小鱼眼眶的。

❸ 在黑纸上剪两个小的黑色圆形，黑色小圆则是鱼儿的眼睛。再剪8

个其他颜色的小圆，是用来当做鱼鳞的。

④ 对折刚才剪下的绿色大圆，以及鱼尾、鱼鳍粘在相应的位置。

⑤ 将鱼眼、鱼鳞粘在相应的位置。

⑥ 将剪出的一根绿色小条两端稍卷，粘在鱼儿的前端，这就是鱼须，一条活灵活现的小鱼就做好了，轻轻压动鱼尾，小鱼儿就“游动”起来了。

胎教优生小叮咛

在做任何一件事情时，孕妈妈都可以教胎宝宝学习，在剪纸时可以描绘小鱼的模样、习性、故事等，要相信胎宝宝听得到，将他当做真正的学生来看待。

准爸爸做胎教

准爸爸动动手：做两道帮助减轻水肿的营养美食

在整个孕期，尤其是孕中期后，准爸爸都可以多为孕妈妈做几道减轻水肿的菜，帮助孕妈妈缓解水肿的困扰，下面是我们为准爸爸精选的两道菜，供准爸爸参考。

鲫鱼红豆汤

材料：鲤鱼 250 克，红豆 100 克。

做法：

① 将鲤鱼剖洗干净，红豆洗净。

❷ 将鲤鱼和红豆一起入锅煮熟。

美味提示：

此汤不加盐，每天喝一次，红豆、鱼、汤水均可吃，连吃数日即可见效。

清蒸冬瓜盅

材料：绿皮冬瓜 500 克，熟冬笋 100 克，水发冬菇 100 克，彩椒 50 克。

调料：香油 1 大匙，料酒 1 小匙，酱油 1 大匙，白糖、水淀粉、高汤各适量。

做法：

❶ 冬瓜选肉厚处用花槽刀挖出 6 个圆柱形，焯水后抹香油备用。

❷ 冬菇洗净切碎末；冬笋去皮切碎末；彩椒去籽、洗净，切末备用。

❸ 锅内放油烧至六成热，将各种末下入油中煸炒，再加料酒、酱油、白糖、高汤，烧开后用水淀粉勾厚芡，冷后成馅。

❹ 掏空冬瓜柱，填上馅，放盘中，上笼蒸 10 分钟取出，将盘中汤汁倒入锅里烧开，调好味后勾芡，浇在冬瓜盅上即可。

准爸爸该怎么给胎宝宝放音乐

现在可以有计划地进行音乐胎教了，这样不但能刺激胎宝宝的听觉器官发育，还能促进他的大脑发育。不过，音乐胎教一定要掌握正确的方法，方能取得最好的胎教效果，准爸爸应该这样给胎宝宝放音乐。

❶ 事先熟悉和挑选乐曲

准爸爸首先应熟悉音乐内容，理解其中的内涵和社会背景，并帮助孕妈妈快速熟悉音乐，放松精神，并告诉胎宝宝要听音乐了。

❷ 帮助孕妈妈选择合适的姿势

音乐选好后，要帮助孕妈妈以最舒适的姿势做好准备，可以取半卧姿态，最好坐在沙发或躺椅上。另外，还要注意胎宝宝的状态，要在他清醒时听，即要有胎动，如果是计划好的时间，可轻轻推动孕妈妈腹部使他醒来再开始。

❸ 打开音乐设备，开始听音乐

音乐的音量要适中，关于听音乐的时间，最好有个计划，一般每日3次（即早、中、晚各一次），每次5～10分钟，如果比较忙，可早、晚各一次，或根据具体情况调整时间。一般来说，做到每天坚持听，而且每次听都是在孕妈妈兴致最高、心情最好的时候，效果就会很好。

❹ 一次不宜听太多、太杂的乐曲

在决定更换曲目时，应注意不要过于频繁，一般来说，一首曲子应天天听，待基本听熟后，再更换其他的比较好。这样才能在胎宝宝的头脑中留下印象，使音乐胎教有可能起到促进胎宝宝脑和智力发展的作用。

胎教优生小叮咛

听到熟悉的音乐时，准爸爸可以随着音乐哼唱，如果会唱，可以直接清唱，或者可以由自己教孕妈妈唱，让胎儿跟着孕妈妈一起学唱。

陪孕妈妈看《人与自然》，从电视中感受美

自然是人类最重要的东西，大自然给人类提供了得以生存的空气和水，同时还给人类带来了美的感受，如今在城市中生活的人，很少有机会去领略真正的自然风光，也无法真正了解人与自然到底发生着怎样的关系。

《人与自然》是中央电视台一档以“讴歌生命，关注环境”为定位的栏目，主要介绍动植物和自然知识，探索人与自然之间的相互影响、相互作用，探讨社会、经济、生态协调发展和可持续性发展的有效途径，融欣赏性、知识性和趣味性于一体，雅俗共赏，思想和文化品位很高。

准爸爸可以找一期欣赏性、趣味性比较高的节目，尽量避开以动物为主的，尤其是凶猛动物如狮子、豹、蛇、鳄鱼等，主要找几期以美丽的自然风光以及植物为主的节目，然后陪孕妈妈一起看。只要选择合适的主题，这个节目可以为孕妈妈带来很大的美感享受，而且可以调动孕妈妈的求知欲。

第七章

第7个月　越来越爱动的胎宝宝

本月胎教要点

本月，胎宝宝初步形成视觉，能够区分外部的明暗，并且还能够直接体验孕妈妈的视觉感受。此外，胎宝宝感应声音的神经系统，已经接近完成阶段。这时孕妈妈的腹壁变薄，所以胎宝宝可以听到外界的各种声音。

在怀孕第7个月，你的胎教重点是：

多与胎宝宝沟通

除了加强音乐胎教外，还应多对胎宝宝说话或讲故事，孕妈妈对胎宝宝的爱，可以通过声音传递，并在妊娠期间建立起良好的联系，胎宝宝出生后，对孕妈妈所说的话会有安全感。

■ 多欣赏一些美好的事物

把生活环境布置得整洁美观、赏心悦目，挂几张漂亮的宝宝照片，孕妈妈可以天天看，想象腹中的胎宝宝也是这样健康、美丽、可爱，多欣赏花卉盆景、美术作品和大自然美好的景色，多到野外呼吸新鲜空气，避免烦恼、惊恐和忧虑的情绪。

适当运动，起居规律

孕妈妈需要适当运动，通过屈伸的动作使血气运行流畅，此外，饮食起居要有规律，按时作息，避免过量食用寒凉的食物。

妈妈，一转眼我在你肚子里已经7个月了，最近我老忙着练习踢球，都忘了我动得太厉害妈妈会很辛苦，想起来怪不好意思的，直到刚才兴奋地为妈妈秀我的漂亮脚球时，才感觉到妈妈很紧张，以至于都开始怀疑我是不是个双胞胎了。

我忍不住为妈妈的可爱想法笑出了声，妈妈别担心，我确定，我没有弟弟妹妹，要知道，每 100 个胎儿中才只有一个双胞胎呢，这种概率说起来其实也蛮低的哦。妈妈，接下来的日子里宝宝决定乖一点儿，定时吃饭睡觉，让你开心地度过每一天。

25 周胎宝宝——脑发育进入又一个高峰期

25 周的胎宝宝身长约 30 厘米，体重在 600～700 克之间。胎宝宝这时候在孕妈妈的子宫中占据了相当大的空间，开始充满了整个空间。他的身体比例很匀称，不过，皮肤仍然薄而且有很多的小皱纹，几乎没有皮下脂肪，但看起来较上周饱满了些。本周，胎宝宝舌头上的味蕾正在形成，所以胎宝宝现在已经可以品尝到食物的味道了。

■ 大脑发育又进入高峰期

这一周，胎宝宝的大脑细胞迅速增殖分化，体积增大，他的脑波图像和那些足月出生的宝宝相像，大脑处理视觉和听觉信息的部分正在活动，同时大脑半球的划分仍在继续，孕妈妈在此时可以多吃些健脑的食品如核桃、芝麻、花生等。

26周胎宝宝——开始囤积脂肪

本周，胎宝宝的坐高（顶臀长）约23厘米，从头到脚长约35厘米，体重有900克左右。这一周，胎宝宝的听觉器官发育成熟，此时耳朵的结构基本上和出生时相同，他的传音系统完成，对声音的反应更灵敏，由声音引起的反应也更强烈。

胎宝宝在这时候已经可以睁开眼睛了，如果这时候孕妈妈用手电筒照自己的腹部，胎宝宝会自动把头转向光亮的地方，这说明胎宝宝视觉神经的功能已经开始在起作用了。

■ 脂肪迅速累积

胎宝宝的皮下脂肪已经开始出现，但这时候的胎宝宝依然很瘦，全身覆盖细细的绒毛，从现在到出生，胎宝宝的脂肪迅速累积，他的体重会增长3倍以上。胎宝宝需要脂肪来帮助他适应离开子宫后外界更低的温度，并提供出生后头几天的能量和热量。

27周胎宝宝——会做美梦了

27周的胎宝宝身长大约38厘米，体重有900克左右。此时胎宝宝的大脑已经发育到了一定水平，大脑皮层表面开始出现特有的沟回，脑组织快速地增长，大脑开始可以发出命令来控制全身机能的运作和身体的活动。胎宝宝在子宫内也已经形成嗅觉，掌握了寻找母乳的本领。

■ 可能会做梦了

胎宝宝这时候眼睛已经可以睁开和闭合了，同时有了睡眠周期，能通过孕妈妈大脑的激素来区别昼夜。由于开始有了原始的睡眠周期，所以胎宝宝可能会做梦了。

胎教优生小叮咛

在这个阶段，孕妈妈的子宫接近了肋缘，因此，孕妈妈有时候会感觉气短，这是正常的现象，不必过多担心。

28 周胎宝宝——性格在胎动中显现

28 周的胎宝宝坐高(顶臀长)约 26 厘米，身长 37 厘米左右，体重有 1200 克左右。现在胎宝宝内脏的形状和机能已经接近成人的状态，4 个腔室(左心室、右心室、左心房、右心房)均已分隔形成，肺的横膈膜在规律移动，但实际上此时呼吸的还是羊水。

这周，胎宝宝已经可以睁开眼睛了，他的睫毛也已经完全长出来了，脂肪层在继续积累，为出生后在孕妈妈子宫外的生活做准备。此时的胎宝宝已能感到疼痛，味觉感受敏锐，大脑的思维部分在快速发育。

■ 从胎动看性格

现在，胎宝宝有时会用小手、小脚在孕妈妈的肚子里又踢又打，有时还会让自己翻个身，把孕妈妈的肚子顶得一会儿这里鼓起来，一会儿那里又鼓起来。胎宝宝的性格在此时已经有所显现了，胎动特别规律的胎宝宝可能比较文静，胎动频繁且没什么规律的胎宝宝相对活泼好动，有的甚至还淘气、调皮。这时的胎宝宝几乎占满了整个子宫，随着空间越来越小，胎动在慢慢减弱。

你需要了解的知识

让孕妈妈一生受益的凯格尔运动

凯格尔运动是一套可以用来增强骨盆底肌肉力量的练习，可以减轻尿失禁，还能预防痔疮，加快会阴侧切或会阴撕裂愈合，还能增强阴道的弹性。

凯格尔运动并不是一套针对孕妈妈的运动，它适合任何女性，孕妈妈可以从任何时候开始练习，并一直坚持下去，它将让你一生受益。

孕妈妈只需要按部就班地按照以下方法来做即可收到成效。

❶ 排空膀胱，运动中要照常呼吸，除了骨盆底肌肉外，保持身体其他部位放松，可以用手触摸腹部，如果腹部有紧缩的现象，则表示不够放松。调整好以后，下一步开始练习。

❷ 平躺，双膝弯曲。练习时，把手放在肚子上，这样可以帮助确认自己的腹部保持放松状态。

❸ 收缩臀部的肌肉向上提肛。

❹ 紧闭尿道、阴道及肛门(它们同时受到骨盆底肌肉支撑)，就像平时尿急时须闭尿的动作。孕妈妈可以将一只干净的手指放入阴道，如果在练习的过程中，手指能感觉到受挤压的话，就表明锻炼的方法正确。

❺ 保持骨盆底肌肉收缩 5 秒钟，然后慢慢放松，5～10 秒后，重复收缩。

❻ 孕妈妈可以每天做 3 次，每次练习 3～4 组，每组 10 次。刚开始时，一天中可分多次练习，随着骨盆底肌肉的不断增强可以逐渐增加每天练习的次数，并延长每次收紧骨盆底肌肉的时间。

让分娩更顺利的拉梅兹呼吸法

拉梅兹呼吸法的主要目的是转移疼痛、放松肌肉，使孕妈妈充满信心地在分娩过程发生产痛时保持镇定，以加快产程并让宝宝顺利出生，因而也被称为心理预防式的分娩准备法。

我们建议孕妈妈从怀孕第 7 个月起，开始进行拉梅兹呼吸法的训练，以便熟练运用。

进行拉梅兹呼吸法前，孕妈妈需要先了解分娩过程，以及在不同分娩阶段自己身体的变化和胎宝宝的状态，这样才能使拉梅兹分娩呼吸法发挥最大作用。

■ 拉梅兹呼吸法的准备

孕妈妈可以在客厅地板上铺一条毯子或在床上练习，室内可以播放一些优美的胎教音乐，孕妈妈可以选择盘腿而坐，在音乐声中，孕妈妈要首先让自己的身体完全放松，眼睛注视着同一点。

■ 第一阶段：胸部呼吸法

应用阶段：分娩开始的阶段，此时宫颈开 3 厘米左右，孕妈妈可以感觉到子宫每 5～20 分钟收缩一次，每次收缩长 30～60 秒。

呼吸要点：

由鼻子深深吸一口气，随着子宫收缩就开始吸气、吐气，反复进行，直到阵痛停止才恢复正常呼吸。

孕妈妈可以通过这种呼吸方式准确地给家人或医生反应有关宫缩的情况。

■ 第二阶段：嘻嘻轻浅呼吸法

应用阶段：胎宝宝一面转动，一面慢慢由产道下来的时候（子宫颈开 7 厘米以前）。此阶段，宫颈开至 3～7 厘米，子宫的收缩变得更加频繁，每2～

4 分钟就会收缩一次，每次持续 45～60 秒。

呼吸要点：

❶ 让自己的身体完全放松，眼睛注视着同一点。

❷ 用嘴吸入一小口空气，保持轻浅呼吸，让吸入及吐出的气量相等，呼吸完全用嘴呼吸，保持呼吸高位在喉咙，就像发出“嘻嘻”的声音。当子宫收缩强烈时，需要加快呼吸，反之就减慢。

练习时由连续 20 秒慢慢加长，直至一次呼吸练习能达到 60 秒。

■ 第三阶段：喘息呼吸法

应用阶段：子宫开至 7～10 厘米时，子宫每 60～90 秒钟就会收缩一次，这已经到了产程最激烈、最难控制的阶段了，胎宝宝马上就要临盆，子宫的每次收缩维持 30～90 秒。

呼吸要点：

先将空气排出后，深吸一口气，接着快速做 4～6 次的短呼气，感觉就像在吹气球，比嘻嘻轻浅式呼吸还要更浅，也可以根据子宫收缩的程度调解速度。

练习时由一次呼吸练习持续 45 秒慢慢加长至一次呼吸练习能达 90 秒。

■ 第四阶段：哈气呼吸法

应用阶段：第二产程的最后阶段。此时为避免发生阴道撕裂，不要用力，等待宝宝自己挤出来，这一阶段孕妈妈可以用哈气法呼吸。

呼吸要点：

阵痛开始，先深吸一口气，接着短而有力地哈气，如浅吐 1、2、3、4，接着大大地吐出所有的“气”，就像在吹一样很费劲的东西。

练习时每次呼吸需达 90 秒。

第五阶段：用力推

应用阶段：此时宫颈全开了，胎宝宝即将露出头部，这时要长长吸一口气，然后憋气，马上用力，将宝宝娩出。

呼吸要点：

下巴前缩，略抬头，用力使肺部的空气压向下腹部，完全放松骨盆肌肉。需要换气时，保持原有姿势，马上把气呼出，同时马上吸满一口气，继续憋气和用力，直到宝宝娩出。

当胎头已娩出产道时，你可使用短促的呼吸来减缓疼痛。每次练习时，至少要持续 60 秒用力。

胎教优生小叮咛

准爸爸如果能陪同孕妈妈一起练习的话，效果将会更好。拉梅兹呼吸法的效果发挥重在熟练运用，因此孕妈妈平时应勤练习。

怎样防治孕期静脉曲张

在怀孕期，孕妈妈经常能够在腿上见到蚯蚓般曲张的条状物，呈现出青色，形状突出，于腿上蜿蜒而行，这就是静脉曲张。据统计，约有 1/3 的孕妈妈会遭遇严重程度不等的静脉曲张，曲张的静脉不只出现在双腿，在身体其他部位，如颈部及会阴部也可能会出现。

孕妈妈为什么容易患静脉曲张

其原因主要有以下三点。

❶ 怀孕时全身血流量增加，使得原本闭合的静脉瓣膜分开，造成静脉血液的逆流。

❷ 胎儿和子宫增大，压迫骨盆腔静脉和下腔静脉，造成静脉曲张，已经

曲张的静脉也会越来越明显。

❸ 家族遗传或孕期体重过重，静脉曲张有家族遗传倾向，体重是静脉曲张的高危因素。

轻度静脉曲张不会引起任何症状，当其加重时，会使孕妈妈感到发胀、酸痛、麻木和乏力，甚至造成血栓性静脉炎或静脉栓塞等危险情况，孕妈妈在生活中必须多加防护。

■ 静脉曲张的防护要点

❶ 不要长久站立，也不要久坐不动，应该经常变换体位休息，经常活动脚部，每次蹲厕时间不要太长。

❷ 每天进行适度的温和运动，坚持锻炼有助于避免过量脂肪堆积、保持良好的血液循环并强韧血管，慢走、游泳都是不错的选择。

❸ 控制体重，超重会使静脉曲张更加严重，孕妈妈应使妊娠期的体重增加控制在正常范围。

❹ 不要穿紧身的衣服，鞋子不可过紧，睡眠时用枕头垫高双腿，以促使静脉血回流，尽量左侧躺，避免压迫到腹部下腔静脉，减少双腿静脉的压力。

❺ 可以在医生的指导下，每天起床后，趁静脉曲张和下肢水肿较轻时，穿上合适的医疗级弹性袜来减轻静脉曲张症状，还可避免磕碰等外伤造成的出血及感染。

胎教优生小叮咛

一般情况下静脉曲张会在分娩后自行恢复，孕妈妈若有外阴静脉曲张，应及时就医，因为外阴静脉曲张同时伴有阴道和子宫颈的静脉曲张，胎儿的头经过时可能发生静脉破裂出血。

怎么应对恼人的孕期痔疮

痔疮在孕妈妈当中发病率高达66%，怀孕以后，孕妈妈逐渐膨大的子宫，会慢慢影响盆腔内静脉血液的回流，使得肛门周围的静脉丛发生淤血、凸出，从而形成痔疮。痔疮也可以看做是静脉曲张的一种，早期症状是便中带有血迹，有痒及发胀感，甚至引起头昏、气短、乏力、精神不佳等贫血症状。

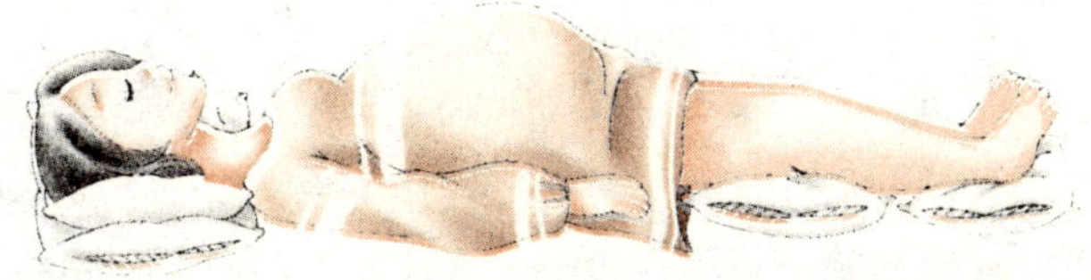

当患上痔疮时，孕妈妈要多卧床休息，不要久坐、久站，适当出去散散步，做适当的运动，为了避免痔疮发生或随着孕期加重，建议孕妈妈在日常生活中从以下几方面进行改善。

■ 养成良好的饮食习惯

❶ 平时注意多饮水，最好喝些淡盐水或蜂蜜水，晨起后空腹喝一杯 500 毫升的淡盐水有助于排便。

❷ 多吃新鲜蔬菜、水果，尤其应注意多吃些富含粗纤维的食物，如韭菜、芹菜、青菜，以利大便通畅，也要多吃些粗粮，如玉米、地瓜、小米等。

❸ 注意不吃或少吃辛辣刺激性的食物和调味品，如辣椒、胡椒、姜、蒜等。

■ 养成良好的排便习惯

❶ 排便时间要相对固定，一般可定在某一次进餐后为好。排便习惯一旦形成后，不要轻易改变，到排便的时间，即使无便意也要坚持如厕。

❷ 每次蹲厕所时间一般不要超过 10 分钟，如果一次排不出来，可起来休息一会儿再去。千万不要蹲厕看书、看报，反而会增加腹压和肛门周围血流的压力，导致痔疮或加重痔疮。

❸ 有排便感时不要忍着，排便后，最好能用温水坐浴，以促进肛门局部血液循环，有便秘时应积极治疗。

■ 适当进行一些体力活动和肛门保健

❶ 应防止久坐不动，提倡适当的户外活动，适量的体力活动可增强体质，促进肠蠕动而增加食欲，防止便秘，慢走、游泳都很好。

❷ 每日早、晚可做两次提肛运动，方法是做忍大便的动作，将肛门括约肌往上提，同时吸气内收肚脐，然后放松肛门括约肌，呼气，一切复原，反复做15～30次，这样有利于增强盆底肌肉的力量和肛门周围的血液循环，有利于排便和预防痔疮。

❸ 经常做肛门按摩来改善局部的血液循环，方法是：排便后先用温水清洗局部，再用热毛巾按压肛门，按顺时针和逆时针方向各按摩15次。

胎教优生小叮咛

孕期痔疮一般分娩后即可消除，如果痔疮严重，孕妈妈应及时就医，如果需要服药，应在医生的指导下服用，千万不可擅自用药。

改善坐骨神经痛的法子

坐骨神经痛是从坐骨神经开始，顺着腰部，通过臀部，最后延伸至每条腿的后侧，表现为腰部、大腿或脚有放射性、针刺样的痛楚，或者感到麻木。

坐骨神经痛通常发生在怀孕中、后期，绝大多数是因腰椎间盘突出引起的，这与孕妈妈的特殊生理有明显关系。

❶ 孕妈妈体内分泌激素发生生理性变化，使关节、韧带松弛，为分娩做好准备，无形中使腰部的稳定性减弱。

❷ 胎宝宝长大使腰椎负担加重，直到分娩，如果孕妈妈的身体给予坐骨神经过多压力，就很容易引起坐骨神经痛，臀部、背部、大腿等就可能感到刺痛。

如果孕妈妈发生坐骨神经痛，可以尝试以下方法来改善：

热敷疼痛部位

当疼痛发生时，孕妈妈可以尝试做做局部热敷，用热毛巾、纱布和热水袋都可以，热敷半小时，可减轻疼痛感觉，每天在盛有温水的浴盆中浸泡疼痛部位，也可慢慢缓解。

孕妈妈可以每天用热水泡脚，也有助于缓解疼痛。

劳逸结合，多休息

防治坐骨神经痛的关键在于劳逸结合，尽量让自己舒服，避免做剧烈的体力活动，每天用舒适的左侧卧姿势睡眠，可将枕头垫在两腿间或肚子下面，每周练习几次瑜伽。

日常生活小细节

多注意日常生活中的细节，对于改善坐骨神经痛将很有帮助。

❶ 不要坐、站、走太久，工作约 1 小时就要休息 10 分钟，活动活动或轻轻伸展四肢。

❷ 坐的时候将椅子调到舒服的高度并在腰部、背部或颈后放置舒服的靠垫，以减轻腰酸背痛的不适。

❸ 任何时候都尽量将背伸直，努力做到不挺起肚子或者弯曲背部。

❹ 穿软底鞋，这样的鞋会防止脊柱因受震动而感到疼痛。

❺ 停止做一切会引起疼痛的事情，不要搬重物，如果不得不搬，先屈膝，保持背部挺直。

❻ 坐公车、地铁时不要害羞，主动要求座位，周围人也一定会理解的。

❼ 选用硬板床，不要睡席梦思。

胎教优生小叮咛

一般情况下，大部分孕妈妈在分娩后，坐骨神经痛都能自愈。疼痛严重时，可在医生的指导下适当用药。

孕妈妈打呼噜不能忽视

打呼噜就是打鼾，是气流通过狭窄的咽部时，咽腔软组织颤动而发出的，打鼾可分为良性和恶性两大类。

良性打鼾：入睡后鼾声较轻且均匀，或偶尔出现的打鼾。这类打鼾对身体并没什么害处。

恶性打鼾：入睡时不仅鼾声很大，而且不均匀，总是打着打着就停止了呼吸，或被憋醒，一夜反复多次发作，早晨起来感觉头昏脑涨。这类打鼾往往会带来严重的后果，影响到胎宝宝的正常发育，需要及时到医院治疗。

■ 打鼾可能造成的伤害

可能对胎宝宝造成的伤害：

❶ 可能出现呼吸暂停现象，导致血压上升，阻止血液从胎盘流向胎宝宝。

❷ 可能引致胎宝宝缺氧。

可能对孕妈妈造成的伤害：

❶ 可能会有中风或心脏病发的危险。

❷ 打鼾引起的缺氧会促发或加重妊娠期并发症，同时影响胎宝宝发育。

在怀孕后期，随着胎宝宝增大，腹压增加，膈肌上抬，孕妈妈呼吸道阻力增加，肺含气容积减少，体重不断增加等因素，都会使呼吸负荷和耗氧量增加，从而加剧打鼾和孕妈妈对氧的供需矛盾，因此，孕妈妈要注意预防恶性打鼾。

■ 预防恶性打鼾的方法

❶ 控制体重，肥胖是引起打鼾的重要原因之一。

在饮食上，必须注意膳食结构合理均衡，常吃富含维生素 A、维生素 C

及叶酸的蔬菜水果，尽量少吃或不吃高脂、高糖类食物。

❷ 在医生的指导下进行适度的运动，既有利于维持正常体重，又有利于母婴健康。

❸ 尽量不要采取仰卧睡姿，应采取左侧卧姿势比较适宜。

胎教优生小叮咛

要特别提醒的是，烟酒和安眠药会使得打鼾加重，并且会严重影响胎宝宝的正常发育，如果通过努力仍无法防止打鼾，尤其是在孕晚期，正确的做法是请医生诊治。

孕妈妈尿路感染重在预防

由于激素分泌增多，泌尿系统管壁的肌肉会变得肥厚扩张和蠕动减弱，子宫增大又对盆腔内的输尿管和膀胱产生压迫和推移，加上孕妈妈尿液中营养物质增加，有利于细菌滋生和繁殖，因此孕妈妈比较容易发生尿路感染。

尿路感染可引起流产和早产，严重的尿路感染可使孕产妈妈发生中毒性休克，因此孕妈妈要注意预防，预防的关键在于日常生活中的卫生细节。

■ 勤清洗

睡前、便后要用温水清洗下身，清洗顺序应先洗外阴，后洗肛门，避免交叉感染，毛巾、水盆、脚布应分开，洗脚与洗外阴的毛巾也应分开。

■ 不要憋尿

过度憋尿会造成尿液浓缩而刺激膀胱黏膜，导致发病。

■ 科学饮食

❶ 多喝水，喝水能增强利尿作用，通过冲洗尿道，有利于细菌和毒素的

排出，每天喝水量应在1500～2000毫升。

❷ 多吃新鲜水果和果汁饮料，少吃葱、韭菜、蒜、胡椒、生姜等辛辣刺激性食物，减少对尿路的刺激。

❸ 禁酒戒烟，忌食温性食物，如羊肉、狗肉、兔肉及油腻之品。

■ 注意睡眠姿势

怀孕中、晚期，增大的子宫在仰卧位时压迫双侧输尿管，使尿液停留而易于感染，应取侧卧位，特别是左侧卧位，以解除子宫对输尿管的压迫，不仅利于尿液通畅、预防尿路感染，而且对增加胎儿的血液供应量也有益。

■ 节制性生活

频繁或不洁的性生活会导致尿路感染，特别是原有尿路感染病史的孕妈妈，孕期最好避免性生活，如果进行性生活，双方应先用温水清洗下身，事后孕妈妈应排空膀胱，可起到冲洗尿道、减少感染的作用。

■ 定期产检

定期去医院进行尿常规检查，即使未出现尿路感染症状，也应配合医生每半个月到一个月检查一次，以便及时发现尿液改变，获得治疗，患病后一定要及时去医院诊治，切勿拖延以待自愈。

胎教优生小叮咛

孕妈妈平时要注意劳逸结合，多休息，过度劳累或病后休息不好会导致感染复发和转变为慢性。

胎教在生活的点滴中

欣赏国画名作《湖天春色图》

这幅国画为清代吴历所作，现藏于上海博物馆，表现的是江南水乡秀美怡人的春色：湖岸柳色新绿，带雨含烟，远山清淡，意境悠远，令人心旷神怡。既表现了春天的盎然生机、无限的生命力，同时又温润儒雅、浑朴厚重，透着翩翩君子之风。

胎教点读

孕妈妈欣赏该画作可以陶冶情操，让内心宁静下来，画中苍润淡雅、气韵平和的氛围能给孕妈妈淡泊的心绪，不以物喜，不以己悲，相信胎宝宝的情绪也能随之得到陶冶，生长得更健康、更聪敏。

听音乐《云雀》

《云雀》是奥地利著名作曲家海顿的D大调弦乐四重奏，由两把小提琴和中提琴、大提琴组合演奏，四声部均衡搭配，就像进行一次愉快的交谈，第一乐章开始处，小提琴奏出轻快的旋律，这段旋律十分像云雀欢快婉转的啼唱声，因而后人将这首乐曲称为《云雀》。

《云雀》的音乐风格中也有海顿性格的表现，海顿虽其貌不扬，却十分善良、淳朴、幽默和平易近人，音乐中热情、典雅的风格，欢乐、幸福、和平的气氛就如海顿在向听者轻轻诉说一样。

胎教点读

《云雀》是一首可以让心灵回归自然的音乐，胎宝宝听这首乐曲可以领略到大自然浑然天成的魅力，令心情愉快，经常放给胎宝宝听对培养胎宝宝的音乐感觉是很有帮助的。

生气时用得到的好方法

我们知道，孕妈妈保持乐观的情绪很重要，不可大悲大怒，更不可吵骂争斗，但偶尔也可能遇到一两件令人生气的事情，为了不让坏情绪影响到胎宝宝的发育，孕妈妈不妨按照下面的制怒法子去化解，相信总有一条能够让孕妈妈消解坏心情。

1. 凡事要往好处想，不要生气，不要着急。
2. 遇不开心的事情要往别处想，离开不愉快的情境，转移注意力。
3. 跟自己说话，相信有办法解难，说话慢一点儿，平和一些。
4. 坐下来，身子往后靠，使心情平静下来。
5. 按摩头部和太阳穴。
6. 用温水洗澡。
7. 把眼睛闭上几秒钟。
8. 置身于欢乐的人群中，给自己的情绪以积极的感染，从中得到宽慰。
9. 到附近草木茂盛的宁静小路上散步。
10. 听听自己喜爱的音乐，翻翻自己喜爱的书籍，想一想未来小宝宝的模样。

胎教优生小叮咛

孕妈妈生完气后，还要注意分析生气的原因，以避免下次再次因此而生气，可以记一下生气日记，比如几月几日发生了什么事，为什么会生气，当时的情绪状态如何（难过、气愤还是觉得很累），该怎么避免。

帮孕妈妈轻松应对压力的心理体操

即将进入孕晚期，孕妈妈难免有些紧张，感觉到压力正在走来，如何从种种压力的包围中突围出来呢？下面介绍一种“心理体操”，请孕妈妈跟着做，它能帮助你缓解压力。

第 1 节：

布置一个温馨的环境，在房间里醒目的位置贴一些美丽动人的画片，或在卧室里挂上为宝宝画的想象画，适当添一些婴儿用的物品以及孕妈妈自制的婴儿礼物，让那些可爱的小物件随时提醒你：一个生命即将来到你的身边。

第 2 节：

与宝宝进行心声交流，每天花几分钟的时间同宝宝说几句话，比如“宝贝，我爱你”，利用外出散步的时间告诉他“外面的天气真好！阳光明媚”等。

第 3 节：

接受音乐的洗礼，每天花 20 分钟静静地享受音乐，同时想象音乐正如春风一般拂脸庞和沐浴在阳光里的感觉，也可以大声地唱出自己喜欢的歌曲，这能让精神状态达到最佳点。

第 4 节：

每天笑一笑，笑是极大的生活享受，笑能把消极的因素转化为积极因素，从而变成生命的能量。孕妈妈要多为自己创设能使自己开怀大笑的机会，与幽默亲密接触，欣赏喜剧，看一些幽默、风趣的散文和随笔，还可以有意识地收集一些笑话、好玩的故事，时常开怀大笑。

第 5 节：

多一点儿美妙的想象，想象胎儿在“宫中”安然、活泼地生活，他得到了充足的营养，他很满足，他的小脸蛋漂亮、可爱，体形健壮完美，仿佛能够感觉到他柔软的身体，放飞想象，让胎宝宝感受到更多的爱意。

第 6 节：

写下每天的心情，每天都写上一段日记，记录一下每天孕育新生命的感受，这将是一份长久的纪念，及至将来，这些珍贵的细节仍将使你获得更多的快乐。

胎教优生小叮咛

整整 280 天，你都在孕育一个新生命，这是值得骄傲的，每一天都是完美的心理体操，坚持下去，一定能安稳愉快地度过整个孕期。

孕妈妈该喝酸奶还是牛奶

牛奶和酸奶的比较见下表。

比较类别	牛奶	酸奶	备注
营养成分	含钙丰富，营养专家推荐孕妈妈每天喝 250～500 毫升牛奶，以满足孕期对钙需求量的增加	酸奶是鲜奶经过乳酸菌发酵制成的，在营养价值上和鲜牛奶一样	从营养价值来说，两者差异不是很大，都是钙的最佳来源，也是蛋白质、维生素 A、维生素 D 和 B 族维生素的好来源
营养吸收利用	较容易被机体吸收	相对而言，酸奶中的钙、磷等矿物质更容易被人体吸收	在营养的吸收利用上，酸奶较牛奶略好
功效	牛奶具有很好的安神功效，孕期饮用可以减少失眠的困扰	酸奶中的益生菌则可以缓解便秘，增加对营养的吸收，对肠道非常有好处	从保健效果来说，酸奶略好，但牛奶的安神功效略好
最佳饮用时间	早上与面包之类的点心同吃；晚上睡前喝牛奶有利于人体对钙的吸收利用	饭后 2 小时左右饮用酸奶最佳，此时人的胃液 pH 值正好，对吸收酸奶中的营养最有利	要注意的是，牛奶和酸奶都不宜空腹饮用

酸奶、牛奶各有所长，可以互补，孕妈妈可以根据自身的需要来进行选择，在怀孕中、后期，孕妈妈每日需要的钙摄入量又有所提高，所以建议在选择奶制品时，最好牛奶和酸奶交替喝，这样对补钙能够起到更佳的效果。

另外，不少孕妈妈可能有乳糖不耐的反应，喝了牛奶之后会发生腹泻，这时最好用酸奶来代替牛奶。

胎教优生小叮咛

无论是喝牛奶还是喝酸奶，孕妈妈切记不可贪喝，要适可而止。

此外，不要将酸奶等同于乳酸饮料（比如酸酸乳、核桃乳等），乳酸饮料加入了水、糖液、酸味剂（柠檬酸、乳酸等），蛋白质含量在1%以下，营养价值远远不如酸奶。

不吃肉的孕妈妈怎么保证营养

平时经常吃的肉类包括猪肉、牛肉、羊肉、鸡肉和鱼肉，这些肉类为我们提供了优质蛋白质、无机盐（钙、磷、铁、镁、锌等）等诸多营养，不吃肉的孕妈妈容易导致缺乏蛋白质、矿物质等，造成胎宝宝发育迟缓、出生低体重、胎宝宝佝偻病、孕妈妈贫血等。

为了让孕妈妈从植物性的食物中获取充足的营养，建议孕妈妈将各类食物配搭着吃，力求均衡。

❶ 多摄取奶制品，可以每天喝3杯牛奶，或每天250毫升牛奶、1杯酸奶，也可以每天吃2～3块奶酪。

❷ 多选用豆制品，豆类富含植物蛋白，并且其必需的氨基酸组成与动物性蛋白相近似，比较容易被人体吸收利用。可以常吃豆腐、黄豆、豌豆、扁豆，平常多榨点儿豆浆喝。

❸ 选择全谷物粮食、鸡蛋和坚果，全麦面包和麦片都是全谷物粮食，可在早餐时适当增加。每天适当地吃几粒坚果和2个鸡蛋。

❹ 做菜时稍微多放植物油来补充脂肪的不足，多吃黑木耳、大枣来补充铁的不足，适当进食坚果。

此外，素食孕妈妈平常还要注意菜式的变化，合理配搭，如吃壳物食品时（如米、麦、玉米），应搭配一些脱水豆类、碗豆或一些硬壳果的果实；煮食新鲜蔬菜时，可加入少许芝麻、果仁或蘑菇来弥补欠缺的氨基酸。

不吃肉的孕妈妈需要多摄入的食物可参考下表。

需补充的营养	食物推荐
钙	蔬菜类：发菜、菜心、油菜、芥菜、萝卜缨、甘蓝、苋菜、野苋菜、白沙蒿、荠菜、金针菜、茵陈蒿、口蘑、海带、木耳等。其中发菜的含钙量最高。谷物杂粮：玉米、大麦、荞麦。豆类：包括青豆、红豆、黑豆、扁豆、豌豆、蚕豆、绿豆等及其制品都含量极高，其中，大豆的含钙量最高。水果、干果类：酸枣、沙棘、柠檬、核桃、松子、杏仁、瓜子、芝麻最高。薯类：淀粉、藕粉
蛋白质	谷物杂粮：主食是主要的来源，其中豆类的含量最高，与补钙相同。蔬菜水果：如黄花菜、口蘑、松子、杏仁、花生、瓜子、芝麻、干果、干货等都含有丰富的蛋白质
碘	海带、碘盐
铁	小米、香米、小麦、荞麦、莜麦、青稞、藕粉、上述豆类及制品、苋菜、莴笋、水芹菜、百合、紫菜、干果、干蘑菇、木耳、云耳、白沙蒿等，其中青稞含铁量最高
锌	大麦、黑豆、饭豆、笋干、干蘑菇、口蘑、松蘑、木耳、核桃、松子、杏仁、腰果、花生、瓜子、芝麻等，其中黑芝麻的含锌量最高

胎教优生小叮咛

要知道没有一种食物涵盖所有的营养素，因此，孕妈妈要想达到营养均衡，最重要的是什么都吃，各种食品合理搭配，因此，孕妈妈应尽量吃肉，可以将肉剁碎成馅，做成不容易被察觉的形式。

教孕妈妈怎样聪明地吃肉

肉类虽好，孕妈妈如果过多食用会对身体造成一些负面的影响，如导致高血脂症、动脉粥样硬化等，因此孕妈妈吃肉要讲究科学的方法。

■ 孕妈妈每天吃多少肉最合适

孕期肉类摄入的标准为：

孕早期：每天 150～200 克。

孕中、晚期：比孕早期每天多摄入蛋白质 50～125 克，其中每周最好能包括 200～300 克的鱼肉。

■ 孕妈妈怎么聪明地选肉

不同的肉类营养价值不同，孕妈妈应该注意选择那些营养价值高的肉类，我们建议孕妈妈按照以下顺序来选择。

❶ 首选是鱼肉，尤其是海鱼

鱼肉不仅含有优质蛋白质，适量的脂肪，丰富的维生素、无机盐，还含有能预防流产、早产和胎儿发育迟缓的多不饱和脂肪酸（人体只能从外界摄入，且在海鱼中含量最多），此外，还能帮助预防血栓的形成。建议孕妈妈每周最好能够吃 2～3 次鱼。

❷ 其次是兔肉

兔肉的蛋白质含量高，而脂肪含量极低，不到 0.4%，非常适合比较胖或者体重超标的孕妈妈食用。

❸ 再次是鸡肉

鸡肉比较嫩，味道很鲜美，脂肪含量低，容易消化和吸收，蛋白质含量高，因此，孕妈妈日常可以多吃。

❹ 牛肉

牛肉中不仅含有丰富的蛋白质、铁和铜，而且 B 族维生素含量也很高，脂肪含量相对较低，因此也是孕妈妈餐桌上不错的选择。

❺ 猪肉

在日常所接触的肉类中，猪肉的脂肪含量能达到20%～30%，而且多为饱和脂肪酸，摄入过多对健康无益，因此，孕妈妈要少吃一点儿猪肉。

肉类和非肉类搭配最好

孕妈妈在吃肉的时候最好能和豆类和豆制品一起食用，并补充足够的膳食纤维（麦片、糙米、玉米面、绿叶蔬菜等）。

肉类与富含植物蛋白、植物脂肪的豆类、豆制品一起食用，可以降低血液中的胆固醇，增加多不饱和脂肪酸的含量，减少动脉硬化等疾病的发病率；膳食纤维能够减少食用肉类后，脂肪、胆固醇在肠道内的吸收，有降血脂、降低胆固醇的作用，还能有效地预防便秘，是肉食的最佳配餐。

胎教优生小叮咛

孕妈妈应该以鲜肉为主，少吃罐头、腌肉或是火腿、香肠。因为经过加工的肉类中B族维生素损失比较多，而且还有可能含有亚硝酸盐，食入过多，会使组织缺氧，甚至中毒。

自制南瓜小点，好味道不止一点点

这道南瓜小点绝对能给孕妈妈和胎宝宝带来特别的惊喜，不仅是金黄的小南瓜模样惹人喜爱，更赞的是其味道，不仅能让你和胎宝宝品尝到正宗的南瓜味，而且其味甘甜糯软，非常令人回味。这道别致的小点心做起来也不难，大约半个小时就能“出炉”。

心动了吧？孕妈妈快动手来做一做，帮助胎宝宝捕捉南瓜好味道，让美食的艺术继续下去，按下面的步骤来，相信作品很快便呈现在眼前了。

需要准备的材料

黄瓤小南瓜 200 克

糯米粉 120 克

白糖 2 大匙(约 30 克)

红豆沙 80 克

葡萄干 2 小匙(约 10 克)

制作步骤

❶ 将小南瓜削去外皮,洗净,切成小块,入蒸锅大火蒸 20 分钟,取出后用小勺碾成泥,放凉备用。

❷ 将糯米粉和白糖放入南瓜泥中,揉匀,制成南瓜面团。

❸ 将南瓜面团均分成小块,揉圆后按扁,包入少许红豆沙,然后收口,搓成圆球状,并稍稍压扁,呈扁圆形。

❹ 用小刀背在整好形的南瓜面团上压出瓣状纹路,做成小南瓜,在小南瓜顶上插入 1 枚葡萄干,装饰成南瓜蒂。

❺ 将小南瓜入笼大火蒸约 6 分钟即可。

让孕妈妈锦上添花的妙法:

若要让成品色彩更靓丽,可在蒸制前在南瓜面团上刷一层薄薄的油,或者将适量的绵白糖加水小火炒成糖色,浇到蒸好的南瓜小点上。

孕期体操——抬腿

孕妈妈这个阶段腿脚很容易水肿,可以试着练习抬腿运动。

❶ 孕妈妈仰卧,平躺于床上,双腿放平,两手放于身体两侧,平静地呼吸。

❷ 右脚向上弯曲,然后右腿向右边打开。

❸ 重复第 2 步 4 次,放回原位。

❹ 换左脚，同样动作重复 4 次，放回原位。

❺ 孕妈妈起身，跪在床上，双手尽量前伸，然后跪着趴下来，这样趴可以不碰着肚子里的宝宝。

❻ 抬起右腿伸直，然后尽量向外打开，收回，重复 4 下。

❼ 换左腿，按第 6 步操作。

❽ 略微休息，抬起一条腿，伸直，向上抬腿，收回，重复 4 下。

❾ 换腿，按第 8 步操作。

❿ 孕妈妈慢慢起身，左侧卧。

⓫ 右腿向上抬，收回，重复 4 下，换左腿继续。

⓬ 平躺，慢慢呼吸，结束。

孕期瑜伽——肩转动练习

这里给孕妈妈慢慢介绍一种消除肩膀紧张感和酸痛感的孕期瑜伽——肩转动练习。

在做之前，先要熟悉胜利式呼吸法，其要点是，叹口气好像对着玻璃哈气一样，双唇闭合，呼吸的重点放在咽喉而不是鼻子，呼气时间比吸气时间稍长，避免储存过多氧气，以免引起头昏。

接下来，可以开始练习瑜伽了。

❶ 在舒适的位置坐好，用胜利式呼吸法吸气、呼气各 1 次，再吸气。

❷ 缓慢将肩膀向前移动然后带动肩膀向上移动。

❸ 呼气，肩胛骨向后挤压。

❹ 肩膀下拉，恢复正常姿势。

❺ 重复 1～4 步 3 次。

❻ 肩膀朝相反的方向转动 4 次，也就是吸气时肩胛骨先往后拉，然后向上运动，呼气时肩膀向前转动然后恢复正常。

这个练习会让孕妈妈感觉肩膀慢慢转了 1 个大圈，非常舒服。

用腹式呼吸法，保证空气足够新鲜

妊娠第 7 个月后，胎宝宝的重量会超过 1000 克，身长约 38 厘米，这时，子宫内的空间对胎宝宝来说太狭窄了，孕妈妈最好多运用腹式呼吸法，给胎宝宝提供足够的新鲜空气。

腹式呼吸法的更多好处。

❶ 会使人体刺激分泌微量的激素，使人心情愉快，孕妈妈这种愉悦的心情也会影响胎宝宝，使胎宝宝感觉很舒服。

❷ 多数孕妈妈在进入孕晚期后都有胸闷、喘气困难的感觉，从现在起多练习腹式呼吸法，可以起到缓解不适的作用。

❸ 学会正确的腹式呼吸法后，在生产或阵痛来临时，也可以用腹式呼吸法来进行放松，缓解紧张的心理。

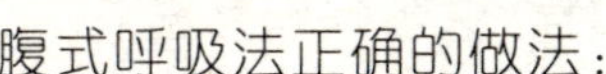

腹式呼吸法正确的做法：

❶ 孕妈妈背部挺直，全身放松，双手轻放在腹部，想象胎宝宝正居住在一个宽广的空间里，慢慢地用鼻子吸气，直到腹部鼓起为止，吐气时慢慢地将体内空气统统吐出去。

❷ 每天练习不少于 3 次。

❸ 在每一次练习前，孕妈妈可以轻轻地告诉胎宝宝：“宝宝，妈妈正在把新鲜的空气传送给你哦，你感觉到了吗？”这样的反复练习一定会事半功倍的。

胎教优生小叮咛

当觉得呼吸有困难或没有起到作用时，孕妈妈最好请专业的医师作示范，以免方法错误带来麻烦。

体会种子发芽的感动

人们大多喜欢绿植，喜欢各种漂亮的植物，却很少会关注它们的种子，殊不知，世界上大多数植物都是由种子发育而来的，种子发芽就好比生命的孕育。

培育一粒种子，看着它一点点发芽，相信这种感觉一定非常棒，每天都会期待更多的惊喜，等待种子发芽的秘密，这与期待胎宝宝的出生有异曲同工之处，相信你会被生命的意义所感动。

那么，带着胎宝宝一同去培植一颗种子吧，用一颗感动的心，用孩子的好奇心，带着胎宝宝去探索生命的秘密，也给孕期的生活创造一些小小的乐趣，说不定胎宝宝也会因此爱上园艺，成为一个了不起的园艺师呢。

下面我们给出培植黄豆苗和荔枝种子的过程，供孕妈妈参考。

培植黄豆苗：

❶ 挑选一把成熟饱满的黄豆，用清水浸泡 2～3 天，每天换水 1～2 次。

❷ 待黄豆发芽后，把它们放到敞口玻璃瓶中，不要再加水浸泡。

❸ 每天用喷壶把豆芽喷湿。

❹ 几天后，绿绿的叶子就会伸出瓶口来了，这就是常说的生豆苗。

种荔枝：

❶ 把果核充分洗净，用清水浸泡 7 天，每天换水。

❷ 待果核发芽后，把它们移植到花盆中，注意发芽的一端要朝上露出

土面。

❸ 几天后，一盆别致的绿植就长出来了。

胎教优生小叮咛

桃子、苹果、橘子、橙子、地瓜等的种子都能够发芽，它们所需要的大致条件相当，孕妈妈可以参考以上培植方法进行培植。

准爸爸做胎教

为孕妈妈拍几张孕期漂亮照

怀孕的女人是最美丽的，孕妈妈在第 7 个月时肚子比较完美，水肿逐渐消失，是留下孕期照的好时机，准爸爸可以帮孕妈妈留下这一刻的美丽。

如果准爸爸是个摄影发烧友，或是有拍照基础，不妨自己为孕妈妈拍，这可以免去很多奔波劳苦，最重要的是准爸爸比较了解孕妈妈，可以随时拍出漂亮照片，过程也会很顺利。

准爸爸还可以陪孕妈妈去影楼拍摄，影楼拍摄比较专业，但是需要等待时机，提前作好准备。

拍摄孕期照时用得上的经验

❶ 头天晚上 7 点后不要喝水，以免第二天眼睛水肿。

❷ 要准备一双舒服的鞋子，不然摆造型时会很累。

❸ 去孕妇专卖店淘一件隐形内衣。

④ 拍照前一天可以用黄瓜捣碎加少许蜂蜜敷脸，可以让脸更光洁，而且不会过敏。

⑤ 头一天晚上不要洗头发，不然第二天头发蓬松不容易弄造型，应提前一天洗。

⑥ 拍照当天要吃饱，但不能吃撑。

⑦ 服装和道具最好不使用影楼公用的那种，可以自带，一般，孕妈妈穿鲜亮的颜色拍照都很好看，中间色效果也很好。

⑧ 拍摄中要放松心情，如果不喜欢别人给做的造型或给出的拍照姿势，一定要当即提出，否则会影响拍照情绪，拍出的效果也会受到影响。

⑨ 每个人的脸都有一个最佳拍摄角度，影楼的摄影师是流水作业，可能不会去认真帮着找出来，准爸爸可以多给孕妈妈拍不同角度的照片，找出这个角度，让照片更漂亮。

⑩ 有的摄影师为了追求效果，会在孕妈妈的肚皮上彩绘，一定要注意涂料的质量问题，我们建议孕妈妈最好不彩绘，以免影响到胎宝宝。

胎教优生小叮咛

准爸爸不用担心照相会对胎宝宝产生不良影响，照相的感光过程甚至闪光过程都不会产生有害射线，几乎不会对胎宝宝和孕妈妈造成影响。

准爸爸给胎宝宝朗诵唐诗

咏鹅

骆宾王

鹅，鹅，鹅，曲项向天歌。

白毛浮绿水，红掌拨清波

池上

白居易

小娃撑小艇，偷采白莲回。

不解藏踪迹，浮萍一道开。

村居

高鼎

草长莺飞二月天，拂堤杨柳醉春烟。

儿童散学归来早，忙趁东风放纸鸢。

夜宿山寺

李白

危楼高百尺，手可摘星辰。

不敢高声语，恐惊天上人。

绝句

杜甫

迟日江山丽，春风花草香。

泥融飞燕子，沙暖睡鸳鸯。

山居秋暝

王维

空山新雨后，天气晚来秋。

明月松间照，清泉石上流。

竹喧归浣女，莲动下渔舟。

随意春芳歇，王孙自可留。

■ 胎教点读

唐诗是我国优秀的文学遗产，唐代李白、杜甫、白居易等都是世界闻名的伟大诗人，唐诗讲究诗中有画，用很简练的语言，寥寥数语就勾画出一幅幅优美的意境。

也许准爸爸平时羞于给胎宝宝读诗歌、散文，这些简洁的唐诗或许能让准爸爸酣畅地为胎宝宝一展喉咙，让胎宝宝熟悉自己的声音，体会到自己的爱意。

另外，准爸爸读唐诗还能让胎宝宝汲取我国古代优秀文化的精华，让胎宝宝打好国学的基础。

准爸爸要多抚摸胎宝宝

准爸爸用手在孕妈妈的腹壁轻轻地抚摸胎宝宝，可以引起胎宝宝触觉上的刺激，促进胎宝宝感觉神经及大脑的发育，经常受到抚摸的胎宝宝，对外界环境的反应也比较机敏，出生后翻身、抓握、爬行、坐立、行走等大运动发育都能明显提前。

准爸爸可以用抚摸的方法和胎宝宝玩游戏，下面介绍一种游戏方法——踢肚游戏，就是准爸爸用手掌轻轻拍击胎宝宝以诱引他用手推或用脚踢来回击，具体方法有以下几点。

❶ 胎宝宝踢肚子时，准爸爸轻轻拍打被踢部位几下。

❷ 一两分钟后，胎宝宝会在拍打的部位再踢，这时再轻拍几下，接着再停下来。

❸ 改变部位，准爸爸再轻轻拍打腹部几下，不过改变的部位离上一次被踢部位不要太远。

❹ 一般 1～2 分钟后，胎宝宝会在改变后的部位再次踢。

❺ 每天进行 2 次，游戏时间不宜过长，一般每次 10 分钟左右即可。

要注意的是，准爸爸在进行抚摸胎教的时候，动作要轻柔，不宜过度用力，孕妈妈如果有不良产史，如流产、早产、产前出血等情况，不宜玩这种胎教游戏。

胎教优生小叮咛

准爸爸可以通过抚摸的动作配合声音，与腹中的胎宝宝沟通，说话的时候注意声音要温柔，这样可以使胎宝宝有种安全感，使他感到舒服和愉快。

第八章

第8个月　和妈妈的相处越来越融洽

本月胎教要点

8 个月的胎宝宝活动十分有力，孕妈妈可以感觉到强烈的胎动。此外，胎宝宝的听觉功能完善，对外界声音反应灵敏，对话、朗读、音乐、唱歌等胎教内容显得越来越重要。

在怀孕第 8 个月，你的胎教重点是：

多和胎宝宝轻柔地谈话

胎宝宝现在能够区别高低声音，不妨经常跟他说说话，胎宝宝熟悉后，就会对各种声音作出反应。一旦胎宝宝出生，就会十分自然地对父母的声音产生亲切感。

播放节奏明快的乐曲

节奏明快的乐曲与母亲的心跳节律相似，胎宝宝听了也会随之活动。实践证明，胎宝宝出生后，对于这种具有明快节奏适合胎教的音乐特别喜欢，往往会停止哭闹，很快地安静下来。因此，孕妈妈可以经常听一些节奏明快、流畅、抒情的音乐。

亲切地抚摸、触摸

抚摸、触摸可激发胎宝宝在母体中运动的积极性，感受到父母的爱抚。

创造和谐、愉悦的氛围

一个和睦、安谧的环境，能让胎宝宝感受到父母的一片爱心，使其处在平和、愉悦的氛围中。再加上生活有规律、营养充足、劳逸适度，就能确保胎宝宝良好的生理和心理状态。

妈妈，我上个月很乖吧，我没有乱动哦，每天吃得饱饱的，晚上会按时睡觉，你看，我现在真的长成了一个胖娃娃，日子过得真舒服，而且我现在不仅听得见，还看得见，天哪，我那天睁眼后看见自己的脚竟然顶在房子的天花板上，才意识到“房东”真的没有骗我，我长大的速度确实比房子扩建的速度快多了，再这样下去，房子很快就容不下我了，这可不行，我还不想出去呢，好日子才这么短，我还想和妈妈多相处一阵子。

我决定，暂时不出去了，大不了我蜷缩一下，总可以待一段时间了吧。我想到了一个好办法，房子只有一个小小的出口，在妈妈的盆腔里，我可以倒转身体，用我的大脑袋把它堵起来，这样谁也赶不走我了，妈妈，我觉得自己真是太聪明了，对，就这样办！

29 周胎宝宝——告别小老头时代

本周，胎宝宝坐高（顶臀长）为 26～27 厘米，身长有 43 厘米，体重有 1300 多克。

胎宝宝越长越大，他在母体内的活动空间相对会越来越小，胎动也会逐渐减弱，但现在胎宝宝还是比较好动的，在孕妈妈肚子里不停地变换体位，有时头朝上，有时头朝下，并没有固定的姿势，不过大多数时候，胎宝宝都会因头部较重而自然采取头朝下的体位。如果需要纠正的话，产前体检时医生会给予适当指导的。

此时，如果有光亮透过孕妈妈子宫壁照射进来，胎宝宝就会睁开眼睛并把头转向光源，这说明胎宝宝的视觉发育已相当完善。

■ 告别小老头的日子

胎宝宝的肌肉和肺正在继续成熟，皮下脂肪也初步形成，手指甲也已经很清晰，看上去显得圆润多了，已经不再像个皱皱巴巴的小老头。

胎教优生小叮咛

孕妈妈这时要注意休息，不要走太远的路或长时间站立，这时孕妈妈需要每2周作一次体检，最后一个月还将变成每周作一次体检，为了自身和胎宝宝的健康和安全，这是很有必要的。

30周胎宝宝——感官正在稳定工作

本周，胎宝宝坐高(顶臀长)约27厘米，身长约44厘米，重量在1500克左右。由于越长越大，胎宝宝占据子宫的空间越来越多，羊水也会有所减少，胎动也在逐渐地减少。

胎宝宝的头部还在增大，而且这时大脑发育得非常迅速，大脑和神经系统已经发达到一定的程度，皮下脂肪继续增长。

■ 感觉器官正稳定地发挥作用

胎宝宝能记住来自感官的信息，并且感觉器官正准备处理这些信息，他的眼睛可开闭自如，大概能够看到子宫中的景象，虹膜开始对光线的亮度有所反应，在模糊的光线环境中睁开眼睛，在明亮的光线下闭上眼睛，这就是瞳孔反射。

这时，胎宝宝的听觉器官已经大致发育完成，经过过去几个月的训练，他应该已经非常熟悉你的声音了。另外，由于在子宫里不能呼吸空气，宝宝的嗅觉器官要到出生后才发挥作用。

胎教优生小叮咛

由于子宫上升到肺部，孕妈妈会感到呼吸困难，喘不上气来，吃饭后胃部不适，这些都是正常现象，不必担心，不久以后，胎宝宝头部会下降到骨盆，不适感觉会逐渐减轻。

31周胎宝宝——经历身体发育高峰

现在胎宝宝大概身长40厘米，坐高(顶臀长)28厘米左右，体重有1400～1500克。31周的胎宝宝皮下脂肪更加丰富了，皱纹减少，看起来更像一个婴儿了，身体和四肢继续长大，直到和头部的比例相当。

现在胎宝宝周围大约有850毫升的羊水，但随着胎宝宝的增大，他在子宫内的活动空间越来越小了，胎动也有所减少。

■ 身体发育经历高峰

在这一周里，胎宝宝的身体即将经历一个发育的高峰，各个器官继续发育完善，肺部和消化系统已基本发育完成，有呼吸能力，可以分泌消化液。胎宝宝喝进羊水，形成的尿液经膀胱也排泄在羊水中，一天中羊水被吞进再经尿液排出，这样完全替换数次，为出生后的小便功能进行锻炼。

现在胎宝宝能够把头从一侧转向另一侧了，如果孕妈妈用一个小手电照射腹部，胎宝宝会转过头来追随这个光亮，甚至可能会伸出小手来触摸。

32周胎宝宝——不再那么闹腾

本周，胎宝宝的身长约40厘米，坐高（顶臀长）约28厘米，体重有1500～1600克。

现在的胎宝宝与出生时的婴儿相似，但身体仍需要长胖些。他的手指甲和脚指甲已经完全长出来了。有些胎宝宝已经长了满头的头发，有些只长出了淡淡的绒毛。他的眼睛能区分光亮与黑暗。

胎宝宝的各个器官继续发育完善，肺和胃肠功能已接近成熟，已具备呼吸能力，能分泌消化液。此时的胎宝宝，如果一旦娩出，在保温箱中成活率是比较高的。

■ 不再翻跟头了

现在孕妈妈的子宫几乎要被胎宝宝占满了，胎宝宝已转成头向下的体位，准备娩出。孕妈妈会发现，现在胎宝宝动的次数比原来少了，动作也减弱了，再也不会像原来那样在你的肚子里翻跟头了。

胎教优生小叮咛

孕妈妈这周会感觉尿意频繁，这是由于胎宝宝头部下降，压迫膀胱的缘故。沉重的腹部会让孕妈妈不愿意走动，并且感到疲惫，但是为了让生产时更轻松，孕妈妈还是要适当活动。

你需要了解的知识

进入孕晚期，孕妈妈要保证睡眠质量

有研究表明，孕晚期的睡眠质量是整个孕期中睡眠质量最差的，主要有以下几个方面的原因。

■ 怎么样都不舒服

原因：主要是由于腹部已经太大，无法再做到舒服地躺下。

对策：孕妈妈可以向左或右侧卧，并将枕头夹在两腿中间，以及垫在背后，如果这些都没有作用，可以找一张舒服的躺椅。另外，用些东西垫在背部支撑一下，会睡得好些。

■ 膀胱再次受到压力

原因：腹中不断生长的宝宝挤压到了膀胱，让孕妈妈不断地想要去卫生间。

对策：从傍晚开始就少喝水，并且每次去洗手间时尽量排空膀胱。

小提示：小便时身体向前倾斜有助于排空膀胱。

■ 胃灼热以及其他影响睡眠的因素

原因：胃灼热、腿抽筋、打鼾以及胎宝宝的踢腾扭动，都可能导致孕妈妈半夜醒来。

对策：孕妈妈不要太惊慌，研究证明，大多数孕妈妈在孕晚期都难以得到更多的深度睡眠，把这些经历当做是一次彩排，积极地缓解那些影响睡眠的因素。

睡觉多梦，甚至做噩梦

原因：这是心理压力大的原因，特别是有的孕妈妈信心不足，担心不能顺利生产、宝宝不健康及以后难以抚养等。

对策：孕妈妈要多与其他妈妈交流，多学一些相关知识，加强自信，摆脱烦恼，从而保证睡眠。

孕妈妈可能用得上的更多建议

睡前 2 小时内不要大量吃喝。

睡前不要做剧烈运动或令人兴奋、劳累的事情。

可以冲个热水澡，喝杯自己喜爱的热饮料(如牛奶)。

如果努力入睡却怎么也睡不着，不如干脆起床，做点儿事情，可以读读书、听听音乐、看看电视、写写信或电子邮件等，但不要太兴奋。

胎教优生小叮咛

值得欣慰的是，孕晚期也是孕妈妈了解并掌握胎宝宝睡眠习惯的大好时机，经历这个阶段后，孕妈妈能更好地适应胎宝宝的习惯，从而使月子期能得到更好的睡眠。

预防仰卧综合征的发生

在 8 个孕月后，孕妈妈如果仰卧时间过长，就会出现头晕、心慌、发冷、出汗、血压下降等症状，甚至神志不清和呼吸困难，这就是仰卧综合征。

孕妈妈仰卧时，已经很大的子宫会压向脊柱，使脊柱两旁大血管受压，血液不能顺畅流回心脏，造成回心血量减少，这样就使心脏向全身输出血量减少，导致心、脑、肾等重要器官供血不足，出现一系列血压下降的症状。

心输出量不足及大动脉受压还会减少对子宫的供血，导致胎宝宝缺氧，出现胎心增快、减慢或不规律，以致窒息和死亡的现象。

因此，孕妈妈无论夜晚睡眠还是白天躺卧，都应采取侧卧位，最好是左侧卧位，如果不慎发生仰卧综合征时，应迅速改换为左侧卧位或半卧位，可以马上缓解症状，如果症状不能得到缓解，应立即请求医生的帮助。

胎教优生小叮咛

在牙科、美容院以及妇科等许多公共场合，孕妈妈的选择比较小，几乎都只能采取仰卧位，这个时候孕妈妈要记得提醒操作人员，切不可太久地仰卧，随时警惕发生仰卧综合征。

了解早产，预防胎宝宝提早出世

在怀孕满28～37周之间（第8～9个月）发生的分娩称为“早产”，在此期间出生的体重1000～2499克、身体各器官未成熟的新生儿，称为“早产儿”，早产儿不仅体重小，而且生存能力差，体温调节功能不良，呼吸功能、消化功能及免疫功能均差，很容易发生感染。

早产原因

早产发生的原因仅有50%可以探知相关因素，这些因素包括以下几个方面。

❶ 感染，这是早产的重要原因，感染的来源是宫颈、阴道的微生物，部分来自宫内感染。

❷ 子宫过度膨胀，双胞胎或多胎妊娠，羊水过多可使宫腔内压力增高，发生早产。

❸ 子宫颈口关闭不全，孕中期时，宫颈口被动扩张，因张力改变以致胎膜破裂，发生胎膜早破而致早产。

④ 子宫发育不全，子宫畸形均因子宫发育不良而导致晚期流产或早产。

⑤ 心理压力过大，孕妈妈心理压力越大，早产发生率越高，特别是紧张、焦虑和抑郁与早产关系密切。

此外，早产还与妊娠并发症、妊娠合并症、孕期劳累颠簸、内分泌紊乱、吸烟、饮酒、吸毒等密切相关。

■ 早产预防在先

要预防早产，应在孕前就与医生密切配合，找出导致早产的危险因素，孕期要定期产检，评估是否有早产倾向，以便尽早发现问题，采取应对措施，我们建议孕妈妈多注意以下几方面。

① 积极治疗生殖道感染，患有生殖道感染疾病时，应该及时请医生诊治。

② 避免劳累和外来刺激，孕晚期最好不长途旅行，避免路途颠簸劳累；不要到人多拥挤的地方去，以免碰到腹部；走路，特别是上、下台阶时，一定要注意一步一步地走稳；不要长时间持续站立或下蹲；孕晚期须禁止性生活。

③ 保持良好的生活和心理状态，改善生活环境，减轻劳动强度，增加休息时间；保持心境平和，消除紧张情绪，避免不良精神刺激；摄取合理的、充分的营养，孕晚期多卧床休息，并采取左侧卧位，减少宫腔内向宫颈口的压力。

④ 关注自己的健康，如果孕妈妈患有心脏病、肾病、糖尿病、高血压等合并症，应积极配合医生治疗；有妊娠高血压综合征、双胞胎或多胎妊娠、前置胎盘、羊水过多症等情况的孕妈妈，定要遵医嘱，积极做好自己孕期的保健工作，及时发现异常，并尽早就医。

胎教优生小叮咛

孕妈妈要认识早产的征兆，若未满孕周而出现"见红"，并伴有规律宫缩、持续性下腹痛、下背酸痛、阴道有温水样的东西流出等异常情况出现，应先放松心情，卧床休息，并及时与医生取得联系，尽早去医院检查。

了解胎位这个关乎顺利生产的大因素

胎位是指胎儿先露的指定部位与母体骨盆前、后、左、右的关系，正常的胎位应该是胎宝宝的头部俯曲，枕骨在前，分娩时头部最先伸入骨盆，医学上称之为“头先露”，除此以外的其他胎位，如臀位、横位及复合先露等，就是属于胎位不正了，其中以臀位为常见。

胎位非常重要，它关系到孕妈妈是顺产还是难产。正常的胎位(胎头俯曲，枕骨在前，分娩时头部最先伸入骨盆)分娩一般比较顺利，而不正常的胎位等于在妈妈本来就很有限的分娩通道中又设置了障碍，因而容易导致难产。

臀位容易导致胎膜早破，造成脐带脱垂或分娩时的出头困难，从而会危及胎儿的安全；横位时先露部分不能紧贴宫颈，对子宫的压力不均匀，容易导致子宫收缩乏力，致使胎儿宫内窘迫或窒息死亡。

各种胎位及其在医学上的缩写见下表。

头先露	左枕前(LOA)、左枕横(LOT)、左枕后(LOP)、右枕前(ROA)、右枕横(ROT)、右枕后(ROP)
臀先露	左骶前(LSA)、左骶横(LST)、左骶后(LSP)、右骶前(RSA)、右骶横(RST)、右骶后(RSP)
面先露	左颏前(LMA)、左颏横(LMT)、左颏后(LMP)、右颏前(RMA)、右颏横(RMT)、右颏后(RMP)
肩先露	左肩前(LScA)、左肩后(LScP)、右肩前(RScA)、右肩后(RScP)

注：在各种胎位中，左枕前(LOA)为最常见的胎位。

胎教优生小叮咛

从这个月开始，产检时孕妈妈要多关注胎位，并积极听取医生的建议，及早发现胎位不正，并予以纠正。

胎位异常怎么纠正

胎位异常对孕妈妈及胎宝宝都有很大的威胁，是造成难产和围产儿死亡的重要原因之一，如果孕妈妈在孕7月前发现胎位不正，则不必处理，但是在孕8月时胎宝宝的头部仍未向下，应予以矫正。

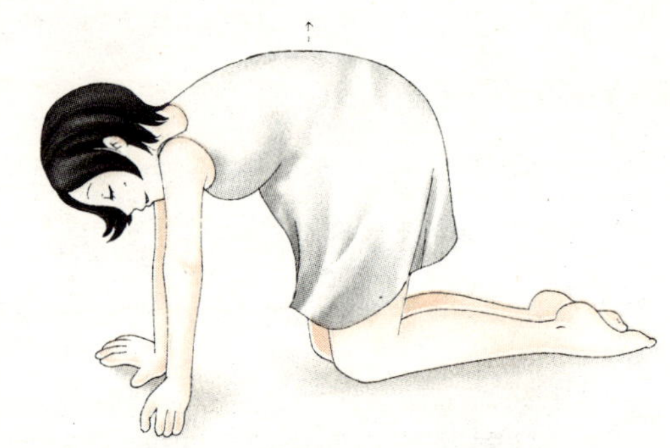

下面我们提供两种矫正方法供孕妈妈参考，孕妈妈可以在医生的指导下进行练习。

桥式卧位

❶ 准备前，孕妈妈需要排空大小便，换上宽松、舒适的衣服。

❷ 先用棉被或棉垫将臀部垫高30～35厘米，孕妈妈仰卧，将腰置于垫上。

❸ 每天只做1次，每次10～15分钟，持续1周。

膝胸卧位

❶ 准备前，孕妈妈仍需要排空大小便，换上宽松、舒适的衣服。

❷ 将小腿与头和上肢紧贴床面，在床上呈跪拜样子，但要胸部贴紧床面，臀部抬高，使大腿与床面垂直，保持15分钟，然后再侧卧30分钟。

❸ 每天早、晚各做一次，连续做7天。

要注意的是，患有心脏病、高血压的孕妈妈忌用此方法。

如果经过矫正之后，胎位依然不正。那么，孕妈妈一定要请医生在腹部进行按摩帮助胎位转位，即使依然无效，也别着急，更不要影响心情，要知道即使不能顺产，仍然可以选择剖宫产。

胎教优生小叮咛

胎位不正是正常事，孕妈妈不必太过担心和焦虑，平时避免久坐久卧，忌寒凉性及胀气性食品，如西瓜、螺蛳、豆类、奶类等。

剖宫产不可随心所欲

剖宫产率在一些城市高达47.92%，这种奇高的剖宫产率与人们对剖宫产存在错误的认识有关，孕妈妈要正确地认识剖宫产与自然分娩。

剖宫产的宝宝并不会更聪明

研究证实，剖宫产与自然分娩的孩子在智力上并无差异。所以说，剖宫产的孩子更聪明之说是不科学的。相反，最近的研究成果证明，在多动症孩子的求治人群中，剖宫产的孩子占到八成。

剖宫产不是最佳选择

对宝宝来说：

自然分娩的宝宝，虽然头部会受到挤压，甚至变形，但一两天后即可恢复正常，而胎儿受压的同时，也是对脑部血管循环加强刺激，为脑部的呼吸中枢提供更多的物质基础，出生后容易激发呼吸而哇哇啼哭。此外，胎头经过子宫收缩与骨盆底的阻力，可将积存在胎儿肺内以及鼻、口中的羊水和黏液挤出，有利于防止吸入性肺炎的发生。

剖宫产，使宝宝降临人世时的自然环境发生变化，正常产道生产过程带来的神经接触等感觉失去，从而使宝宝在成长过程中易得多动症等神经精神疾病。另外，剖宫产新生儿的脐血中，免疫球蛋白含量比自然分娩的新生儿要低，能抗病的抗体含量更低，所以，剖宫产生的新生儿更易感染疾病。

对孕妈妈来说：

自然分娩是人类繁衍后代的正常生理，也是女性的一种本能，身体健康、年龄适宜、正常足月妊娠的妇女，其自然分娩是瓜熟蒂落、水到渠成的事。虽然分娩过程会有疼痛，但这些都是暂时的，也都是可以承受的。

剖宫产属于人为创伤，必然会带来并发症，如果发生术中意外或术后刀口感染，则会带来更多的麻烦。另外，剖宫产术后恢复要比自然分娩慢得多，刀口完全愈合和身体完全恢复需要1～2个月，甚至更久一些。

■ 哪些孕妈妈适合剖宫产

❶ 骨盆狭窄，胎宝宝过大，体重超过3500克，怀疑有头盆不称或软产道裂伤者。

❷ 高龄初产妇，或已婚多年未怀孕，迫切希望胎宝宝存活者。

❸ 初产妇、足先露、胎膜早破、宫口未开大而胎心音有改变者。

❹ 宫口未开全、脐带脱垂、胎心音尚好，估计短时间内不能经阴道分娩者。

❺ 破膜后子宫收缩乏力，产程进展缓慢，或产程过长，出现胎儿窘迫，为抢救胎儿防止感染者。

❻ 经产妇有难产史，无活婴，此次胎宝宝较大者。

要注意的是，必要的剖宫产肯定是孕妈妈需要的，但是有的孕妈妈因为害怕疼痛而选择剖宫产，这是不对的，如果不是出现上述需要剖宫产的情况，建议孕妈妈自然分娩。

胎教优生小叮咛

促使孕妈妈选择剖宫产的还有一个重要原因，就是个别医院为了增加收入，夸大剖宫产的好处，随意扩大剖宫产的适用范围，误导孕妈妈选择剖宫产，孕妈妈一定要注意甄别。

是什么原因造成了难产发生

难产就是异常分娩，不能顺利地将宝宝生下来，难产不仅伤害孕妇的身心健康，而且对胎儿的生命安全也是一种威胁，在分娩过程中，有 4 个因素影响着分娩：产力、产道、胎宝宝的情况以及孕妈妈的情况，这 4 个因素之中有任何一个出现问题，都有可能造成难产。

产力

产力就是指将胎宝宝和胎盘等自子宫内逼出的力量，其中最主要的是子宫肌肉的收缩力量。正常的宫缩有一定的节律性，并且临近分娩时逐渐增强。宫缩不管是过弱还是过强，都有可能造成难产。

产道

产道是指胎宝宝分娩时的“通道”，它主要是由孕妈妈的骨盆大小以及形状所决定的，也就是通常所说的骨产道。当然孕妈妈的软产道也很重要，软产道包括子宫、子宫颈、阴道及外阴等。两者中有任何一种异常，都会造成难产。

胎宝宝的情况

在骨盆和产力正常的情况下，如果胎宝宝在孕妈妈子宫中的位置不正常，或者胎宝宝在宫内生长发育得过大，以及各种畸形等情况都会影响正常的分娩过程，必须及早发现并及时处理。

孕妈妈的情况

如果孕妈妈对分娩中所要面临的“挑战”没有心理准备，或是对分娩过程存在过度的恐惧心理，不能好好配合医生，那么在分娩过程中就很容易造成孕妈妈自己心力交瘁，从而造成难产。

另外，孕妈妈如果在孕期营养过剩，导致胎儿生长过大，形成巨大胎儿，也会增加难产的发生。

胎教优生小叮咛

为了避免难产发生，产前检查非常重要，孕妈妈要坚持进行骨盆的测量和胎位的测定，一旦有的可能，医生会及时进行检查，并找出发生难产的原因，给予相应有效的处理，把一些引起难产的因素消灭在萌芽之中，所以孕妈妈不必有太大的心理压力。

怎样增加顺产的概率

顺产是最安全、最有益于孕妈妈和胎宝宝的分娩方式，应尽量创造条件顺产，下面是几条顺产良方，可帮助孕妈妈增加顺产的概率。

❶ 在24～29岁间生产

处于这一年龄段的女性顺产可能性较大，年龄越大妊娠与分娩的危险系数升高，产道和会阴、骨盆的关节变硬，不易扩张，子宫的收缩力和阴道的伸张力也较差，以至于分娩时间延长，容易发生难产，这也是许多高龄产妇选择剖宫产的原因。

❷ 孕期合理营养，控制体重

理想的体重为：

孕早期增加2千克，孕中期和孕晚期各增加5千克，前后共12千克左右为宜。如果整个孕期增加20千克以上，就有可能使胎宝宝长得过大，分娩时无法顺利通过产道，只能依靠手术了。

❸ 适当运动

适当运动不但有利于控制孕期体重，还有助于顺产，它可以缩短产程，降低难产概率。常运动的孕妈妈通常可以维持体能及心肺功能在一定水准上，对产痛的承受力也就比较好，但不要选择激烈的项目，一般孕期体操和瑜伽都可以。

❹ 定时做产前检查

定期做产前检查便于医生早期发现问题，及早纠正和治疗，使孕妈妈和胎宝宝能顺利地度过妊娠期和分娩，比如遇到胎位不正时，可以及时矫正，从而不影响顺产。

❺ 对顺产有信心

要提前做好心理准备，多阅读一些这方面的书籍，了解顺产的过程和应对方法，要保持稳定的心情，相信在医生和助产士的帮助下自己会安全、顺利地度过分娩，迎接宝宝的来临。

❻ 做好分娩前的准备

预产期前几个月，孕妈妈应通过医生或书本来了解有关分娩的知识，做好心理准备，一旦宫缩开始，积极配合医生。保持正常的生活和睡眠，吃些营养丰富、容易消化的食物，如牛奶、鸡蛋等，为分娩积蓄充足的体力。

胎教在生活的点滴中

用身心将美的感受传递给胎宝宝

“美”所包含的内容很广，如造型艺术的美、文学艺术的美、大自然的美等。我们生活的这个世界里到处充满了各种各样的美，我们通过看、听，体会享受着这美的一切。

孕妈妈将美的感受用身心传递给胎宝宝就是美学胎教，到这个月份，胎宝宝初步的意识萌动已经建立，可以多进行比较抽象、立体的美学胎教，不妨经常进行的美学胎教有：

■ 形体美

主要指孕妈妈本人的气质，首先孕妈妈要有高雅的怀趣和良好的道德修养，举止文雅具有内在的美。其次是颜色明快、合适得体的孕妇装束，干净利索的头发，更显得人精神焕发。

■ 音乐美

美好的音乐能够使孕妈妈心旷神怡，浮想联翩，从而使其情绪达到最佳状态，并通过神经系统将这一信息传递给腹中的胎宝宝，使其深受感染。安静的音乐能够给胎宝宝创造一个平静的环境，让他在躁动不安中安静下来。

另外，悦耳怡人的音响效果能激起孕妈妈植物神经系统的活动，由于植物神经系统控制着内分泌腺使其分泌出许多激素，这些激素经过血液循环进入胎盘，使胎盘中有利于胎宝宝健康的化学成分增多，从而激发胎宝宝大脑及各系统的功能活动。

■ 大自然美

自然美能陶冶孕妈妈的情感，对孕妈妈自身和胎宝宝的心理健康是非常有益的。美好的大自然给孕妈妈带来欢乐，对孕妈妈和胎宝宝都是一种难得的精神享受，也是胎教的一种形式，孕妈妈应多到大自然中去欣赏美丽的景色。

■ 提高美学修养

孕妈妈应在学识、礼仪、审美、情操等各方面去提升审美感受，比如孕妈妈会被一些优美的言语、引人入胜的文学作品所吸引，从中感受到大自然母亲般的胸怀，从描写中体会到世界的温馨。这不仅可以使孕妈妈本身得以充实、丰富，同时熏陶了腹中的胎宝宝，让他也感受这诗一般的语言、童话一样美的仙境，而且还会刺激胎儿快速地生长，使其大脑发育得更好。

这种美学修养的提升会使胎儿事先拥有朦胧美的意识，出生后一般比较聪慧、活泼、可爱，胎宝宝与孕妈妈的关系会因此而倍感亲密。

胎教优生小叮咛

孕妈妈在怀孕期间的所作所为都可以看做美学胎教，影响到胎宝宝出生后的性格、习惯、道德水平、智力等各个方面，因此，孕妈妈要尽量将自己好的一面表现出来。

让胎宝宝感受大自然

大自然的美是无限美妙的，日月星云、山水花鸟、草木鱼虫、园林田野等都可以给人带来无限的乐趣。孕妈妈应力所能及地去接触和欣赏这些自然美景，这样既能大开眼界，增长知识，同时又是一种娱乐，还能将美感传递给胎宝宝。

孕妈妈可以在居室之中喂养几尾金鱼，在庭院种植一些绿草、花木等，只要孕妈妈用身心去感受美的熏染，在小小的庭院之中也照样可以欣赏到自然的美景。

住在高楼中的孕妈妈则可以时常眺望窗外，每遇节假公休时，可以在准爸爸的陪伴下信步于街心绿地、漫步于公园，或外出郊游等，照样也可以欣赏到大自然的美景。

只要有了审美的眼光，一切都能使孕妈妈赏心悦目，每时每刻都会给人们注入青春的活力，增添精神营养，孕妈妈腹内的胎儿也得到了陶冶，会更加健康地发育成长。

胎教优生小叮咛

孕妈妈去户外感受大自然时，大自然中的太阳光还可以促进血液循环，杀灭细菌和病毒，而且能帮助孕妈妈促进体内钙的吸收，促进胎宝宝骨骼的生长发育。

童言童语，宝宝的世界很有趣

❶ 什么动物

电视上《人与自然》开始了，父亲看着看着，突然来了灵感，就问儿子："我来考考你，世界上有许多动物，什么动物既能给你肉吃，又能给你皮鞋穿？"

儿子想了一会儿，肯定地回答："是爸爸！"

❷ 家里人

小男孩问和他一起玩耍的小女孩："等你长大了，愿意和我结婚吗？"

"哎呀，那可不行。"她说。

"为啥？"

"在我们家，只有自己家的人才能结婚。你看，爸爸娶了妈妈，奶奶嫁给爷爷，叔叔和婶婶结婚，都是这样的。"

❸ 老鼠病了

儿子："妈妈，你去哪里呀？"

母亲："我去买老鼠药"。

儿子："老鼠病了吗？"

❹ 弟弟的兴趣

妈妈又怀孕的时侯，邻居家的母狗快生小崽了。妈妈带着我们去看母狗生产，解释婴儿是怎样来到这个世界的。

几个月后妈妈生产了，爸爸带着我们来医院看望。大家隔着育婴室的玻璃往里看时，3岁的弟弟问道："这些都是咱们家的吧？"

❺ 不要妹妹

邻居阿姨生了个小妹妹，母亲问明明想不想要个小妹妹。

明明说："妹妹有啥好玩的。妈妈，你给我生只小狗吧，要白颜色的。"

❻ 帮忙生小弟弟

儿子问母亲："妈咪，我可以有一个弟弟吗？"

母亲解释说："现在还不行，你知道的啊，爸爸一直都很忙！"

儿子说："难道爸爸不可以多找几个人手来帮忙吗？"

■ 胎教点读

宝宝天真可爱，他们的世界童言无忌，他们活学活用的语调和神情总是能让人倍感快乐，忘却所有的艰辛和烦恼，孕妈妈走进去看一看，相信一定能得到很多欢乐，也让腹中的胎宝宝更快乐。

动脑时间——玩填字游戏

填字游戏是字母语言的娱乐方式，不仅是家人一起消遣的好方式，也是帮助胎宝宝增加词汇量的好工具，孕妈妈玩填字游戏还能使大脑更年轻，让胎宝宝增长心智。下面是我们为孕妈妈准备的一个填字游戏，孕妈妈快让大脑转动起来吧。

一 1		五		■	■	九 2			
	■		■	■	八 3		■	■	■
■	三 4		六			■	十一	■	十三
■		■		■	5				
二 6		■		■		■		■	
	■	■	■	七	■	十	■	■	
7	四				■	8		十二	■
■		■	■	9			■		■
■		■	10		■		■	11	
12			■	■	13			■	■

提示

横向：	纵向：
1. 由湖南卫视与天娱传媒合作打造的一场电视选秀活动 2. 比喻胡乱模仿，效果极坏 3. 一种滋补之物，古代用来象征祥瑞 4. 世界最高大的山系，位于西藏高原和印度次大陆之间 5. 大众汽车的一款经典车型 6. 一位男歌手，代表作有《2002 年的第一场雪》、《冲动的惩罚》等 7. 李白《庐山谣寄卢侍御虚舟》中"我本楚狂人"的下句 8. 排球比赛中"快攻"战术的一种 9. 比喻真相败露 10. 一位女歌手，作品有《再见我爱你》等 11. 美国一位总统，也是著名的汽车品牌 12. 足弓反常而使整个足底都着地的病症 13. 一个词牌名	一、世界著名科幻人物 二、《天龙八部》中段誉的母亲 三、日本一位著名的音乐大师 四、成语，边歌边舞，庆祝太平，有粉饰太平的意思 五、黄梅戏著名曲目，据其改编的电视剧由黄奕主演 六、古代罗马人所用的文字，它曾是科学和文学的国际语言 七、曾进入伊拉克战地的凤凰卫视女记者 八、坐落于无锡小灵山麓的一尊佛像，是迄今为止我国最高的巨型佛像 九、一个著名的电器品牌 十、周润发、王祖贤、利智等主演的一部经典爱情片 十一、装有武器和拥有防护装甲的一种军用车辆 十二、《水浒传》中施恩开的酒店 十三、一味中药，虫草菌与蝙蝠蛾幼虫在特殊生态条件下形成的菌虫结合体

答案

横向：

1. 超级女声 2. 东施效颦 3. 灵芝 4. 喜马拉雅山 5. 大众甲壳虫 6. 刀郎 7. 凤歌笑孔丘 8. 短平快 9. 露马脚 10. 丁薇 11. 林肯 12. 扁平足 13. 蝶恋花

纵向：

一、超人 二、刀白凤 三、喜多郎 四、歌舞升平 五、女驸马 六、拉丁文 七、闾丘露薇 八、灵山大佛 九、东芝 十、长短脚之恋 十一、装甲车 十二、快活林 十三、冬虫夏草

欣赏名画《缠毛线》

《缠毛线》是英国 19 世纪唯美主义画派最著名的画家弗雷德里克·莱顿所作，画作中年轻美丽的母亲坐在凳子上，姿态优美地绕着毛线，衣裙的表现呈现古典风格；小女孩全神贯注地配合着母亲，扭动着身体，一副稚气，画面安静祥和，令人倍感温暖。

■ 胎教点读

孕妈妈在欣赏这幅画时，可以着重于画中人物的美丽安详，画家注重形体和线条的艺术处理，画中人物单纯中又有特别丰富的视觉美，比如母女俩的神态及服装上的褶子，都具有浓厚的古典美，欣赏过程也能让胎宝宝萌发出对画作细节的朦胧感觉，将来他能唤起这种美好的艺术感。

宁静下来，在心里描绘胎宝宝的模样

进入孕晚期，离分娩越来越近，孕妈妈反而比以往更紧张，心理压力很大，这对胎宝宝的发育非常不利，宁静愉悦的心绪是孕妈妈特别需要的，多想想胎宝宝漂亮的模样，这会减轻孕妈妈的心理压力，让孕妈妈的注意力集中到积极的情绪上来。

孕妈妈在脑海中多幻想胎宝宝的模样：眼睛、嘴巴、眉毛还有小家伙欢快地从睡眠中醒来，伸脚动手打哈欠、伸懒腰那活泼可爱的样子，他有着准爸爸宽阔的

额头、俊俏的剑眉，孕妈妈善于传情的大眼睛、高高的鼻梁、轮廓分明的嘴唇等，结合B超照片想象，让胎宝宝的模样清晰起来，这种美好的想象和期待能让心情迅速平静下来，让自己处于一种愉快的心境中。

胎教优生小叮咛

在一遍遍想象胎宝宝的模样后，还可以为他做一个形象设计，将未来小宝宝的形象用笔画出来，或者用电脑软件合成出来，这不仅能促成想象成果，而且能令胎教效果更好。

听音乐《杜鹃圆舞曲》

《杜鹃圆舞曲》是根据挪威作曲家约纳森创作的一首同名钢琴曲移植的手风琴曲，曲调优美，音乐形象生动鲜明，带有浓浓的春意，特点是模仿杜鹃鸣叫的音调，乐曲一开始节奏轻快、活泼，描绘了一幅生机盎然的景象，接着曲调表现出杜鹃在林中飞来飞去的浓浓春意。

■ 胎教点读

春天是一个充满了希望和朝气的季节，《杜鹃圆舞曲》用音乐为孕妈妈和胎宝宝带来了春天的声音，听这首春意盎然的曲子，能让孕妈妈一整天都充满朝气和活力，赶走孕晚期的心理压力，胎宝宝也能感受到乐曲的渲染，体验到欢快的情绪。

正是教胎宝宝识字的好时机

学习认字能够更好地促进胎宝宝的大脑发育，而且认字能增加宝宝的词汇量，有研究证实，宝宝日后的阅读能力并不取决于更早地阅读，而是词汇量的多少，词汇量越大阅读能力越好，这个时期胎宝宝学习能力比较强，是教胎宝宝认字的好时机。

孕妈妈可以用一些带有底色的纸片，用不同颜色将各种字写在纸片上，卡片的底色与卡片上的字分别要用对比度鲜明的颜色如黑与白或红和绿等，一开始可以教一些笔画简单的汉字，如“人”、“山”、“大”、“日”、“月”等，以便于胎宝宝记忆。

孕妈妈在教授时应该集中注意力，就像教小学生识字一样，一边用手描绘字的轮廓，一边准确发音，告诉胎宝宝字的形状、颜色、意义等，比如教“日”时，告诉胎宝宝“日”是指“太阳”，把空中的太阳指给胎宝宝看等。每天抽时间定时并反复地练习，久而久之加强对胎宝宝识字能力的培养。

胎教优生小叮咛

孕妈妈自己必须乐于教字，充满爱心，让胎宝宝感受到爱的暖流，如果孕妈妈觉得枯燥，或是感到教起来不自信，这种不良心情会直接影响到胎宝宝，即使坚持教课，也会收效甚微。

让胎宝宝识字更快的妙方

将识字变得更有趣味，或是用一些能让孕妈妈不感到枯燥的方法来教识字，比如用简短明了的歌谣、诗词、谜语等方式，不仅能让胎宝宝认识更多的字，而且还能调动胎宝宝的文艺细胞，给胎宝宝补充更多的文学营养。

歌谣认字法

❶ 一人大，二人天，天字出头就是夫，夫字两点夹夹牢，夹子站好来来来。

重点认字：一，人，大，天，夫，夹，来

❷ 一二三，加一竖，就是王，王上一点叫做主，泡在水里变成注。

重点认字：一，二，三，王，主，注

❸ 小孩子，戴帽子，头上一点写大字，小孩子，戴帽子，头上三点上学去。

重点认字：子，字，学

■ 诗词歌赋法

咏雪诗

一片两片三四片，
五六七八九十片。
千片万片无数片，
飞入芦花总不见。

■ 谜语识字法

❶ 有时挂在天边，有时落在树梢，有时像个圆盘，有时像把镰刀。（月）

❷ 东边升，西边落。看时圆，写时方。（日）

能让孕妈妈心情变好的食物

有些食物在调节孕妈妈的心情上有很好的作用，在学会自我放松的同时，不妨多吃这类食物，赶走坏心情，这样的食物有：

■ 香蕉

香蕉可向大脑提供重要的物质酪氨酸，使人精力充沛、注意力集中，并能提高人的创造能力。此外，香蕉能使人感受到满足、幸福、开朗，预防抑郁症的发生。

■ 葡萄柚

口感好、水分足的葡萄柚带有淡淡的苦味和独特的香味，无论是吃起来还是闻起来都非常新奇，可以振奋精神。葡萄柚里高含量的维生素 C 还可以增强身体的抵抗力，也是为我们的身体制造多巴胺、肾上腺素这些愉悦因子的重要成分。

■ 全麦面包

全麦面包因为含有大量复合性的碳水化合物，能够抗忧郁，也合乎健康原则。

■ 菠菜

菠菜除含有大量铁质外，还含有绿色蔬菜中含量最多的叶酸，能抑制精神疾病，包括抑郁症和焦虑、健忘等。

■ 南瓜

南瓜富含维生素 B_6 和铁，这两种营养素都能帮助身体所储存的血糖转变成葡萄糖，而葡萄糖正是脑部唯一的燃料，脑部运转顺利，心情自然也就好了。

■ 土豆

土豆是让人的情绪积极向上的食物，因为它能减轻心脏的压力，使心脏减少对身体输送刺激成分。土豆的好处还在于能够迅速转化成能量，平时多吃点儿土豆是快乐的秘诀，但不要吃薯片。

■ 牛奶

温热的牛奶有镇静、缓和情绪的作用，可以减少紧张、暴躁和焦虑的情绪。

■ 鸡肉

鸡肉富含维持神经系统健康、消除烦躁不安的维生素 B_{12}，当体内缺乏

维生素 B_{12} 时，就会出现恶性贫血、食欲不振及记忆力减退等问题，晚上睡不好，白天感觉疲惫时不妨吃点儿鸡肉。

■ 豆制品

豆类中富含人脑所需的优质蛋白和 8 种必需氨基酸，这些物质都有助于增强脑血管的机能，身体运行畅通了，孕妈妈心情自然就舒畅了。

胎教优生小叮咛

坏心情和进餐不规律息息相关，孕妈妈要保证大脑有充足的营养供应，以免血糖过低，也要注意控制体重，一般白天每隔 4～5 小时吃一次饭。

孕妈妈不能将粗粮当主食

吃粗粮有益健康，不过吃粗粮要食之有度，适度地吃粗粮才能保证健康，如果吃得太多反而会对身体造成伤害。

粗粮中保存了许多细粮中没有的营养，比如膳食纤维，并且富含 B 族维生素，但也有一些弊端。

❶ 不容易消化，人体对粗粮的营养吸收率偏低。例如吃煮、炒黄豆，其中蛋白质的吸收消化率最多只有 50%，但加工成豆腐后，吸收率上升至 90%～95%。

❷ 粗粮影响人体对钙、铁等其他营养的吸收。

❸ 粗粮的感官性差，而且营养价值不高，同样质量的细粮与粗粮，细粮的营养、能量要高得多。

孕妈妈如果长期以粗粮为主食的话，摄入的纤维素过多，反而会影响身体对蛋白质、无机盐以及某些微量元素的吸收，会导致营养不良和身体的免疫力降低，可以说，孕妈妈吃粗粮过多是弊大于利的，千万不要把粗粮当成主食，在日常的饮食中要和细粮搭配食用，也可以采取粗粮细作的方法，比如做窝头的时候掺杂一些精面，这样才能发挥粗粮应有的功效。

胎教优生小叮咛

粗粮中粗纤维含量较多，不易消化，孕妈妈在吃粗粮时要多喝些水来帮助消化。

有助于顺利分娩的伸展练习

孕晚期，孕妈妈不妨每次花 5 分钟做一些伸展练习，增强腹肌张力，并拉伸髋、腿，为分娩作好准备。

■ 伸展练习一

脚掌相对而坐，双手撑于臀后，双膝主动用力压向地面，伸展髋关节以及大腿内侧自然呼吸，保持 15 秒。

■ 伸展练习二

❶ 手、膝跪撑，头与脊柱在一直线上。

❷ 呼气时，垂首拱背，将头埋于双臂之间，吸气、还原，配合呼吸，重复5～8次。

■ 伸展练习三

两膝尽量分开，双脚并拢，臀部尽量不要离开足跟，向前弯曲身体至前额触地，伸展腰背及髋关节，保持 15 秒。

■ 伸展练习四

分腿站立，一手扶椅面，体侧伸展，保持 15 秒，左右交替。

■ 伸展练习五

站立，骨盆正对前方，一足置于椅面，一手扶着椅背，尽量向后拉伸、伸展髋关节以及大腿内收肌，保持 30 秒，左右交替。

> **胎教优生小叮咛**
>
> 有妊娠糖尿病、妊娠高血压等孕期并发症的孕妈妈不适合做这套练习，如果没有以上并发症，身体状况良好，孕期一直坚持进行运动，那么孕晚期就可以放心地做这套练习。

变废为宝，用袜子做个可爱的小兔子

手工是对生活的一种态度，也是一种时尚，更是孕妈妈对胎宝宝最深的爱，给胎宝宝亲手做一个好看的玩具娃娃，胎宝宝成长路上能有孕妈妈手工陪伴是多么幸福的事情，孕妈妈千万不要吝啬自己的心灵手巧哦，快跟我们一起给胎宝宝做个可爱的小兔子吧。

■ 需要准备的材料

废旧袜子 2 只（当然，袜子价格不贵，也可以用新的）

棉花若干

圆形纽扣 2 粒，珍珠纽扣 1 粒

■ 制作步骤

❶ 将袜子底部对半剪开做耳朵，在脚后跟留 3～5 厘米的距离做脑袋，然后剪掉脚趾头部分。

❷ 把袜子翻过来，将耳朵缝上，在脚后跟上 6～7 厘米的地方剪去袜子上半部分。

❸ 在耳朵和脑袋中塞进棉花，把脑袋缝起来。

❹ 在另一半袜子的下部剪出兔子的 2 条腿，反面缝合，然后翻到正面，塞入棉花做成兔子的身体和腿，将头和身体逢起来。

❺ 将另一只袜子的脚趾部分剪下 8～10 厘米长，从中间剪开，反面缝合后翻到正面，塞入棉花制成 2 只手，然后将手接到身体上。

❻ 画出小兔子的眼睛、嘴巴、脸，在眼睛部位钉上 2 粒圆形纽扣，鼻尖部位钉上 1 粒珍珠纽扣就大功告成啦。

准爸爸做胎教

准爸爸要忍住孕妈妈的多变情绪

孕妈妈常常处于喜悦与忧虑的矛盾之中，经历着从未体验过的生理变化、畅想着胎宝宝的成长、担心孩子的健康；面临竞争的压力，担心自身未来的发展；生理的变化引起自身容貌的改变，担心失去准爸爸的爱……

孕妈妈多虑，内心非常敏感，情绪变化特别强烈，感情通常很脆弱，尤其进入孕晚期之后，对分娩的恐惧和身体的各种不适，让孕妈妈变得更加的脆弱，对准爸爸的依赖比以往任何时候都要强烈，而且期望值也更高，当准爸爸不能如自

己的意时，甚至容易发脾气。

这个时候准爸爸一定要保持足够的耐心，不要觉得自己养家辛苦，而妻子却不理解自己，不可理喻，事实上准爸爸如果以“理”去解释孕妈妈的异常情绪可能无法行得通，甚至引起争吵，这就非常不好了，不仅可能造成身体伤害，而且孕妈妈会因此陷入精神、情感上绝望的境地，急性子的准爸爸尤其要注意避免争吵，多忍让。

准爸爸要和孕妈妈一起多学习分娩知识，多表现自己亲切的笑脸、暖心的话语，不可发脾气，帮助孕妈妈消除对分娩的恐惧心理。

胎教优生小叮咛

当准爸爸生气时，不妨倒数30秒，让自己先冷静下来，避免坏情绪升级，一旦觉得自己火气未消，不要靠孕妈妈太近，再倒数30秒，什么也不想，做深呼吸，尽量让自己不生气。

准爸爸给胎宝宝读宋词

水调歌头中秋

苏轼

明月几时有，把酒问青天。不知天上宫阙，今夕是何年？

我欲乘风归去，又恐琼楼玉宇，高处不胜寒。

起舞弄清影，何似在人间！

转朱阁，低绮户，照无眠。

不应有恨，何事长向别时圆？

人有悲欢离合，月有阴晴圆缺，此事古难全。

但愿人长久，千里共婵娟。

一剪梅

李清照

红藕香残玉簟秋。

轻解罗裳，独上兰舟。
云中谁寄锦书来？
雁字回时，月满西楼。
花自飘零水自流。
一种相思，两处闲愁。
此情无计可消除，
才下眉头，却上心头。

■ 胎教点读

宋词是和唐诗齐名的古代文学，宋词是一种比唐诗相对通俗的艺术形式。豪放派的词人苏轼、婉约派的李清照等都为我们留下了非常有价值的作品，在文采、情感、思想上都堪称完美。

准爸爸为胎宝宝读一读这些传世经典作品，能唤起胎宝宝对审美的感受，体验艺术的永恒魅力，也能让胎宝宝加深“父子”亲情。

和胎宝宝说说心里话

孕期经常与胎宝宝对话是一项十分重要的行为，尤其是准爸爸，准爸爸每天坚持与胎宝宝讲话，能够唤起胎宝宝的热情，帮助胎儿智力发育。

准爸爸可以每天跟胎宝宝说说心里话，随便唠叨几句，不一定要拘于某种形式，内容应该丰富一些，诸如问候、安慰或批评胎宝宝等都可以，但要注意避开一些消极情绪，比如今天上班被老板批评等。

每天晚上睡觉前，准爸爸不妨把手放在孕妈妈的腹部，对胎宝宝说："你今天又长了这么多，我是你爸爸哟，今天天气很不错，爸爸遇到了很多高兴的事……"每天早上起床时，准爸爸可以亲切地对着孕妈妈的腹部说："宝贝我是你爸爸，正在跟你说话呢，爸爸要起床了，一会儿你和妈妈就能吃早餐了哦。"

准爸爸每天抚摸一下胎宝宝，怀着愉悦的心情跟他说一些想说的话，胎宝宝能从中受益不少，尤其是对于情绪和精神紧张的孕妈妈来说，这也是一剂良好的安慰剂。

胎教优生小叮咛

在与胎宝宝说话时，准爸爸要善于揣测孕妈妈的心理活动，琢磨一下孕妈妈需要听什么话，如果孕妈妈听到准爸爸的话很开心的话，这种良好的心理感受会产生积极的胎教效应。

第九章

第9个月　越来越漂亮的胎宝宝

本月胎教要点

孕妈妈的动作变得越来越笨拙，行动也越来越不便，有的孕妈妈因此放弃了孕晚期的胎教训练，这样会影响到前期训练的效果，为了巩固胎宝宝在孕早期、孕中期对各种刺激已形成的条件反射，孕晚期应坚持各项胎教内容。

在怀孕第9个月，你的胎教重点是：

适当地运动

适当地运动不仅有利于分娩顺利进行，还可以给胎宝宝躯体和前庭感觉系统自然的刺激，促进胎宝宝的运动平衡功能。孕妈妈在晴朗的日子里可多散散步，散步时，可将手放在腹上，轻轻地和胎宝宝说："宝宝，你知道现在的阳光多好吗？"适量的光线和孕妈妈温柔的声音，对即将出生的胎宝宝而言，是一种良性的刺激。

轻轻地抚摸

妊娠9个月后，由于胎宝宝的进一步发育，孕妈妈本人或准爸爸用手在孕妈妈的腹壁上能清楚地触到胎宝宝头部、背部和四肢，抚摸他时如果模仿小孩子的语气说话，将更能引起他的注意。

保持乐观的精神状态

这时已接近妊娠的尾声，孕妈妈在做好胎宝宝教育的同时，要积极进行分娩前准备，保持乐观的精神状态，全身心地期盼着与小宝宝见面，如果情绪高度紧张，容易导致心理上的不平衡，甚至使整个养胎、护胎与胎教的过程功亏一篑，尤其是高危孕妈妈。

妈妈，我有两个消息要告诉你，一个是好消息，另一个对我来说有点儿为难，还是先说好消息吧。

现在我的身体无论怎么看，都相当完美，圆润健壮的轮廓、聪明的大脑、稳定工作的呼吸和消化系统，漂亮的五官……我的力气也不小呢，轻轻推一下"房间"，墙壁就会顶出个"包包"来，妈妈，你看，刚才这个"包包"就是我用拳头顶的哦。

还有个事儿说起来有点儿羞羞，自从我用脑袋顶住房间的出口后，身体完全倒转过来不说，头也被紧紧地夹在门口，我试了很多次，根本就倒不回去，老实说，这种日子有点儿不好过，而且房东最近隔三差五地就警告我别把房子挤坏了，我想，我恐怕待不久就得搬家了。

胎宝宝在发育

33 周胎宝宝——软软的骨骼在变硬

本周，胎宝宝的身长为 43～48 厘米，体重在 1.8 千克左右。现在胎宝宝在子宫内的活动范围非常的小，有的胎宝宝头部已开始降入骨盆。胎宝宝的皮肤不再那么红红的、皱皱的，指甲已长到指尖，但一般不会超过指尖。呼吸系统和消化系统发育已经接近成熟。

现在，有的胎宝宝已长出了一头胎发，也有的头发稀少，不过，现在头发的多和少并不代表以后怎么样。

身体软骨变得结实

胎宝宝软软的骨头都在变硬,除头部外身体其他部位的骨骼已经变得很结实,不过颅骨还是软软的,每块头骨之间有空隙,这种松动的结构是为宝宝在生产时候,头部能够顺利通过阴道做准备的,以至于很多刚出生的宝宝头部看起来呈圆锥形,这很正常,以后会变圆。

胎教优生小叮咛

33周时,孕妈妈应当注意胎宝宝头部的位置,胎位正常与否直接关系到孕妈妈是否能够正常分娩,如果是臀位,要在医生的帮助下进行纠正,以便顺利生产。

34周胎宝宝——出落成小婴儿般

现在,胎宝宝的坐高(顶臀长)约30厘米,身长45厘米左右,体重在2300克左右。这周,胎宝宝的中枢神经系统仍然在发育,肺部已经发育得很成熟了。此时胎宝宝应该已经为分娩做好了准备,将身体转为头位,即头朝下的姿势,完全倒立了,头部已经进入骨盆,紧压在孕妈妈的子宫颈口。

成了丰满的"小婴儿"

胎宝宝的皮下脂肪层还在变厚,他看上去有点儿圆圆胖胖,与刚出生的小婴儿差不多,这些脂肪层将在宝宝出生后帮助他保持体温。

胎教优生小叮咛

这个阶段,如果宝宝出生的话,99%都能够成活,而且大多不会出现与早产相关的长期严重问题,所以孕妈妈不必太担心早产。

35 周胎宝宝——具备出生的能力

35 周的胎宝宝身长约 50 厘米，体重在 2500 克左右。现在胎宝宝看起来已经很丰满了，在接下来的几周内，他的体重还将继续增加。

随着胎宝宝的逐渐长大，孕妈妈的子宫空间会相对减小，所以胎宝宝已经不是在羊水里漂浮着，也不能再翻跟斗了。现在胎动也会有所减少，孕妈妈可以在胎宝宝活动的时候看到他的手脚，肘部在腹部突显的样子，这是因为子宫壁和腹壁已经变得很薄的缘故。

基本具有新生儿的行为能力

胎宝宝的肾脏已经完全发育，肝脏也能够代谢一些废物了，大部分身体发育都已完成，除了不会哭，他现在基本具有新生儿所有的行为能力。胎宝宝逐渐建立起属于他自己的每日活动周期，白天有光亮时醒来，晚上睡觉。

胎教优生小叮咛

由于胎动开始减少，孕妈妈要向医生学习如何测胎心和胎动。

36 周胎宝宝——随时准备降临人世

36 周的胎宝宝仍然在生长，本周胎宝宝的身长约 50 厘米，体重在 2800 克左右。医生已经可以通过 B 超或触诊估计出胎宝宝的体重，但这并不是最后结果，最后 4 周内胎宝宝的体重可能还会增加不少。

现在胎宝宝的脾脏已经发育完成，并可以分泌胰岛素了，所有器官几乎都已发育成熟。覆盖胎宝宝全身的绒毛和在羊水中保护胎宝宝皮肤的胎脂正在开始脱落。胎宝宝现在会吞咽这些脱落的物质和其他分泌物了，它们将积聚在胎宝宝的肠道里，直到他出生。这种黑色的混合物叫做胎粪，它将成为胎宝宝出生后的第一团粪便。

■ 即将成为足月儿

到本周末，胎宝宝就是足月儿了(在37～42周出生的宝宝即为足月宝宝，在42周后出生的宝宝为过期产儿)，现在胎宝宝的姿势很可能是头朝下的，这是顺产的最理想姿势。

胎教优生小叮咛

随着体重的增加，孕妈妈现在可能经常有宝宝就要出来的感觉，另外，有的孕妈妈还会经常有尿意，这些都是正常现象，不必担心。

你需要了解的知识

胎心监护是本月产检的重点

怀孕35周后，孕妈妈每周去医院产检时，都要进行胎心监护，以便尽早发现胎儿异常，采取有效的急救措施。

■ 胎心监护怎么做

孕妈妈躺在床上露出肚子，医生会把一个小仪器抹上耦合剂(做B超时抹的那种黏黏的液体)，仪器上的两个探头，一个绑在孕妈妈的子宫顶端(压力感受器，探测宫缩)，另一个绑在胎儿的胸部或背部(进行胎心的测量)，另外还有一个按钮，当孕妈妈感觉到胎动时可以按压此按钮，它会发出“嘟”的一声，机器会自动将胎动记录下来。

仪器的屏幕上有胎心和宫缩的相应图形显示，孕妈妈可以清楚地看到自己宝宝的心跳，医生根据你按的时间会看看每次胎儿动的时候心跳是否有相应的反应。

做胎心监护时的有用建议

❶ 做监护 30 分钟至 1 小时前吃一些食物，比如巧克力。

❷ 最好选择一天当中胎动最为频繁的时间进行，避免不必要的重复。

❸ 监护前排空膀胱，选择一个舒服的姿势进行监护，避免仰卧位，最好取 15°左侧卧位，仰卧位有时会影响监护结果。

❹ 如果做监护的过程中宝宝不愿意动，他极有可能是睡着了，可以轻轻摇晃你的腹部把他唤醒。

❺ 一次监护 30 分钟左右，但如果胎心监护的效果不是非常满意，可能需要继续做下去，40 分钟或者 1 小时是非常有可能的，孕妈妈不要太过着急。

胎教优生小叮咛

正常胎心音是 120～160 次/分，胎心过快或过慢都是有问题的表现，但是一般性的伴随胎动的胎心过快不表示胎儿出现问题，往往是胎心过慢的风险更大，提示胎儿面临缺血、缺氧的危险，需要医生及时予以处理。

生产时需要用到哪些东西

入院生产时，孕妈妈的用品是最多的，现在应该开始准备了，将准备的东西放入待产包，放在方便取用的地方，那样一旦需入院可随时取用，待产包里具体需要放的东西见下表。

物品类别	具体需要准备的东西
资料、现金	孕妇保健手册、医保卡、准爸爸和孕妈妈的身份证、户口本、现金
日常用品	饮水杯、饭盒、调羹、筷子、软毛牙刷、牙膏、漱口液1瓶、毛巾至少3条(洗脸、擦身、洗下身各1条)、脸盆至少2个(洗脸、擦身各1个)、梳子、镜子、洗浴用品、护肤霜、塑料袋及保鲜袋若干
衣物、卫生用品	2～3套睡衣、方便穿脱的大衣1件、带后跟的棉拖1双、防乳汁渗漏的乳垫2副、哺乳胸罩2个、一次性纸内裤1包、棉袜3双、餐巾纸若干、日用和夜用卫生巾多准备几包(要勤更换)、衣架
食物	巧克力、饼干、果汁(配上弯曲的吸管,可以方便喝水)
其他	手机、充电器、杂志或书(学习孕产知识或缓解情绪用)、DC或DV、MP3(听音乐来缓解情绪)、钱包、纸、笔

胎教优生小叮咛

所有物品还可以按照使用时间来分类进行放置,如入院、分娩、住院和出院的用品可以放进不同的袋子,然后再分别放进待产包。

小婴儿降临后需要用到哪些东西

小宝宝就要出世了,需要准备的东西也不少,下面的宝宝用品清单可供孕妈妈参考。

物品类别	具体需要准备的东西
衣物、睡袍	和尚袍、中号、长袖(可以买大点儿)2件、小被子1条、婴儿床1个(栏杆不要太矮,最好是能一边打开的那种)、蚊帐、小玩具
洗护用品	婴儿浴盆1个、浴巾2条、小毛巾10块(洗屁屁用,可用纱布)、婴儿专用洗发露、沐浴露、润肤露、护臀膏各1瓶、塑料盆2个(用来洗衣物、尿布)、爽身粉(夏天需要)、水温计1个、婴儿洗衣液
卫生用品	纸尿裤1包、尿布(布尿片或纸尿布)不少于10块、纸尿布若干包、婴儿柔湿巾多多益善、指甲剪1个、体温计1个(有的医院会送)、隔尿纸巾1包(一次性,迅速将尿渗透)
喂奶用品	小号奶瓶1个、奶嘴2个(小号、十字开口)、奶粉6小袋(以备不能母乳喂养之需)、奶瓶奶嘴刷、奶瓶清洁液

胎教优生小叮咛

小婴儿的衣服不用买很多，一般医院会为刚出生的小宝宝准备2身，包括包被，出院一并算钱，是必须消费品，还有一些裤子、手套、袜子对于新生婴儿用处不大，而且宝宝长得飞快，不需要太多衣服。

胎宝宝脐带绕颈到底要不要紧

脐带是胎宝宝的营养物质供应、气体交换和代谢产物排出的重要通道，胎宝宝足月时脐带的长度会达到30～70厘米，直径1.0～2.5厘米，常呈螺旋状扭转。

脐带绕颈是胎宝宝常见的情况，通过B超检查，脐带缠绕可在妊娠晚期被发现。脐带绕颈的发生率为20%～25%，每4～5个胎儿中就有一个生下来发现是脐带绕颈的，是胎宝宝在动的过程中将脐带缠绕在颈部造成的，绝大部分脐带绕颈在妊娠期不会对胎宝宝产生大的危害，很多绕了3圈甚至还有7圈的胎宝宝生下来都很好，所以孕妈妈不必太过担心。

脐带绕颈是否引起后果，主要取决于脐带的长度和绕的松紧度，只要脐带绕颈松弛，不影响脐带血循环，不会危及胎宝宝；如果脐带比较短，绕得紧，绕的圈数多，往往会在胎宝宝活动时或临产后胎头下降时，脐带被收紧或受压，而致胎宝宝缺氧，造成宫内窘迫甚至死胎、死产或新生儿窒息，这种现象多发生于分娩期，因此，孕妈妈在家要多数胎动，如果突然发生激烈的大量的胎动，赶紧去医院检查。

若胎宝宝发生脐带绕颈，建议孕妈妈：

❶ 坚持数胎动，胎动过多或过少（12小时胎动少于20次，或较以往减少50%）时，应及时去医院检查。

❷ 坚持作好产前检查，及时发现并处理胎宝宝可能出现的危险状况。

3 通过胎心监测和超声检查等间接方法，判断脐带的情况。

4 减少震动，保持睡眠左侧位。

胎教优生小叮咛

孕妈妈不要因为害怕脐带绕颈而随意选择剖宫产，它并不是剖宫产的指征，胎儿一直是在动的，可能会通过胎动自己绕开，不过，如果脐带绕颈3圈以上、影响胎头下降、合并其他剖宫产指征时，可以考虑剖宫产。

临近分娩，外阴清洁每天都要进行

进入孕晚期后，孕妈妈阴道的分泌物明显地增多，这是为顺利分娩做准备的，通过润滑阴道能使胎儿顺利娩出。

不过，阴道分泌物增多会使菌群结构改变，产生细菌增生的场所，容易产生炎症。此外，女性的外阴有许多皱褶，汗腺、皮脂腺、阴道的分泌物常常积存于这些皱褶之中，而且阴道口又位于尿道口和肛门之间，很容易受到污染，不仅不利于孕妈妈的健康，还会影响到胎宝宝的健康，所以孕妈妈平时一定要注意外阴清洁。

现在临近分娩，孕妈妈应该每天清洗外阴，一般用清水清洗就可以了，不要用任何冲洗剂，冲洗剂中的成分会破坏外阴的酸性环境，不利于健康，在清洗的时候，应先洗外阴，再清洗肛门，清洗的毛巾、盆必须专用，内裤宜选择天然纯棉的，并每天换洗。

胎教优生小叮咛

如果孕妈妈阴道有黄绿色的分泌物，或者是豆渣一样的分泌物，或者是有臭味、有痛的感觉，要及时去医院进行检查。

如何应对孕晚期的疼痛

孕晚期经常出现各种各样的疼痛，孕妈妈要学会积极应对，不要让疼痛影响自己的心情，顺利迎接分娩到来。

■ 下背疼痛

由于腹部前凸更多，孕妈妈的下背部凹陷也越多，下背部疼痛可能会更厉害，尤其是长时间站立后，腹部会变得越来越重，髋关节也越来越松弛，这也会影响孕妈妈的步伐。

给孕妈妈的对策：

❶ 保持正确的站姿，平直地抬起头部，不要侧倾头部，保持腰杆挺直，保证膝关节平直，不要弯曲，腹部和臀部收紧，两脚指向同一方向，这样可以让两脚承受平均的重量。

❷ 放慢步伐，尽量把注意力集中在步伐的轻快和优美上，避免需要快速改变方向的运动，防止可能摔倒的危险。

■ 臀部和腿部疼痛

由于身体的肿胀，姿势的改变和增大的子宫压力，都可能会压迫到坐骨神经，引起以臀部和腿部疼痛为特征的坐骨神经痛。

给孕妈妈的对策：

多练习第 8 个月“有助于顺利分娩的伸展练习”可缓解臀部和腿部的疼痛，孕妈妈睡硬床垫也能相应地减轻症状。

■ 小腿抽筋

孕晚期偶尔会小腿抽筋，孕妈妈不用担心，但如果经常抽筋，则需要及时咨询医生。

给孕妈妈的对策：

❶ 保证饮食中有足够的钙。

❷ 经常伸展小腿。

❸ 一旦遇到小腿抽筋，可以笔直向外伸展小腿，向上抬起脚趾，然后请准爸爸用手掌按压脚掌，或轻轻拉伸小腿，痉挛很快会缓解，然后让准爸爸轻柔地旋转按摩小腿肌肉，或在小腿后侧热敷，以放松肌肉。

胎教优生小叮咛

孕晚期子宫迅速增大，子宫四周的韧带很紧张，韧带被牵拉也可引起牵引胀痛，孕妈妈需要定期做产前检查，观察胎动的情况，腹痛时尽量躺下休息。

分娩过程中的正确做法

自然分娩的全过程一般分为3个时期，也就是3个产程，孕妈妈需要提前了解每个产程的进程及需要注意的情况，以便冷静对待随时可能到来的临产，顺利分娩。

■ 第一产程：子宫颈开口期

产程特点：

第一产程所占时间最长，初产妇需要12～16小时。从子宫出现规律性的收缩开始，直到子宫口完全开大为止。随着宫缩越来越频繁，宫缩力量逐渐加强，子宫口逐渐开大，直到扩展到10厘米宽（子宫口开全），这时第一产程结束。

正确做法：

❶ 在此阶段，宫口未开全，孕妈妈用力是徒劳的，过早用力反而会使宫口肿胀、发紧，不易张开。

❷ 在这一阶段孕妈妈要保持安静，尽量忍住疼痛，不要大喊大叫白白消耗体力，如果把体力提前消耗掉，反而会减缓产程，疼痛也会变本加厉。

❸ 可运用拉梅兹呼吸法缓解阵痛，或者接受亲人的安慰、聊聊天、听听

音乐、想象宝宝的样子来转移注意力。

■ 第二产程：胎宝宝娩出期

产程特点：

第二产程时间最短，经 1～2 小时，胎宝宝从完全开大的子宫口娩出。宫口开全，胎宝宝随着宫缩逐渐下降，当胎先露部下降到骨盆底部压迫直肠时，孕妈妈便不由自主地随着宫缩向下用力。

正确做法：

❶ 宫口开全后，孕妈妈要注意随着宫缩用力。

❷ 当宫缩时，两手紧握床旁把手，先吸一口气憋住，接着向下用力。

❸ 宫缩间隙，要休息，放松，喝点儿水，准备下次用力。

❹ 当胎头即将娩出时，孕妈妈要密切配合接生人员，不要再用力向下屏气，避免造成会阴严重裂伤。

■ 第三产程：胎盘娩出期

产程特点：

胎宝宝生下后，胎盘及包绕胎宝宝的胎膜和子宫分开，随着子宫收缩而排出体外。胎盘娩出时，只需接生者稍加压即可。如超过 30 分钟胎盘不下，孕妈妈则应听从医生的安排，由医生帮助娩出胎盘。胎盘娩出意味着整个产程全部结束。

正确做法：

❶ 在第三产程，孕妈妈要保持情绪平稳。

❷ 分娩结束后 2 小时内，孕妈妈应卧床休息，进食半流质饮食补充消耗的能量。

❸ 一般产后不会马上排便，如果孕妈妈感觉肛门坠胀，有排大便之感，要及时告诉医生，医生要排除软产道血肿的可能。

❹ 如有头晕、眼花或胸闷等症状，也要及时告诉医生，以及早发现异常

并给予处理。

胎教优生小叮咛

在第一产程时，孕妈妈可尽可能多吃一些东西，以备在第二产程时有力气分娩，以稀软、清淡、易消化为原则，第二产程时可适当喝点儿果汁或菜汤，以补充因出汗而丧失的水分。

分娩中不能使用的3种用力方式

避免一些错误的用力方式能让分娩轻松许多，分娩中孕妈妈需要避开的错误用力方式有：

❶ 生产过程中大声呻吟或大喊大叫

这样做不仅不能减轻疼痛，反而可能引起过度换气，致使孕妈妈体内缺氧，同时还使得胎宝宝脑、脐带、胎盘循环血量减少，继发碱血症等。此外，还会过多消耗孕妈妈的体力，真正要用力时便无力可使。

❷ 在第一产程就屏气使劲儿用力

这样做会过早地消耗体力，而且过长时间屏气还容易导致呼吸性酸中毒。

❸ 宝宝胎头即将娩出时，仍向下屏气用力

这样很容易导致胎宝宝娩出过快，从而裂伤会阴部。

胎教优生小叮咛

分娩的3个时期里孕妈妈用力的重点各不相同，第一阶段应有意识地腹式深呼吸，第二阶段应像解大便一样使劲儿用力，第三阶段只需要轻轻用力即可娩出胎盘。

会阴侧切的是与非

会阴是阴道与肛门之间的软组织，胎宝宝产出时可能撕裂会阴，会阴侧切是指当胎宝宝的头快露出阴道口时，医生在孕妈妈会阴附近施予局部麻醉，然后用剪刀剪开会阴，使产道口变宽，以便利胎宝宝的产出。

据有关报道指出：国内女性生产时，经历会阴切开术的比率将近7成，初产妇遭切开会阴的比率近乎9成。会阴该不该侧切一直是备受争议的问题，医生决定采用侧切，很大一部分理由就是为了避免孕妈妈的会阴撕裂。

一般来说出现以下几种情况时需要进行会阴侧切。

❶ 胎宝宝较大，胎头位置不正。

❷ 会阴弹性差、阴道口狭小或会阴部有炎症、水肿等情况，胎宝宝娩出时可能会发生会阴部严重撕裂。

❸ 35岁以上的高龄孕妈妈，或者合并有心脏病、妊娠高血压综合征等高危妊娠时，为了减少孕妈妈的体力消耗，缩短产程，减少分娩对母婴的威胁，当胎头下降到会阴部时，一般会进行侧切。

❹ 子宫口已开全，胎头较低，但是胎宝宝有明显的缺氧现象，胎宝宝的心率发生异常变化，或心跳节律不匀，并且羊水混浊或混有胎便。

❺ 借助产钳助产时。

其实，只要孕妈妈的产程很顺利，即使会阴撕裂，其伤口也不会很大时，是可以避免侧切的，建议孕妈妈在孕期注意以下事情。

❶ 少吃淀粉类食物，并增加蛋白质的摄取，控制体重增加的速度，避免胎宝宝生长过大。

❷ 加强锻炼，多散步、爬楼梯和练习拉梅兹呼吸法等，都可以加强肌力，帮助生产。

胎教优生小叮咛

很多孕妈妈在侧切时并没有得到医生的通知，而是在不明就里的情况下被侧切了，为了不至于糊里糊涂地被切上一刀，孕妈妈一定要事先和医生多沟通，出现必须侧切的情况时千万不要迟疑，应该尽量配合医生，尽早实行侧切。

胎教在生活的点滴中

欣赏名画《音乐课》

这幅画作与《缠毛线》的风格类似，同属莱顿的作品，画面中女教师微微俯身帮助女孩调试琴弦，女孩则依在女教师胸前弹拨着六弦琴。女教师面庞秀美清丽，小女孩天真烂漫，纯真无邪，表情认真，显得十分可爱，这幕普通的音乐课情景，却被画家描绘得极富美感韵味。

■ 胎教点读

这幅画最大的特点是能给孕妈妈带来宁静柔和的美感，无论是女教师还是小女孩，都有着让人喜欢的面容，她们身上的长裙，花纹、质地也被画家描绘得十分逼真，衣裙褶纹的复杂与环境的简单对比，这种形式美感能让孕妈妈被艺术震撼，相信画面的美丽场景也能感动胎宝宝，高超的画面技巧能对胎宝宝有所启蒙。

在脑海中教胎宝宝学算术

经过坚持不懈的训练，相信胎宝宝现在已经能认识不少数字了吧，现在不妨进一步帮助他加深对数字的理解，可以教胎宝宝来学习算术，与小学生不同的是，胎宝宝学习算术需要孕妈妈更多地进行联想，因此，孕妈妈不妨多在脑海中教胎宝宝学习。

以数字 8 为例，孕妈妈可以先想象 8 的形状，像个葫芦，然后联想与 8 有关的数字，进行各个数字的组合，比如进行加减法运算：4＋4＝8，5＋3＝8，6＋2＝8，8－1＝7，8－2＝6，8－3＝5 等，还可以将每个数字都想象成不同的颜色，假想脑海中有一张图画纸，一支可以变换颜色的笔，然后假想自己正在把这些算式写在纸上，这样下来，很快就能将运算方式理解得更透彻。

按照这种方法，每天教 5 个数字的加减运算，忙的时候可以只教2～3 个，加减法熟悉后，可以再教乘除法运算，按同样的方式假想算式，并假想正在写到纸上，运算不用太复杂，只要认为能让胎宝宝理解即可。

此外，孕妈妈还可以将实物与联想结合起来运用，例如，在一个苹果的旁边再放一个苹果，就变成两个苹果，想象算式“1＋1＝2”，再通过视觉将其印在脑子里，同时出声地对胎宝宝说：“这里有一个苹果，我再拿一个摆在这里，现在就变成两个了。”要把注意力集中在眼前的苹果和算式上，要和胎宝宝一起思考，并将思考传递给胎宝宝。与苹果类似的实物可以是孕妈妈喜欢的任何物体，比如饼干、娃娃等。

胎教优生小叮咛

孕妈妈不要被先认什么后学什么所拘束，现在最主要的目的是让胎宝宝感受到父母的参与和爱，顺便让他对知识有种朦胧的认识，并不要求一定要学会什么，要知道孩子在学会认字前早已学会了说话。

动脑时间——来做一道经典的智力题

人们喜欢用智力题来测试IQ，其实智力题的作用远非如此，智力题还可以帮助我们通过不同的方式开发或锻炼大脑思维的能力。

为了让自己和胎宝宝的大脑更活跃一些，孕妈妈也来玩玩智力题吧，还可以让胎宝宝体会一把做有难度的题目的乐趣哦，就当为他做头脑体操了。

国王与预言家

在临上刑场前，国王对预言家说："你不是很会预言吗？你怎么不能预言到你今天要被处死呢？我给你一个机会，你可以预言一下今天我将如何处死你。你如果预言对了，我就让你服毒死；否则，我就绞死你。"

但是聪明的预言家的回答，使得国王无论如何也无法将他处死。

答案："你不会毒死我的。"

■ 趣味小知识

微软也很喜欢用智力题来考核新员工，他们对于题目还有一套很有意思的评分标准。

1. 30分钟以内做出来：智力很高很高很高，不知道有多高。
2. 60分钟以内做出来：智力很高。
3. 2小时内做出来：智力相当高。
4. 1天或者1周内做出来：智力也很高，而且还是一个有毅力的人。
5. 10分钟内做出来：或者以前做过，或者多半是个马虎的人。

会心一笑，看看小笑话

宝宝就要来到这个世界了，孕妈妈一定是既紧张又兴奋，记得多笑一笑，让自己开心，也让胎宝宝放松放松，要知道孕妈妈紧张，胎宝宝也会紧张，所以，孕妈妈多看看小笑话吧，最后的关头一定要让快乐加倍哦。

鸡过河

小偷偷了一只鸡，正在河边给鸡拔毛，这时一个警察走了过来，小偷急忙把鸡扔到了河里。

警察问：你在干什么？河里是什么东西？

小偷说：那是一只鸡，它要过河去，我在这里帮它看衣服……

你的电源不兼容

我从前在一家计算机商店工作。一天我们接到一位先生的电话，说他的计算机电源在冒烟。服务人员费了不少的力气，也没法让那位先生相信他的硬件有问题。

服务人员：先生，你的电源里有什么东西烧了。

顾客：肯定有什么命令，加入 autoexec. bat，就可以解决这个问题的。

服务人员：软件对于你的问题是无能为力的。

顾客：我知道可以加进去什么……一条命令……要不就该加到 config. sys 里去。

（几分钟的反复说明之后）

服务人员：好了，我本不该告诉你这些的。在一些 dos 版本里有条秘密命令，你可以用的。请你编辑 autoexec. bat 文件，在最后加一行 c:\dos\no smoke，再重新启动计算机。

（顾客照办了）

顾客：电源还在冒烟。

服务人员：我想你得给微软公司打电话，跟他们要一份 no smoke. exe 的更新文件。

（顾客挂断了电话。我们以为和他的交道打完了，没想到他 4 小时后又给我们来电话）

服务人员：你好，先生。计算机怎么样了？

顾客：我给微软去了电话。他们说我的电源和微软的 no smoke. exe 不兼容，我必须换台新电源。你们什么时候能帮我换一下吗？

■ 跳伞

空中跳伞造型学校的教员在上完第一节课后，询问学员是否有什么问题。

“我们每跳一次要交多少钱？”一学员问，“10＄！”

另一学员显得有点儿紧张，站起来问：“如果在跳伞时打不开降落伞怎么办？”

“不要担心，如果打不开降落伞我们会把钱退给你。”教员答道。

能帮助克服产前焦虑的经验

预产期越来越近，孕妈妈不免会感到焦虑和紧张，主要是担心自己和胎宝宝出现各种无法预知的情况，以及分娩前的恐惧。

产前焦虑对孕妈妈和胎宝宝都不利，产前严重焦虑的孕妈妈，不仅剖宫产率升高1倍，而且还常伴有恶性妊娠呕吐，并导致早产、流产，分娩时产程延长、难产、新生儿窒息、产后易发生并发症等，在孕晚期，孕妈妈和家人要采取积极的态度消除产前焦虑。

下面的经验可能会对孕妈妈消除产前焦虑有帮助。

❶ 不要因为自己的喋喋不休而自责，情绪不好时尽量向准爸爸诉说，寻求准爸爸的保护和重视，这是宣泄不良情绪的合理渠道。

❷ 相信婆婆的现身说法，要知道她可是顺利生下了你的丈夫，而且还健康地成长起来，相信生孩子并没有电视中那么可怕。

❸ 相信你选择的医生，相信医学，现代医疗技术已经为数以亿计的人平安生下了孩子，你也不会例外，退一步讲，即使出现意外，你和胎宝宝也能得到最大限度的安全保障。

❹ 和一些刚生产完的孕妈妈们交流一下，讨教一些经验。

❺ 多做一些有利于健康的活动，如编织、绘画、唱歌、散步等，不要胡思

乱想，整日躺在床上，把注意力集中到对未来的担忧上。

胎教优生小叮咛

患有妊娠高血压综合征等产前并发症的孕妈妈，往往因为健康问题比其他孕妈妈更容易焦虑，我们建议有产前并发症的孕妈妈积极治疗并发症，与医生保持密切联系，有问题时及时请教医生，保持良好的情绪。

听音乐《维也纳森林的故事》

《维也纳森林的故事》是奥地利著名轻音乐作曲家小约翰·施特劳斯的杰作，这首优美的乐曲轻快流畅、活泼优雅，给我们展现了维也纳森林里的浪漫和快乐，施特劳斯就像是一个用音乐调阳光色彩的人，跟着他的音符，我们很快会进入一个明媚、怡人的境界。

■ 趣味小知识

在奥地利首都维也纳的郊区，有一片美丽的森林，吸引着千千万万的游人，而维也纳人的骄傲与福气之一，正是他们生活在这层层叠叠的绿色包围之中。

许多居住在维也纳的大作曲家们也经常光顾维也纳森林，小约翰·施特劳斯就是如此，《维也纳森林的故事》是他献给家乡的赞歌。

■ 胎教点读

孕妈妈听这首乐曲能让心灵“呼吸氧气”，令心情愉悦，给胎宝宝带去舒缓的情绪，令他更快乐。

教胎宝宝学“唱”哆啦咪嗦

现在，孕妈妈可以教胎宝宝唱一唱音乐中最基本的内容——音符。

教胎宝宝学唱音符的方法：

❶ 孕妈妈先熟悉音符的发音，“1、2、3、4、5、6、7、i”——“i、7、6、5、4、3、2、1”。

❷ 反复轻声教唱若干遍，每唱完一个音符停顿几秒钟，给胎宝宝学习和复唱的时间。

在教胎宝宝唱音符时，室内应保持安静，尽量避免噪声干扰，每天教唱1～2次，每次3～5分钟。

一首有助于胎宝宝学习音符的英文儿歌：

Do－re－mi

Let's start at the very beginning
A very good place to start
When you read you begin with A－B－C
When you sing you begin with do－re－mi
Do－re－mi, do－re－mi
The first three notes just happen to be
Do－re－mi, do－re－mi
Do－re－mi－fa－so－la－ti
Let's see if I can make it easy
Doe, a deer, a female deer
Ray, a drop of golden sun
Me, a name I call myself
Far, a long, long way to run
Sew, a needle pulling thread
La, a note to follow Sew
Tea, a drink with jam and bread
That will bring us back to Do (oh－oh－oh)

Do—re—mi—fa—so—la—ti—do So—do!

翻译：

大家一起来从头学。从这里开始最最好

念书你就先学ABC。唱歌你就先唱哆来咪，哆来咪，哆来咪

这三个音符正好是哆来咪，哆来咪，哆来咪发索拉梯

“哦！让我们看看怎么更好记。”

“哆”，就是那一只母鹿

“来”，是太阳光辉

“咪”，是我，是我自己

“发”，是路程跑得远

“索”，是穿针又引线

“拉”，就跟在“索”后面

“梯”，是我们吃茶点

随后我们又回到“哆”

哆来咪发索拉梯哆索哆

胎教点读

音符可以刺激胎宝宝的大脑，构成音乐记忆，奠定后天的音乐基础，使胎宝宝拥有更多的音乐天赋，胎儿期是对胎宝宝进行音乐启蒙的关键阶段，孕妈妈千万不要错过了。

欣赏好电影《阳光小美女》

《阳光小美女》

中文名：《阳光小美女》，又名《小太阳的愿望》

英文名：Little Miss Sunshine

影片类型：家庭/剧情/喜剧

时长：101分钟

剧透：

这是一个糟糕透顶的家庭，每个人的缺点都那样显而易见，在这部温暖的家庭喜剧里，为支持小女儿参加“阳光小美女”的选美比赛，这一家人开始了寻梦之旅，在这条路上，每个人都经历着梦想的碰撞与破灭，他们会怎样面对呢？最终结局如何？

■ 胎教点读

欣赏一部好电影，就如同经历一次生活的洗礼，好的电影就像良师益友，除了给你美的感受，还能教会你很多人生的道理，这部电影传达给你和胎宝宝的不仅是信任、鼓励和支持，相信你和胎宝宝都将有这样的感受：输赢并不是生活的全部结果，它的本质应该是亲情的温暖与生活的美好。

唱儿歌《打电话》

打电话

两个小娃娃呀，
正在打电话呀，
“喂喂喂，你在哪里呀？”
“哎哎哎，我在幼儿园。”
两个小娃娃呀，
正在打电话呀，
“喂喂喂，你在干什么？”
“哎哎哎，我在学唱歌。”

■ 胎教点读

这是一首很受小朋友欢迎的儿歌，天真稚气的孩子喜欢模仿周围的生活，这首儿歌表现的是宝宝模仿大人打电话，朗朗上口，充满童趣。

孕妈妈可以和胎宝宝互动来唱唱这首儿歌，想象胎宝宝正在跟你打电话，快乐的游戏与朗朗的歌词会让你们合作得很愉快。

几款能缓解便秘的美食

怀孕后，激素改变使孕妈妈容易发生便秘，尤其到了孕晚期，胎宝宝压迫孕妈妈的肠道，使食物长久停留在肠道，而孕妈妈大腹便便，活动量减少，因此，孕晚期发生便秘是不少孕妈妈的一大困扰。

但孕妈妈不能因此而心急甚至烦躁，不然会加重便秘，正确的做法是积极面对，多喝水，多吃缓解便秘的食物（可参考第 6 个月“怎样缓解频繁袭来的便秘”），下面我们为孕妈妈精选了两道缓解便秘的美食，供孕妈妈选择。

口蘑烧茄子

材料：嫩茄子 300 克，口蘑 50 克，青豆 50 克。

调料：盐 5 克，酱油、水淀粉各少许。

做法：

❶ 将嫩茄子洗净、去皮、切成丁；口蘑洗净，切片；青豆洗净，用开水煮熟，控净水。

❷ 锅内放油，烧热后放茄子丁，用中火炒至茄子软。

❸ 加入口蘑、青豆，注入少许清汤，调入盐、酱油，用小火烧透，再用水淀粉勾芡即可。

美味提示：

茄子以紫色长条的为佳，青豆不能吃生的，炒前一定要先煮熟。

这道菜对孕妈妈便秘、水肿等症状都有很好的缓解作用。

醋熘白菜帮

材料：白菜半个。

调料：醋半大匙，水淀粉1小匙，盐适量。

做法：

❶ 将白菜择洗干净，将白菜帮切成薄片。

❷ 取一个空碗，放入盐、醋、水淀粉，混合均匀，调成淀粉汁。

❸ 锅内放入适量植物油，烧至七成热，下白菜帮片，爆炒至七成熟。

❹ 加入调好的淀粉汁，翻炒片刻，至汁透明，出锅即可。

美味提示：

放入白菜帮片以后，一定要快速翻炒，不然菜帮变软会影响口感。

这道菜促便效果相当好，严重便秘的孕妈妈可以多吃。

养颜又美味的水果餐

水果不仅味道好，还可以帮助孕妈妈补充维生素，而且大多具有美容养颜的功效，这里我们特意为孕妈妈精选了几款水果餐，孕妈妈可作为两餐之间的点心来选用。

小黄瓜汁

将小黄瓜洗净，切碎，按照1∶1的比例加水，用榨汁机榨成汁，以蜂蜜调服。

美味点评：

黄瓜汁可润肠通便，夏季常喝可预防口腔疾病，清晨喝一杯黄瓜汁还可以清爽肠胃。

菠菜柳橙汁

菠菜用开水焯过，柳橙(带皮)、胡萝卜与苹果切碎，按照1∶1的比例加水，用榨汁机榨成汁。

美味胎教：

菠菜有助于改善贫血，柳橙等蔬果可提供丰富的维生素，能提高孕妈妈的免疫力。

木瓜炖牛奶

木瓜一切为二，去籽，去皮，切成条，加 250 毫升鲜牛奶，放入蒸锅蒸 10～15 分钟，稍冷即可食用。

美味胎教：

木瓜口感好，糖分低，用牛奶炖营养丰富，十分可口，而且不容易引起过敏。值得一提的是，这道水果餐对于催乳发奶很有作用，能提高孕妈妈产后奶水的质量，也是美容佳品。

缤纷水果沙拉

将 2 个草莓、半个苹果、半个梨、1 个奇异果分别洗净，将奇异果、苹果、梨去皮，然后将各色水果切块装盘，在水果上淋上 150～200 毫升酸奶即可。

美味胎教：

这几种水果含有丰富的维生素 C、胡萝卜素以及人体必需的各种矿物质，而且含有大量的水分和膳食纤维，可促进健康、增强免疫力，酸奶不仅味美，而且营养丰富，不会给身体带来负担。

蜂蜜水果粥

将粳米熬成粥，半个苹果、梨洗净去皮切丁，加入粥内，枸杞子洗净加入粥内，一起煮开后稍冷即可食用。

美味胎教：

水果增加了粥内的膳食纤维，具有清心润肺、消食养胃润燥的作用，吃起来清新爽口，别有风味，很适合脾胃不佳、食欲不振的孕妈妈。

自制燕麦饼干，享受怀念的味道

一直都是吃超市买回来的饼干，从未想过自己动手做，自制饼干，看起来好像有些不可思议，其实，烤饼干很简单，最重要的是不容易失败，在家动手做一做，想烤多少都没问题。

一旦做起来，你不仅会觉得，原来烤饼干是一件 SO EASY 的事情，关键是这个过程，它一定会令你怀念起小时候简简单单的饼干味道，这个美好的感觉怎么能不跟胎宝宝分享呢，那么，现在就一起来试试这款燕麦饼干吧。

需要准备的材料

1/4 杯奶油

1/4 杯白糖

1 个鸡蛋

1 杯面粉

1 茶匙泡打粉

2 杯燕麦片

1/2 杯牛奶

1/4 杯葡萄干

1/4 杯坚果

制作步骤

❶ 将奶油加热融化成液状后拌入白糖搅匀。

❷ 将鸡蛋打入奶油糖中，并搅拌均匀。

❸ 先将燕麦片、面粉、泡打粉混合，再将混合好的燕麦粉倒入奶油鸡蛋糊中，拌匀。

❹ 拌匀的面糊中加入牛奶、葡萄干、坚果仁。

❺ 用汤匙将面糊在烤盘上分成若干个球形，烤箱预热 5 分钟，以 180℃

烤 10 分钟即可。

胎教优生小叮咛

这款饼干加入了西式奶油，浓郁的奶香和润滑的口感让饼干增色不少，但孕妈妈要注意的是，奶油热量高，不能吃太多，不然可就苦了自己和胎宝宝了。

其实，做饼干不光是为了吃，也是一种享受，享受手工的乐趣，享受制作食物的快乐，同时别忘了将这种享受与胎宝宝分享，好味道要一起分享，好情绪更要一起分享哦。

轻轻地抚摸胎宝宝的身体

现在，孕妈妈可以在腹部明显地触摸到胎宝宝的头、背和肢体以及整个身体，可以多轻轻地抚摸他，与他互动，让他感受到被爱抚，这也将令胎宝宝的神经和触觉更加敏锐。

下面给孕妈妈推荐一种抚摸胎宝宝身体的方法——推动散步法，具体做法是：

❶ 孕妈妈平躺在床上，全身放松。

❷ 孕妈妈（准爸爸也可）轻轻地来回抚摸、按压、拍打腹部，同时也可用手轻轻地推动胎宝宝，让胎宝宝在宫内“散步”。

❸ 如果胎宝宝用力来回扭动身体，应立即停止推动，可用手轻轻抚摸腹部，胎宝宝就会慢慢地平静下来。

要注意的是，推动散步法应在医生的指导下进行，或至少先请教医生，以避免因用力不当或过度而造成腹部疼痛、子宫收缩，甚至引发早产。

准爸爸做胎教

为胎宝宝布置一个温馨的婴儿房

宝宝的房间需要提前准备，这样一旦胎宝宝降临，他就能立即住进自己的婴儿房。

那么，准爸爸该怎么样布置才能让宝宝拥有一个温馨舒适的房间呢？下面我们为准爸爸总结了几点经验，可供准爸爸参考。

❶ 应选择向阳、通风、清洁、安静的房间。新生儿体温调节中枢尚未发育成熟，体温变化易受外界环境的影响，所以选择能使新生儿保持正常体温，又耗氧代谢最低的环境很重要。

❷ 要保证房间内的湿度适宜。过于干燥的空气使婴儿呼吸道黏膜变干，抵抗力低下，也可发生上呼吸道感染，故需注意保持室内一定湿度，湿度在50%～60%为佳。使用加湿器效果最好，另外，冬季时可以在暖气片上放些干净的湿布，夏季时地面上洒些清水。

❸ 房间的颜色应以红、黄、蓝三色为基本色调，然后再补充其他颜色加以调节。最好备用两幅颜色不同的窗帘，一幅暖色的，在婴儿需要休息时使用，一幅冷色的，在婴儿活动时使用。

❹ 灯光上，建议除一般的日光灯外，再安排一些五颜六色的低强度彩灯，每天在婴儿情绪较好的时候打开彩灯，让婴儿感受一下光和色彩的变化。避免强烈的阳光直射婴儿的眼睛，夜里喂婴儿奶或有其他事情起来，不要打开光线过分强烈的电灯，最好备用一个光线较弱的暖色灯泡。

❺ 婴儿的居室最好不要铺地毯，因地毯不易清洗，容易藏污纳垢，不仅是致病源还可能是过敏源，而且也不利于婴儿日后的行走练习。

❻ 注意安全，避免小（硬币、小电池、扣子等物品）、尖（小刀、剪刀等利器要收好，桌角尖锐处加防护套）、长（超过 30 厘米的细绳必须卷起收好）物品。

胎教优生小叮咛

准爸爸在着手布置婴儿房前，不妨先列出一张购物清单，将需要购买的物品及玩具写下来，由于婴儿成长很快，购买物品一定要考虑到弹性、安全性和实用性，一些只适合刚出生宝宝用的东西不要买太多。

帮孕妈妈战胜对分娩的恐惧

准爸爸现在最重要的事情就是在精神上支持孕妈妈，帮助孕妈妈消除对分娩疼痛的恐惧，战胜对分娩的恐惧。

孕妈妈害怕分娩，一个最大的原因就是害怕分娩疼痛，甚至因此选择剖宫产，这种疼痛往往被很多孕妈妈放大了，准爸爸要先了解分娩疼痛，然后帮助孕妈妈解决怕疼的难题。

分娩时的疼痛主要来源于以下两个方面。

❶ 来自身体的疼痛

首先是子宫阵发性收缩，拉长或撕裂子宫肌纤维，子宫血管受压等刺激上传至大脑痛觉中枢，从而使孕妈妈感到剧烈疼痛。

其次是胎宝宝通过产道时压迫产道，尤其是子宫下段、宫颈和阴道、会阴部造成损伤和牵拉导致的疼痛。

生理的分娩疼痛是十分自然的现象，一般孕妈妈都是可以忍受的。

❷ 来自心理的疼痛

孕妈妈紧张、焦虑、恐惧的心理会引起体内一系列神经内分泌反应，而使疼痛加剧，有部分孕妈妈觉得生产达到“痛不欲生”的地步，这与心理因素有很大关系。

疼痛其实是一种很主观的感受，心理负担越重，就越害怕疼痛，而且还会把疼痛放得越大，如果孕妈妈对分娩感到恐惧，只会加重疼痛。

准爸爸还要有承受心理压力的准备，在孕妈妈害怕时要镇定地给她力量，告诉她一切都很好，或者给她讲个笑话，而不要乱了阵脚，如果准爸爸在孕妈妈身边很紧张，承受能力差，很容易影响到孕妈妈，使孕妈妈丧失自信，无法顺利生产。

另外，准爸爸还要多了解孕妈妈的身体情况，比如胎动、血压、阵痛情况等，帮助孕妈妈及时向医生传递需求，这能让孕妈妈得到最及时有效的诊断和看护，也能令孕妈妈心安。

胎教优生小叮咛

准爸爸要多向医生咨询正在发生的事情，包括孕妈妈目前的情况，有无风险等，要知道医务人员通常只是遵循常规，很多细节只有靠自己才能及时发现，并向医务人员提出并要求作调整，千万不要过激和被动，保持自信很重要。

准爸爸要克服产前焦虑情绪

临近预产期，不仅孕妈妈会出现焦虑情绪，准爸爸的心里也不会很轻松，甚至出现恶心、想吐等不适，但为了孕妈妈和胎宝宝的健康，准爸爸一定要勇敢地面对，及时调整，努力克服产前的焦虑情绪，准爸爸的自信能给脆弱的孕妈妈树立好的榜样，帮助胎宝宝顺利出生。

准爸爸被焦虑情绪困扰时，不妨多参考以下建议。

❶ 多看看孕产专业书籍，了解相关知识，做到心中有底，增强自信。

❷ 强壮体魄，有利于增强自信心，克服焦虑。不要熬夜，经常陪孕妈妈散步和做运动，没多久，准爸爸就会发现自己的精力更加充沛了。

❸ 不要把胎宝宝的到来看成是一种责任和压力，应该是一种乐趣。用平和的心态去对待即将出生的胎宝宝，不要太多高标准的期待，压力自然就变小了。

❹ 如果对于孕妈妈生产过于担心，可以抽出半天时间去医院实地查看一下。那样准爸爸就会发现之前所担心的场景，其实在孕妈妈生产时都很少出现。

❺ 把去医院的路线事先走一遍，最好是写在纸上放在钱包里。那样在紧急情况下准爸爸就不会太过紧张，即使是一时忘记了路线，也能及时地从钱包里找出。

❻ 控制情绪，当准爸爸感觉到担心焦虑正渐渐地袭来时，一定要想办法让自己更舒服些，比如适当休息、保证睡眠充足、适量运动以及均衡饮食等，将生活过得积极些。

❼ 学会倾诉，不要把自己的情绪藏起来。如果把自己的情绪藏起来，使它没有及时地宣泄出来，积累到一定程度以后，反而更不容易得到缓解。

❽ 建立适合自己的支持系统。每个人都需要帮助，准爸爸可以想想在宝宝到来的日子里需要什么人帮助，并与他们联系，可以包括父母、兄弟姐妹、朋友、医生等。

胎教优生小叮咛

准爸爸的焦虑多与孕妈妈有关，可能是担心孕妈妈，也可能是受到孕妈妈焦虑情绪的影响，准爸爸最好坚持每天与孕妈妈共同完成胎教内容，并对孕妈妈进行贴心的照料，如果孕妈妈一切都好，相信准爸爸的焦虑也会得到缓解。

第十章

第10个月　小天使就要降临

本月胎教要点

本月，胎宝宝即将降临，孕妈妈要用努力和爱帮助胎宝宝诞生，要充分地了解婴儿是如何通过产道诞生出来的，认真地练习呼吸技巧和用力方法，并在分娩时正确运用。

同时，孕妈妈还要坚持胎教，胎教很重要的一点就是坚持，即使到胎宝宝出生后也要坚持进行，以巩固胎教效果，现在孕妈妈可以继续教胎宝宝学习，也可以多复习以前的内容。

在怀孕第 10 个月，你的胎教重点是：

保持稳定的情绪

孕妈妈的承受能力、勇敢心理也会传递给胎宝宝，反之，对于分娩的恐惧，也会给胎宝宝的情绪带来较大的刺激，所以孕妈妈一定要调整好心态、振奋精神，全身心地演完胎教课堂的最后一幕。

和胎宝宝说话

这个时期，孕妈妈可以多与胎宝宝说话，让胎宝宝安心，比如：“宝宝，妈妈好盼望这一天，你一定很想和妈妈见面了，是吗？”等，用充满爱的话语交流可以促进母子间情感的建立和心灵的沟通。

胎教时注意姿势

怀孕第 10 个月的时候，孕妈妈随时都可能临盆，子宫也越来越大，所以进行胎教时要注意姿势，不要长时间躺着，以免增大的子宫压迫下腔静脉，导致胎宝宝缺氧，最好半卧在沙发或躺椅上。

妈妈，有件事情我还不知道该怎么跟你说，反正，我很快就要搬家了，“房东”说我房子的租约这个月就期满了，我得搬走，可我还没有找到满意的房子，但是“房东”让我别太操心，到时会有人来接我去新家的，我还想问时，他只留给我一个猜不透的微笑就走了。

哎哟，妈妈，“房东”好像开始给我的房间断水、断食了，房间里的水越来越少，我的食物越来越少，我打电话给“房东”，但他的电话总是显示忙，妈妈，我该怎么办，“房东”是在赶我走吗，我有点儿害怕了，不自觉地挣扎起来，挣扎使我向下滑，好像有人在推我，又像是在挤我，我全身都疼，妈妈，我想哭。

咦？我好像到了另外一个世界，虽然看起来模糊，但周围亮堂堂的，不知是因为害怕还是新鲜，我猛然“哇”地一声哭了出来，亲爱的爸爸妈妈，是你们来接我了吗？

胎宝宝在发育

37周胎宝宝——头部完全入盆

37周的胎宝宝仍然在生长，本周，胎宝宝身长51厘米左右，体重3千克左右。这时候胎宝宝的头发已经长得又长又密了，但是孕妈妈不必对胎宝宝头发的颜色或疏密过多地担心，在出生后随着营养的补充，他的头发会自然变得浓密光亮。

这一周，胎宝宝的神经细胞数目已基本发育完成，他的大脑有近

130 亿～180 亿个神经细胞，脑细胞数目已与成人基本相同。随着预产期的临近，胎宝宝显得越来越安静，在以后的日子里，他便很少打扰孕妈妈休息了。

■ 头部完全入盆了

这个时候，宝宝的身体发育基本完成，头现在已经完全入盆，他的头部在盆内摇摆，被周围的骨盆架保护着，这样会很安全，而且这样的位置也有利于胎宝宝有更多的空间放自己的小胳膊、小腿。

胎教优生小叮咛

如果此时胎位不正常的话，那么胎宝宝自行转动胎位的机会就已经很小了，通常此时医生会建议孕妈妈剖宫产，孕妈妈从现在开始要注意休息和保持个人卫生，随时准备和胎宝宝见面。

38 周胎宝宝——胎脂在脱落

本周，胎宝宝的身长在 52 厘米左右，体重约 3200 克。胎宝宝的各个器官发育完全并已各就各位，脑部也开始了工作，并会在出生后继续发育成熟。这个阶段，胎宝宝本身的免疫系统虽已建立，但还不十分成熟，为了补偿这种不足，宝宝可以通过胎盘和哺乳接受来自母亲的抗体，从而抵御一些像流行性感冒等感染。

■ 皮肤变得光滑

这一周，胎宝宝身上覆盖的一层细细的绒毛和大部分白色的胎脂还在逐渐脱落，并随着羊水吞入宝宝的肚子里，储存在他的肠道中，出生后随胎便排出。宝宝的皮肤变得光滑，胎毛正在消失，若胎毛保存到出生，多会出现在他的肩部、前额和颈部。

胎教优生小叮咛

孕妈妈在这几周要注意小心活动，避免长期站立，洗澡的时候避免滑倒，好好休息，密切注意自己身体的变化，随时做好临产的准备。

39周胎宝宝——还需要再胖一点儿

本周，胎宝宝的身长在52厘米左右，体重3200～3400克。胎宝宝此时身体各器官都发育完成，肺是最后一个发育成熟的器官，通常是在胎宝宝出生后几个小时内肺才建立起正常的呼吸方式的。胎宝宝现在安静了许多，不太爱活动了。胎宝宝的头部固定在骨盆中，他将会向下运动，压迫孕妈妈的子宫颈，随着头部的逐渐下降，他便会来到这个世界上。

■ 体重每天都在增加

胎宝宝的体重在本周会继续增加，他的脂肪正以每天超过14克的速度增长，脂肪的储备会让胎宝宝在出生后进行体温调节。有的胎宝宝出生时体重可以达到4000克以上。通常情况下，男孩出生时的体重会比女孩重一些。

40周胎宝宝——等待第一口新鲜空气

本周，胎宝宝的身长在52厘米左右，体重约3.4千克，已经是一个成熟的胎宝宝，随时可以出生了。此时胎宝宝的腹部要比头部稍微大些，脂肪的比例非常大，占胎儿体重的15%左右，身体内的所有器官和系统都已发育成熟。

此时，胎宝宝所处的羊水环境有所变化，由原来清澈透明的羊水变成现在的乳白色浑浊的液体了。此外，胎盘正在老化，传输营养物质的效率在逐渐降低，胎宝宝娩出后即完成使命。

■ 只差一声啼哭了

随着出生，胎宝宝的最后一个成熟的器官肺部将建立起正常的呼吸模式，胎宝宝现在正等待着呼吸第一口空气，当他出生后第一次呼吸时，会激发心脏和动脉的结构迅速产生变化，从而使血液输送到肺部，并发出第一声啼哭，通常第一声啼哭是没有眼泪的，因为他的泪腺功能还没有被开发，这种情况会持续两三周。

胎教优生小叮咛

通常胎宝宝都会在本周出生，但是也会有提前或推后2周的情况，这都是正常的。如果胎宝宝比预产期推后2周依然没有要出生的迹象，要采取催产措施尽快生产，因为胎宝宝发育过熟也会有危险。

你需要了解的知识

临近预产，要防宫内感染

宫内感染是指在产前或产时，胎盘、胎膜、羊水或胎儿由于胎膜早破，来自阴道或宫颈中的细菌进入子宫所引起的感染，这种感染可持续至产后或从产后开始出现临床症状，导致母、胎严重感染，引起新生儿肺炎、败血症或脑膜炎。

宫内感染发生的诱因及预防措施：

胎膜早破

胎膜早破是引起生殖道下段细菌上行性感染的最常见原因，且与破膜时间密切相关，感染的危险随胎膜破裂时间延长而上升。若感染传至胎儿，出生后新生儿可表现为心率快、呼吸急促、嗜睡，出现败血症、脓毒血症、肺炎、脑膜炎和中耳炎等。

预防措施：

避免产程延长和胎膜早破（详细了解可参考以下“不能忽视的胎膜早破”）。

妊娠晚期性交

这时候性交，容易使细菌进入子宫而诱发宫内感染。

预防措施：

准爸爸和孕妈妈在临近预产期的前 1 个月内最好不要性交。

孕妈妈患有贫血、营养不良、慢性疾病等

这些疾病可使孕妈妈抵抗力低下，易于发生感染。

预防措施：

孕妈妈在孕期要及时纠正贫血、营养不良、慢性疾病等可使抵抗力低下的疾病。

患阴道炎、宫颈炎

孕妈妈患有阴道炎、宫颈炎时，虽胎膜完整，但较脆弱，因而也易引起宫内感染。

预防措施：

孕妈妈要及时治疗妊娠合并感染性疾病，如阴道炎、子宫颈炎（包括衣原体感染）等。

■ 阴道及肛门检查

若胎膜破裂时间延长，此期间重复进行阴道或肛门检查也有诱发宫内感染的危险。

预防措施：

临产时孕妈妈要多和医生沟通，尽量避免做不必要的阴道及肛门检查。

> **胎教优生小叮咛**
>
> 宫内感染在诊断上有时比较困难，最有预告性的症状是胎膜早破、白细胞增高和发热，一旦发现这些症状，一定要及早诊断和治疗，一旦宫内感染诊断成立，估计分娩可能在短期内发生，阴道分娩是最佳方案，但最终还需配合医生。

不能忽视的胎膜早破

正常情况下，胎膜多在临产后的第一产程末才会发生破裂，如果孕妈妈尚未临产，而胎膜却提前破裂，则为胎膜早破，胎膜早破是孕晚期较常见的孕期并发症，其发生率为分娩总数的2.7%～17%。

一般来说，胎膜早破的信号是不伴疼痛的阴道流水，常发生于腹压增加或大小便之后，阴道内突然有大量水流出，可湿透内裤，然后时断时续。

■ 胎膜早破可能带来的不利

由于通常没有明显的不适，所以胎膜早破常被孕妈妈忽略，事实上胎膜早破会给孕妈妈带来很多不利。

❶ 母胎的感染率会明显增加。胎膜早破很容易并发宫腔感染，接着可导致胎宝宝感染。

❷ 胎膜早破如发生在37周以前，常常会导致早产、晚期流产发生。

❸ 容易导致脐带脱垂。胎膜早破常发生于胎位不正（臀位或横位）的

孕妈妈，脐带很可能随着羊水被冲出羊膜腔，脱垂于阴道内。脐带是胎宝宝的生命线，一旦落于阴道内，就很容易受压，使胎儿血循环中断，导致胎儿突然死亡。

❹ 如果羊水流净，可导致"干产"。此时，子宫紧紧裹住胎体，影响子宫胎盘血循环。由于胎儿血供减少，很容易引起宫内窒息。此外，还可引起子宫不协调的收缩，使产程延长，甚至停止，增加了难产率，增加剖宫产的概率。

■ 是什么原因引起了胎膜早破

❶ 性生活。孕晚期的性生活是引起胎膜早破的重要原因之一，应多加避免。

❷ 生殖道炎症。阴道炎、宫颈炎容易引起胎膜感染，导致胎膜破裂。

❸ 胎位不正。多胎、羊水过多的孕妈妈，由于羊膜腔内压力过高，容易发生胎膜早破。臀位、横位及头盆不称的孕妈妈，可因羊膜腔内压力不均而发生胎膜早破。

❹ 营养不合理。孕妈妈的饮食中，缺乏维生素C及铜、锌等微量元素，致使胎膜变脆，缺乏弹性，容易引发胎膜早破。

❺ 其他因素。剧烈咳嗽、便秘及提拿较重物体等因素，可导致孕妈妈的腹压骤增，也易促发胎膜早破。

■ 胎膜早破预防及应对

孕妈妈应按时进行产前检查、合理膳食、避免性生活、及时诊治阴道炎、纠正胎位并注意孕期保健，以防胎膜早破。

孕妈妈一旦发现有阴道流水，立即就地尽可能平卧，再抬送医院，以防脐带脱垂及羊水流净，经医生确诊后，应坚持平卧，会阴部放置消毒巾，尽量少作肛查和阴道检查，以减少感染机会。

一旦确诊胎膜早破，要马上住院待产，严密观察胎心，如有异常，应立即采取措施。胎膜早破超过12小时的孕妈妈，在此期间可出现有规律的子宫

收缩，临产，且大多数能顺利分娩，如超过 24 小时仍未临产，需考虑催产素引产。

胎教优生小叮咛

由于胎膜破裂没有疼痛感，因此，许多孕妈妈不会立刻感到问题的严重，以为是小便流出，羊水无黏性，站立时流水增多，平卧时减少或者停止外流，孕妈妈要由此与小便进行区别，避免将二者混淆而耽误诊疗时机。

可供选择的分娩镇痛方式

分娩镇痛方式又叫“无痛分娩”，可以缓解分娩时因子宫收缩、子宫肌纤维拉伸等引起的疼痛，避免产痛带来的不必要麻烦，提高分娩期母婴安全，缩短产程，减少手术产率，减少产后出血率，降低胎儿缺氧及新生儿窒息。

目前，在医院可供选择的无痛分娩方式主要有以下几种。

■ 硬膜外阻滞镇痛

硬膜外阻滞镇痛是通过麻醉医生，在孕妈妈的腰部脊椎外层的硬膜注射麻醉药，使孕妈妈在骨盆腔肌肉放松、产痛减少八九成的情况下，头脑清醒，活动正常，较为轻松地完成分娩过程。

麻醉药的浓度大约相当于剖宫产的 1/5，浓度较低，很安全，这种无痛分娩法是目前各大医院运用最广泛、效果比较理想的一种。它可以阻断孕妈妈的感觉神经，但不影响其子宫收缩及运动神经，分娩妈妈头脑清醒，能积极配合参与整个分娩过程。

需要注意的事情：

这种方法基本适用于所有孕妈妈，但有凝血功能异常的孕妈妈需慎用或禁用。此法会降低腹壁肌肉的收缩功能，因此，有的孕妈妈可能会出现第二产程延长，在宫口近开全时减少用药量可以避免上述不良结果。

■ 精神镇痛

精神镇痛分娩是由孕妈妈选择医院的导乐或准爸爸陪伴分娩，准爸爸和导乐的安慰鼓励能给孕妈妈带来极大的支持和勇气，还能增强其对疼痛的耐受力。导乐的丰富经验还能在不同的产程阶段，给孕妈妈提供各种减轻产痛的方法和建议，帮助其顺利分娩。

精神镇痛法对于精神比较紧张、对分娩疼痛顾虑较多的孕妈妈作用最大。

■ 笑气镇痛

笑气即氧化亚氮，是一种镇痛作用较强的吸入性麻醉药物，当宫颈口开到 2~3 指时，让孕妈妈自控吸入笑气，不需要特殊设备，也不需要麻醉医生的帮助。

笑气有甜味，对呼吸道无刺激，吸入混合笑气后，数十秒即可产生镇痛作用，不抑制胎宝宝呼吸和循环功能，不增加产后出血量，镇痛效果比较好，也不影响分娩过程，又能使分娩的妈妈保持清醒状态，可以很好地配合医生，还能缩短产程。

笑气镇痛适于对疼痛有一定的耐受性，只是想适当减轻一些分娩疼痛的孕妈妈。

■ 水中镇痛

水中分娩是一种不需要使用任何麻醉药就能减轻产痛的分娩法，具体方法是让孕妈妈在类似羊水的水中完成分娩过程。

水的浮力不仅能有效减轻产痛，还能放松孕妈妈的紧张情绪，孕妈妈还能借助水的浮力比较方便地更换舒服的体位，从而减轻从产程开始，到宫口开全这段时间的产痛。此外，水中分娩较快，能减少对母体的伤害和宝宝缺氧的危险。

需要注意的事情：

水中分娩方式只适合于胎儿大小比较适中，且没有母胎并发症的孕妈妈，一旦有胎儿宫内缺氧或有母体感染可能，则需在产床上分娩。另外，水中分娩时对胎儿宫内健康的监测也比较麻烦，需要水中分娩时，医生还需要根据孕妈妈的具体情况来选择。

胎教优生小叮咛

无痛分娩并不表示完全无痛，只是相对减轻疼痛感觉，设法让疼痛变得可以忍受一些，孕妈妈放松精神才是最重要的，不要紧张、恐惧、焦虑，否则会增加疼痛的敏感度。

有助于缓解分娩疼痛的姿势

分娩疼痛是阵发性的，随着产程的进展，疼痛的频率会变大，但分娩疼痛一般是可以忍受的，如果能够采取一些恰当的姿势，还可以有效缓解分娩疼痛，促进产程。

❶ 在子宫收缩时产妈妈分开双脚站立，将自己的身体背靠在准爸爸的怀里，头部靠在其肩上，双手托住下腹部；准爸爸的双手环绕住产妈妈的腹部，在鼓励孕妈妈的同时，不断地与其身体一起晃动或一起走动。

❷ 在子宫收缩间歇时产妈妈分开双脚站立，双臂环抱住准爸爸的颈部，头部靠在其肩头，身体斜靠在其身上；准爸爸支撑着孕妈妈的身体，双手环绕住孕妈妈的腰部，给孕妈妈的背部下方进行轻柔的按摩。

❸ 在床上或地板上放几个松软的垫子，孕妈妈跪趴在垫子上。准爸爸在床的一边，用双手不断地抚摩孕妈妈的后背，可以减轻产痛引起的腰背疼痛。

❹ 找一把舒适柔软的坐椅，孕妈妈面向椅背而坐，胸腹部靠在有柔软靠垫的椅背上，头部放松地搭在其上；准爸爸在产妈妈身后，一条腿跪蹲下去，并不断地用手按压产妈妈的腰部，这样可以缓解腰部的疼痛。

❺ 孕妈妈坐在床上或椅子上，孕妈妈趴伏在其大腿上，双手环绕着抱准爸爸的腰臀部，让其托着自己的身体，给予一些支持；准爸爸轻柔地上下抚摩产妈妈的腰背部。

❻ 子宫收缩间歇，孕妈妈可以采取直坐的姿势坐在床上，后背贴在有靠垫或枕头的床背上，双腿屈起，双手放松地放在膝盖上。这样可以使孕妈妈的腹部及腰部得到一些放松，还可以将胎宝宝的头向子宫颈推进，让宫缩更为有效。

胎教优生小叮咛

孕妈妈在子宫收缩间歇可以下床或站起来走动一下，这样能减轻产痛，但要尽量放松，同时要注意多喝一些饮料及吃一点儿食物，以补充能量，注意及时排尿，经常变换各种体位，如站、蹲、走等，避免仰躺，可以促进分娩进程。

临产症状，提示入院待产的信号

临近分娩，孕妈妈的身体会发出一些信号，提示孕产期越来越近，需要作好去医院待产的准备，当身体出现这样的症状时，孕妈妈需要把自己的感受告诉医生，听从医生的指导，因为分娩可能随时发生。

孕妈妈临产的症状，通常是在似乎感觉到什么又似乎什么也没感觉的状态下出现的，先是小便次数增多、走路不适，但呼吸和胃口明显好转，接下来感到下腹部一阵阵发硬或腰部有些疼痛，与月经痛感觉相似，这表示初次宫缩开始了。

如果孕妈妈感觉到自己下腹部一阵阵发硬，且有下坠感，这就是宫缩，表示分娩快要开始了，最初每阵宫缩持续 10～30 秒，间隔时间较长，渐渐地宫缩持续时间延长，随着时间的推移，阵痛的规律性也越来越强，间隔会越来越短，疼痛持续时间越来越长，疼痛感也逐渐加重，这时也可能伴有宫颈口的开大，应及时上医院待产。

■ 孕妈妈临产的其他可靠症状

❶ 见红

分娩前 24～48 小时，从阴道排出少量血性黏液（咖啡色、粉红色或鲜红色的血液）称见红，见红是分娩即将开始的第一症状，可能持续几天，每天有少许排出，也可能一下子突然见红，如果见红量较多，超过平时的月经量，应及时去医院或与医生联系。

❷ 破水

阴道突然有液体持续流出，不能自控，且不黏稠，呈清水样，即为破水。如果羊水中混有胎便，液体还可呈黄绿色。这都提示胎膜已破，胎儿与外界相通。为免引起宫内感染，故此时应不管是否有宫缩，是否已到预产期，都要立即减少活动，尽快入院。

❸ 胎动异常

孕妈妈如果发现胎动次数突然比前几天减少一半，甚至消失，或是胎动较以前突然频繁，都提示有宫内缺氧，可能临产，应立即上医院。孕妈妈在孕晚期要更注意胎动的频率。

❹ 阴道出血

孕妈妈一旦发现有阴道出血，色鲜红，量较多，超过正常月经的量，也应马上去医院。而一般在分娩的前几天，孕妈妈的阴道分泌物会带有少量血丝，这往往是分娩前的一个信号，不需立即去医院。

胎教优生小叮咛

从孕 28 周开始，腹部会时常出现假宫缩，这种宫缩与临产宫缩不同，通常因为不良坐姿或站姿引起，偶尔出现，也没有阴道流血的现象，不必紧张，如果孕晚期假宫缩经常出现，并出现明显的腹痛、阴道流血现象，应及时去医院。

孕妈妈怎样做能更好地配合医生

帮助孕妈妈顺利分娩是医生的责任，但医生毕竟不能了解孕妈妈的一切情况，如果孕妈妈能更好地配合医生，将使分娩更加顺利，在配合医生上，孕妈妈需要做到的是：

■ 对自己的身体充满信心

孕妈妈对自己有信心是顺利分娩的前提，分娩是任何人都替代不了的事情，如果信心不足，很难做到百分之百的努力，提前放弃自己，从而使得分娩受阻，如果孕妈妈产前体检显示胎位、骨盆大小等各项指标都很正常，是完全可以胜任自然分娩的，孕妈妈要相信自己。

■ 依赖医生，但不过分

要想漂亮地完成生育任务，就要好好地与医生合作，因为在生产过程中，孕妈妈看不到宝宝出生前后的具体情况，必须依赖医生的指导，才知道什么时候开始用力、什么时候应该稍作控制。

但是，孕妈妈不能期待医生能为自己完成整个分娩过程，生命的诞生本就不需要太多人为干预，否则只可能增加手术产的概率，孕妈妈应该首先依靠自己，在出现危险和需要指导时再寻求医生的帮助。

■ 懂得放松情绪和身体

孕妈妈如果懂得如何放松自己，她的生产过程往往会非常顺利，如果孕妈妈极度缺乏安全感，不懂得用力技巧，浑身较劲、不能放松身体，这将成为生产过程延长的重要原因。孕妈妈事前一定要多参加产前培训，学习呼吸技巧，学会如何使自己在产房里放松下来。

胎教优生小叮咛

分娩时，为保证足够的体力配合医生，孕妈妈要随时增强营养，补充水分，待产过程中尽量吃些易消化、易吸收的食物，如巧克力和汤水等，以补充体力。

过期妊娠别心慌，及时取得医生的建议

一般来说，当孕妈妈的妊娠达到或超过42周时即为过期妊娠，它的发生率占妊娠总数的3%～15%。过期不产，对孕妈妈自身和胎宝宝都会带来很大危害。

❶ 过期妊娠常和胎宝宝宫内缺氧、新生儿窒息密切相关，由于胎盘出现老化现象，胎宝宝的营养受到限制，胎宝宝不再继续生长发育，表现得过度成熟，容貌像个“小老人”：没有胎脂、皮下脂肪减少、皮肤干燥松弛又多皱褶、体重偏轻，羊水也进行性减少。这种类型的胎宝宝非常容易在有宫缩后，因为胎盘缺氧而发生窒息死亡。

❷ 过期妊娠容易使得胎儿成为巨大儿的概率增加，胎宝宝过度成熟后头颅骨钙化明显，不能变形重叠，再加上胎儿巨大，所以分娩时很难通过狭窄复杂的产道，因而导致孕妈妈难产的机会大大增加。

孕妈妈如果到了预产期仍不见动静，孕妈妈先别心慌，及时去医院检查，大部分过期妊娠都是由于没有坚持正规产检造成的，如果在有规律产前检查的情况下，通过医生的严密监护和指导，过期妊娠是完全可以避免的。

有了正规的产前检查，对已超过预产期而迟迟不分娩的，医生会对孕妈妈及胎儿进行评估，如果胎儿巨大、孕妈妈骨盆较小，阴道分娩有困难或胎盘功能检查显示减退者，就会考虑行选择性剖宫产术；如果胎头和孕妈妈骨盆相称，宫颈条件好，胎盘功能正常则可在超过预产期一周到10天内入院，通过人工的方式引产。应用这些方法以后，宝宝均在1～3天中娩出，从而

避免过期妊娠的发生。

胎教优生小叮咛

为了确保母胎平安，孕妈妈在怀孕期间一定要定期进行产前检查，临近预产期时可以增加产检频率，如超过预产期还不临产，切不可待在家中观望，应请医生查明原因，配合医生采取措施。

提前学一点儿新生儿用得上的知识

等胎宝宝一出生，就需要进行喂养和护理，孕妈妈提前学一点儿新生儿护理与喂养知识，是非常必要的，这样到时候就能从容应对了。

■ 给宝宝喂奶的常识

❶ 在宝宝表示需要的时候喂奶给他，也许他会每隔一个小时就哭醒了要吃奶。如果他在夜里哭了要吃奶，妈妈最好尽可能在宝宝哭得很伤心以前喂奶给他。

❷ 如果是母乳喂养，你就可以找一个安静、不容易让他分神的地方喂他。妈妈越有舒适感，宝宝就越感到放松和安全。

❸ 准备一个哺乳用的枕头，哺乳时把宝宝放在一个枕头上可以有效避免背痛以及胳膊酸痛。

❹ 宝宝吃奶后要确保打出饱嗝，不然，宝宝的胃会感觉不舒服，继而就可能会哭闹。

❺ 新生儿活动不多，对水的需求不多，如果宝宝按时喝奶，在营养和水分的供应上应是足够的，一般 3 个月之内的宝宝可以不需要额外喝水，单独喝水主要是为了清洁口腔。

■ 给宝宝洗澡穿衣的常识

❶ 宝宝的皮肤柔软，容易受伤，发生感染，因此给宝宝洗澡的盆要专

用，保持干净，以备使用。

❷ 洗澡前先把更换衣服套好，尿布叠好，柔软的小毛巾、大浴巾或婴儿毛巾被、婴儿皂、爽身粉等先要备齐。

❸ 给新生儿洗澡时室温要高些，水温在35℃～40℃，先试水温，水的深度按盖过宝宝全身的大部分。

❹ 给新生宝宝洗澡的正确方法：

洗澡时，先给宝宝脱去衣服，如在冬天，要注意保温，将宝宝抱起，用左手及左前臂托往宝宝的头颈的背部，用大拇指及中指捏着两耳孔，防水入耳，洗洗头脸，然后将婴儿放入盆中，用手迅速地洗，特别是颈下、腋下、耳后、腹股沟及皱褶部，洗净出水时，用双手将宝宝抱出，放在浴巾上裹好，轻轻地给宝宝抹干，要注意抹干腋下、颈下皱褶处，适当地涂点儿婴儿爽身粉，保护皮肤光滑。

❺ 宝宝更衣除了洗澡时进行外，还常常因为溢奶弄脏衣服或者尿湿衣服而增加换衣服次数。宝宝皮肤娇嫩，水分排泄比成人快，易出汗也需要更换衣服。在冬天，一般家庭室温较低，可减少换衣服次数，每周1～2次，对部分溢奶、流口水的小婴儿，可在胸前围上口水罩或柔软手帕，以避免搞脏衣服。

❻ 小婴儿对外界刺激反应弱、适应能力低，换衣服时暴露的皮肤易受室内气温的影响，如果妈妈的动作慢，很容易着凉而引起感冒，因此，每次换衣服的时间尽量缩短，先将要换的干净衣服从里到外一件一件地事先套好，可以减少分别穿的麻烦。

❼ 冬天换衣服时最好先把衣服烘热，洗澡时用小毛巾擦洗皮肤，有利于血液循环，又增强抗病能力。平时换衣服，大人可坐在床上，然后把宝宝抱在怀里，前面盖上毛巾或被子，这样不仅宝宝的身体接触外面减少，而在被窝里暖和，不容易受凉而感冒。

■ 清理脐带的常识

宝宝的脐带需要小心对待：将棉球在外用酒精中浸泡后，再轻轻慢慢地擦拭脐带，这样可以起到消毒的作用，而且不必担心感染。

辨别宝宝哭声的常识

宝宝无法说话，他用哭声来表达自己，但如果不知道怎么辨别宝宝的哭声，妈妈可能感到害怕和不知所措。一般来说，宝宝哭是因为饿了、尿布湿了、累了、渴了等，如果这些都不是原因，那么宝宝可能就是想哭了，爸爸妈妈抱一下他就会好了。

和宝宝接触一段时间后，妈妈就会了解宝宝需要的是什么了。

宝宝的睡眠的常识

在宝宝出生后的最初几个星期里，他饿了才哭着要喝奶，否则就一直在睡觉。

胎教优生小叮咛

新生儿需要的不仅是充足的乳汁、温暖的摇篮，他对妈妈肌肤接触有偏好，喜欢有生命的东西，因此，妈妈要多抱抱他，为他穿衣、洗澡，逗他笑，这样能给他未来性格注入丰富完善的元素，促进智力的发展。

胎教在生活的点滴中

胎教的良好效果体现在坚持上

胎教可以开发胎宝宝各方面的潜能，我们知道，受过良好胎教的宝宝出生后有很多的优点，身体健康、智力发育比较快、漂亮、聪明、活泼可爱、可塑性比较强，但是，要达到好的胎教效果并非一两天所能做到的，需要孕妈妈和准爸爸长期坚持，充分开发，这样才能使宝宝的潜能得到最好的发挥。

另外，孕晚期胎宝宝各器官、系统发育逐渐成熟，对外界的各种刺激反应更为积极，适当的胎教可以给胎宝宝身体和神经更多的良性刺激，促进胎宝宝的智力和身体的发育，所以，孕妈妈在孕晚期最好不要轻易放弃对胎宝宝的胎教训练。

同时，为了巩固胎宝宝在孕早期、孕中期对各种刺激已形成的条件反射，孕晚期更应坚持各项胎教内容。孕晚期，孕妈妈由于动作笨拙、行动不便，很容易放弃胎教训练，这样不仅影响前期训练对胎宝宝的效果，而且影响身体与生产的准备。

胎教优生小叮咛

胎教的方法很多，自始至终坚持胎教也许看上去不是件容易的事情，不过，相信孕妈妈和准爸爸能够为了胎宝宝而付出自己的爱、耐心与时间。

胎教成果还需要出生后进行巩固

胎教需要坚持，也需要巩固，胎宝宝接受的各种训练，比如英语训练，如果出生后不再坚持练习，胎宝宝很快就会忘记，非常可惜。因此宝宝出生后，妈妈仍然需要重复之前的胎教内容，不要让宝宝把这些美好的记忆忘掉。

宝宝出生后是巩固胎教成果的最佳时机，从出生起，只要胎宝宝醒着，妈妈和爸爸就应该多和他说话，给他读读过的故事，听听过的音乐，以加深他的印象，有助于唤醒宝宝最初的记忆，妈妈要多给宝宝唱熟悉的歌曲，这能令宝宝对妈妈更亲近。还可以把曾用于胎教的实物，比如闪光卡片、玩具等，再次摆在他面前，他在胎内学过的东西，会逐渐反馈回来，并作出反应。

胎教优生小叮咛

新生儿与临近出生的胎儿具有相似的能力，可以继续接受胎儿时期的学习和胎教训练，还可以接受早教训练，孕妈妈和准爸爸除了要做好胎教成果的巩固外，还要着手将早教与胎教衔接起来，为胎宝宝的培养打下坚实的基础。

欣赏名画《第一步》

这幅画是梵高临摹自米勒（19世纪法国杰出现实主义画家）的同名作品，画面近景是一块耕地，远景是农民的房屋，房屋被几棵树挡住，画的右方，一位农妇扶着小女儿在学步，农妇低头关注地看着小女儿，左方是小女儿的父亲，他蹲在地上张开双手，鼓励小女儿向前走，小女儿伸手朝向父亲，似乎很想扑到父亲身边。

画面有很明显的梵高个人风格，用色鲜明，色彩斑斓，多用蓝、黄和绿色，明亮度比较高，贴近自然，人物线条以厚实的黑色加框，让画面有实实在在的朴素感觉。

胎教点读

这是一幅温馨的画，画面中弥漫着育儿乐趣，及一家人在一起的朴素亲情，相信这种温暖的感觉会令孕妈妈受到感染，让胎宝宝感到温暖，感受到生命的活跃与实实在在，平凡中满溢着和谐、慈爱、生机盎然。

值得胎宝宝了解的传奇大画家——梵高

为让胎宝宝对艺术的了解更深入，孕妈妈可以给胎宝宝讲讲名画背后的故事，尤其是画家的故事，这对理解画作很有帮助，这幅画的作者梵高是油画史上具有开创意义的画家之一。

梵高:1853年生于荷兰,少年时为画商工作,后来开始绘画,对他产生影响的有著名画家鲁本斯、日本版画和著名画家高更,他喜欢用色彩表达强烈的感情,对野兽派及德国的表现主义有巨大影响。

梵高一生敏感而易怒,聪敏过人,思想超前,因此生前在许多事情上很少取得成功,生活不幸而且艰辛。在他短短的37年生命中,他把自己的爱、友谊和对艺术的热情贡献给了这个世界。

做好升级做妈妈的准备

宝宝诞生后,孕妈妈就正式升格为新妈妈了,这不仅仅是角色转变了,还意味着自己多了一份责任,孕妈妈要为顺利进入角色提前作好心理准备,因为熟悉新妈妈的角色需要时间。

为了帮助孕妈妈快速进入角色,我们给孕妈妈提供了以下几点建议,相信孕妈妈通过调整,一定能顺利适应当妈妈的感觉。

■ 和宝宝建立亲密关系

在最初的几个月里,由于换尿布、喂奶、拍嗝、哄睡觉等琐碎的事情,新妈妈可能感到手足无措,力不从心,甚至怀疑自己是否真的能够胜任妈妈的角色,但是新妈妈要相信,宝宝出生后最需要的人是你,没有谁会比妈妈更了解宝宝,要坚持与宝宝互动。

❶ 尽量多看宝宝的眼睛,给他足够的关注,用眼神和他交流,并给他鼓励。

❷ 尽量满足宝宝想和妈妈亲近的愿望,多抱抱他,坚持为他洗澡、穿衣,让他随时都能体会到你对他的爱。

■ 注意和新爸爸的沟通

宝宝出生后,新爸爸新妈妈的生活都发生了巨大的改变,而新妈妈需要日夜照顾宝宝,常常忽略了新爸爸,与宝宝更亲密一些。而新爸爸好像落单了，新爸爸虽然会努力习惯宝宝拥有更多的爱，但感情上可能会失落，妈妈要注意与新爸爸的沟通。

新妈妈可以经常单独和新爸爸相处，比如早上宝宝还没醒时，彼此互相沟通，说说宝贝，也说说各自的事和感受，交流是最好的安慰、理解和支持，也避免关系疏远。

■ 照顾好自己

照顾宝宝对新妈妈的体力和情感都是一项挑战，为了更好地照顾宝贝，新妈妈需要照顾好自己，这样才有可能更好地照顾宝宝。

❶ 尽量多休息，保证睡眠，按照宝宝的作息时间来安排活动，宝宝睡觉的时候，新妈妈也应尽量睡，否则很容易疲倦。

❷ 除了照顾宝贝，新妈妈也要给自己留一点儿时间，可以去看望朋友、和新爸爸说说话、看看喜欢的书等，如果生活内容全部被宝宝占满，会因为失去自己的乐趣而得不到缓解。

■ 和外界沟通

新妈妈没有太多的育儿经验，这需要学习并不断实践，这个过程很长，新妈妈要多认识其他新妈妈，听听她们的经验，交流一下各自的感受，这会帮助新妈妈更容易地度过困惑期。

胎教优生小叮咛

养育一个新生宝宝可能并不如想象中那么美好，而是充满了劳碌和疲累，但妈妈要知道，母亲的角色是任何人都无法替代的，母爱是每个宝宝都最需要的，而每个新妈妈都是从束手无策、手忙脚乱中走过来的。

听音乐《第一钢琴协奏曲》

《第一钢琴协奏曲》是俄国作曲家柴可夫斯基所作，是他最著名和最具有代表性的钢琴协奏曲之一，是真正开朗的情绪和乐观主义的深刻体现，称得上是19世纪俄罗斯钢琴音乐的一个顶锋，也是20世纪欧洲音乐艺术中最有天才的创作之一。这首《第一钢琴协奏曲》，以新颖明晰的素材，表达了对光明的向往和对生活的热爱，曲调中充满了青春与温暖的气息。

孕妈妈反复倾听那些小提琴与钢琴的合奏、有力的合弦、钢琴的伴奏，及生动活泼的快板时，会感觉犹如波涛起伏的大海，又像是和煦扑面的春风，好似灿烂的阳光铺满了生活的大地，真正感受到生活的美好，胎宝宝接受了这些美好的心理信息后，也会产生美的感受。

■ 胎教点读

孕妈妈临产阶段，除了可继续听之前听过的乐曲外，还可多听一些安谧、优美、恬静或欢快的乐曲，如《喜洋洋》、《春天来了》、《小夜曲》等，它们对于孕妈妈安缓情绪、调适紧张感是有好处的，能令胎宝宝顺利产出。

巧克力，临产妈妈的得力帮手

孕妈妈在临产前要多补充些热量，以保证有足够的力量促使子宫口尽快开大，从而顺利分娩。

分娩时可能无法想吃什么就吃什么，我们向孕妈妈推荐巧克力，它可以充当"助产大力士"，可以算得上是"分娩佳食"。

一来它营养丰富，含有大量的优质碳水化合物，而且能在很短时间内被人体消化吸收和利用，产生出大量的热能，供人体消耗。

二来它体积小，发热多，而且香甜可口，吃起来也很方便，孕妈妈只要在临产前吃上一两块巧克力，就能在分娩过程中产生出更多热量。

据测定，每100克巧克力中含有碳水化合物50克左右，脂肪30克左右，蛋白质15克以上，还含有较多的锌、维生素B_2、铁和钙等，它被消化吸收和利用的速度是鸡蛋的5倍、脂肪的3倍。

因此，孕妈妈在临产前可以多备几块巧克力，需要时吃一点儿，这对母婴都是十分有益。

胎教优生小叮咛

虽然孕妈妈临产前吃巧克力帮助很大，但平时孕妈妈千万别贪吃巧克力，原因正是巧克力大量的热量，过量的热量将使得孕妈妈肥胖，不利于胎儿健康，也不利于顺利分娩。

为孕妈妈的体力加分的美味鲜汤

临产阶段，孕妈妈可以通过调整饮食来为分娩以至坐月子打好基础，合理的营养将给孕妈妈带来充足的体力，同时也能为健康带来益处。

我们为孕妈妈量身选择了 3 款美味的汤，适合孕晚期妈妈的口味和生理需要，孕妈妈不妨尝试一下。

鱼头汤

材料：大鱼头 1 个，五花肉、香菇各少许，姜丝、豆腐、大白菜、盐各适量。

做法：

1. 将五花肉、香菇切丝，鱼头用油煎到半熟。
2. 锅里放少许油加热后，放进五花肉、香菇丝、姜丝爆香。
3. 再放入大白菜、豆腐、鱼头及水，蒸煮 2 小时后放进少量盐即成。

美味胎教：

鱼头里钙质含量非常丰富，如果和大骨汤、鸡骨汤轮流食用，可以更好地帮助孕妈妈增加体力。

美味提示：

这道汤里可加入粉丝或面条，最好用土锅或陶锅来炖煮。

莲藕干贝排骨汤

材料：适量新鲜莲藕、干贝、排骨及少许盐。

做法：

❶ 干贝于前一天晚上用 10 倍的水浸泡至第 2 天，浸泡的水留着备用。

❷ 莲藕不削皮也不切片，留下两头的节，以整节整节的方式下锅。

❸ 排骨汆烫过后，将所有食材放进锅里，加进 6 倍的水（含浸泡干贝的水）及少许盐，开大火煮滚后，改用小火炖 2 个小时即可食用。

美味胎教：

此汤可以帮助孕妈妈改善体质，增进产力。

美味提示：

莲藕最好选大一点儿的，排骨重量与莲藕相同，干贝取莲藕的 1/10，一般以 7 颗为平均分量。

最好用土锅或陶锅来炖煮，吃时注意把莲藕、干贝、排骨以及汤全部吃掉。

养肝汤

材料：红枣 7 颗。

做法：

每天取红枣 7 颗洗净，在每颗红枣上用小刀划出 7 条直纹，这样可以帮助养分溢出，然后用热开水 280 毫升浸泡 8 个小时以上，接着再加盖隔水蒸 1 个小时即可。

美味胎教：

养肝汤既可帮助孕妈妈排解麻醉药的毒性，还可减轻刀口的疼痛，特别适合剖宫产的孕妈妈。

美味提示：

不论自然产或剖宫产，需在产前 10 天开始喝，每天喝 280 毫升，冷热皆可，一日分2～3次喝完。

养肝汤虽好，但不能太早喝，以免上火。同样，红枣数量也不能多，7颗刚刚好，吃多了也会上火。

孕妈妈怎样吃最利于分娩

临产前正确、健康的饮食是顺利分娩的前提条件，分娩时需要很多能源来使得子宫收缩，能源与饮食密切相关，因此，孕妈妈在临产前一定要吃对、吃好。

合理选择食物

孕妈妈在临产前应该吃高蛋白、半流质、新鲜而且味美的食品，可以根据自己的爱好，可选择蛋糕、面汤、稀饭、肉粥、藕粉、点心、牛奶、果汁、苹果、西瓜、橘子、香蕉、巧克力、鸡蛋等多样饮食。机体需要的水分可由果汁、水果、糖水及白开水补充。

规律用餐

孕妈妈每日进食4～5次，少吃多餐，既不可过于饥渴，也不能暴饮暴食。

孕妈妈用餐不规律，不但对胎儿没有好处，对自己更不利，胎宝宝完全依赖孕妈妈来获得热量，如果孕妈妈不吃饭，胎儿将得不到需要的营养，他会吸收孕妈妈自身所储存的营养，使孕妈妈的身体逐渐衰弱下去。

如果孕妈妈不按时用餐，这一顿不吃，下一顿吃得多，那么多余的热量就会转化为脂肪贮存起来，所以，孕妈妈要避免过饥或过饱，要按时用餐并少吃零食。

不吃油腻的食品

临产期间，由于宫缩的干扰及睡眠的不足，孕妈妈胃肠道分泌消化液的能力降低，蠕动功能也减弱，吃进的食物从胃排到肠里的时间（胃排空时间）也由平时的 4 小时增加至 6 小时左右，极易存食，因此，最好不要吃油腻过大的油煎、油炸食品，以免长时间无法消化。

胎教优生小叮咛

有些长辈认为多吃鸡蛋能长劲儿，让孕妈妈一顿猛吃十个八个，甚至更多，这是不对的，人体吸收营养有限制，一般鸡蛋每天 1～2 个就足够了，过多摄入不仅会加重胃肠道的负担，还能引起消化不良、腹胀、呕吐等不良后果。

产前不妨简单练习盘腿坐

为了让分娩更顺利，孕妈妈在产前可以坚持做一些力所能及的运动，一些简单、安全、舒适的运动是比较适合这个阶段的孕妈妈的，下面我们为孕妈妈介绍一种这样的运动——盘腿坐练习。

这个练习是临产前的准备练习，可以增加背部肌肉的力量，使大腿及骨盆更为灵活，并且能改善身体下半部的血液循环，使两腿在分娩时能很好地分开，具体做法是：

1. 地上垫上垫子，孕妈妈轻轻坐下，保持背部挺直。
2. 两腿弯曲，使脚掌相对，让脚尽量靠近身体。
3. 两手抓住脚踝，两肘分别向外压迫大腿的内侧，使其伸展。
4. 保持这种姿势 20 秒。
5. 重复第 2～4 步数次。

孕妈妈也可两腿交叉而坐，也许会感到更舒服，但在做的过程中要注意不时地更换两腿的前后位置，以免阻碍血液循环。如果感到盘腿有困难，可以在大腿两侧各放一个垫子，或者背靠墙而坐，但要尽量保持背部挺直。

买本育儿书，提早了解养育宝宝

大多数准爸爸孕妈妈都是第一次当父母，没有育儿的经验，对于宝宝的喂养和护理缺乏了解，尤其是很多年轻的父母，常常发现自己对正在面对的一切充满了惊讶，对宝宝出现的许多问题都措手不及，无从适应。

因此，在宝宝还未到来之前提前了解三口之家的新生活是非常必要的，这样能够帮助爸爸妈妈更好地养育宝宝，了解的途径有很多，可以向周围的爸爸妈妈取经，也可以向医生和长辈咨询，还可以从杂志、网络上获取更多的知识，我们建议爸爸妈妈在这些途径的基础上提早备一本合适的育儿书。

一般来说，育儿书较其他途径获取育儿知识和经验要更适合新手爸爸妈妈，爸爸妈妈一来经验不足，二来时间有限。此外，从其他途径都只能获取一小部分经验，无法为新爸爸新妈妈提供系统而全面的知识，当来自不同途径的经验发生冲突时，爸爸妈妈很容易乱了手脚，鉴于育儿书籍多数是事无巨细，将新爸爸新妈妈可能需要和可能遇到的知识都涉及了，所以，从育儿书中获得一些经验是一种积极的做法。

新爸爸新妈妈不妨抽空去书店转转，或是到网上看看，选择一本合适的育儿书籍，为可能出现的各种状况作好准备。

胎教优生小叮咛

和从多种途径获取的经验会发生冲突一样，当新爸爸新妈妈阅读了大量育儿书籍后，会发现书与书之间的观点也会不一致，因为作者观点上的差异，这是无法避免的，只要宝宝成长得好，新爸爸新妈妈就不必完全照搬书上的说法。

有助于增进与新生宝宝情感的方法

宝宝出生后，孕妈妈可能会遇到一些难题，不仅是喂养上的问题，还有情感上的暂时障碍，这个是正常的，很多妈妈在宝宝出生后会出现母性迟钝的现象，但一段时间后都会渐渐爱上宝宝，为了让妈妈与新生宝宝尽快建立起甜蜜的情感，我们为妈妈提供了几条建议，相信会对孕妈妈有所帮助。

❶ 多让宝宝听一听你的心跳

有经验的产科医生会在宝宝出生后 30 分钟内，把宝宝放置在妈妈胸前，这就是为了让宝宝听到妈妈的心跳，让他安心。

分娩后的搂抱对母子关系的建立和日后安抚宝宝都有事半功倍之效，宝宝的表情也会因此显得安恬及放松。不管新妈妈此刻是否精疲力竭，都应努力抱持宝宝，让他伏在你胸口睡上一小觉。

如果宝宝出生后 12 小时还没有躺进妈妈怀抱，不仅使宝宝情绪上惶惑不安，也会使新妈妈对“母亲”这一角色缺乏直观的认同感。

❷ 尽量母乳喂养

母乳是母爱的一部分，当新生宝宝吮吸你的乳房，能让你满胀及疼痛的乳房变得轻松，新妈妈再就势理一理宝宝的头发，你会感应到，母子间的情感通过乳汁这一通道，变得密不可分。

❸ 保持身体接触

新生宝宝有与妈妈肢体接触的愿望，这令他有安全感，尤其是一面有身体接触，一面有眼神、言语乃至哼唱交流的节目，如替宝宝洗澡，做抚触操，与宝宝一起玩气球和铃铛等，这些无声及有声的沟通已经使母子亲情快速成长。

❹ 写宝宝日记及收集与新生儿相关的纪念品

写宝宝成长日记，收集宝宝成长的手模、脚模、胎毛笔，都会令你对“新妈妈”这一角色充满发现和惊喜，幸福感往往不为当局者所知，因为“当局者迷”，但写宝宝日记这样的程序，是帮助我们从第三者的角度，发现及重温母子关系中动人的小细节，这种发现会令我们对孩子的到来，充满感恩和欣喜。

胎教优生小叮咛

现在许多家庭在宝宝诞生之初请24小时月嫂及保姆，这可以让新妈妈得到更多的休息，省去琐碎的麻烦，但同时也失去了养育宝宝的乐趣和母爱，我们建议每一个有条件的孕妈妈尽量自己带宝宝，这是与宝宝建立情感的最佳方式。

给胎宝宝做个帅气的晴天娃娃

晴天娃娃是一种悬挂在屋檐上祈求晴天的布偶，传说它能止雨，这也是它得名的原因。

动画片《聪明的一休》中，一休的妈妈给了一休一个晴天娃娃，希望保佑一休平安。晴天娃娃有自己的魅力，只要看到它灿烂的笑容，心情就会不由自主好起来，它能给人带来快乐。

孕妈妈自制一个晴天娃娃，不仅能给自己带来快乐，将来也能给宝宝带来快乐和平安哦，再和胎宝宝一起体验一次手工的乐趣吧，跟我们一起来做一个晴天娃娃，不要担心，做法会非常简单，但是效果一定会OK！

■ 需要准备的材料

一块正方形的布（可选择自己喜欢的颜色）

一个乒乓球

彩色笔

绳子

■ 制作步骤

❶ 先把布的四个边剪成浪花状，这样制作出的娃娃，更显活泼可爱。

❷ 把布平铺在桌上，将乒乓球放在布的正中央，抓起布的四角，把球包在正中央，做出头的样子，用绳子系好。

❸ 接下来给娃娃化妆，用彩色笔画笑眯眯的眼睛、红红的小脸蛋、弯弯的嘴巴，帅气的小晴天娃娃就做好啦，可以把它挂到想挂的地方。

准爸爸做胎教

分娩前后准爸爸可以做的事

眼看着孕妈妈就要分娩了，准爸爸可以做些什么来给孕妈妈和胎宝宝最实际的帮助呢？下面的建议也许会对准爸爸有用。

■ 待产时可以做的事

待产过程可能在家中，也可能在待产室度过，整个过程可能长达10～20小时。

❶ 准爸爸可以在这一时期替孕妈妈补充一些营养可口的食物以储存体力。

❷ 用被子和枕头做靠垫，让准妈妈调整到最舒服的姿势，或者带妻子就近散散步。

❸ 可以用笑话来缓解妻子对产痛的恐惧。

❹ 如果去医院比较方便，尽量让孕妈妈在家里度过分娩早期，这样精神压力要小得多，等宫缩变得有规律，差不多每10分钟一次的时候，再进入医院的待产室也不迟。

■ 进入待产室后需要着力做的事

❶ 补充水分和食物

这一阶段孕妈妈的阵痛感受尚未达到高峰，可以多准备些她喜爱的食物，如鸡汤面、花色粥等，帮助储存足够的体力，也可准备一些牛肉干、巧克力等高能量、小体积的零食为她加油。同时要随时询问是否口渴，及时为她补充温开水，最好在水杯中附上一支长吸管，方便在半躺卧的状态下摄取水分。

❷ 认真观察子宫收缩与胎儿的心跳

准爸爸可以观察胎音以及阵痛监测器，来了解母体与胎儿的状况，并记录每小时中出现的阵痛次数和胎心音监测结果，提供给医生作参考。

❸ 协助孕妈妈如厕、换产垫

在待产过程中，护理人员会在孕妈妈的臀部下方垫上一层产垫，保持被褥的清洁。准爸爸要随时观察产垫的状况，一旦孕妈妈身下有大量液体流出，可能是羊水已破，要及时提醒医护人员处理，破水与未破水的处理方法是不一样的，这一点准爸爸要牢记。

❹ 帮助孕妈妈轻轻按摩减痛

有针对性地按摩可以大大缓解孕妈妈的产痛。

在孕妈妈阵痛来临时，以手掌贴住尾骨部位，抵紧片刻后以轻轻画圆的方式按摩，大腿内侧也可画圆按摩，这可以避免腿部痉挛，并放松会阴。

在阵痛间隙，可让孕妈妈趴在床边，替她按摩臀部，然后仰卧放松，用从外向里的打圈方式按摩腹部，还可以轻柔地按摩头颈、上臂和浮肿的双脚，这都有利于恢复体力来迎接下一波阵痛。

■ 分娩时可做的事

如果准爸爸可以陪产，可以做的事情有：

❶ 准确站位，并随时鼓励孕妈妈

准爸爸的站位应以不妨碍医护人员行动为条件，可以与医生协商，一般站在孕妈妈的左侧方较好。

分娩时孕妈妈特别需要鼓励，准爸爸可以随时向她报告一下进程，给她鼓励，比如："我看到宝宝的头了，你做得很棒"等。

❷ 坚持小范围的按摩

在这一阶段，按摩孕妈妈的手和脚，即使是单侧的按摩，都能对孕妈妈的情绪起到很好的安抚作用。

❸ 辅导孕妈妈用力和呼吸

阵痛时，准爸爸一定要辅导孕妈妈准确应对，让她睁开眼睛看肚脐，收缩下巴将嘴巴紧闭，依靠腰背部下坠和脚跟踩踏的力量将胎儿娩出。

阵痛间隙，准爸爸不妨轻拍孕妈妈的手臂和肩膀，让她尽量放松，然后伴随下次宫缩，手握产床旁边的把杆，将力量集中到下半身。

同时，准爸爸要提醒孕妈妈正确的呼吸方式：大口吸气后憋气，往下用力，吐气后再憋气，用力直到宫缩结束；当胎头娩出 2/3 时，要哈气，切不要用力过猛，使会阴严重裂伤。

❹ 补充水分

分娩过程会消耗相当大的水分，准爸爸不妨用棉花棒蘸上温开水，擦在孕妈妈的双唇上，以及时补充水分。

■ 胎儿娩出后可做的事

这个时期称为后产期，是指胎盘娩出的时期，阵痛已弱，母子平安，爸爸也可以舒一口气了，这时可以做一些后续事项。

❶ 拍摄整个迎接新生命的过程

如剪断并结扎脐带、过磅、护士向孕妈妈展示新生儿性别、护士填写出生卡片，给孩子脚上套辨别卡片，新妈妈欣慰的笑容等，作为日后珍藏的记忆。

要提醒新爸爸的是，除非得到孕妈妈允许，不要在娩出期录像，拍照和录像在胎儿娩出后最合适，此时新妈妈比较放松，也会配合拍摄。

❷ 继续观察陪伴新妈妈

新妈妈产后大出血有六成以上发生在产后 1 小时内，因此，爸爸要继续观察孕妈妈至少 30 分钟，预防意外发生，这一时期，孩子通常被送去清洗、包裹，新爸爸可以说一些安慰和感激的话，对彼此的感情升华十分有用。

❸ 协助哺喂母乳

自然分娩的妈妈，在产后半小时内就会接手照料宝宝的任务，此时她已耗尽体力，可能连把孩子抱持过来吸吮母乳的力气也不够了，爸爸可以在一旁协助妈妈哺喂母乳。

胎教优生小叮咛

准爸爸要知道，待产是一场"持久战"，因此自己也要做好身心物质方面的准备，别忘了给自己带上干净的衬衣、舒适的鞋、足够吃饱的点心、一两本笑话书等。

练习抱新生宝宝的方法

宝宝一出生就需要被爸爸妈妈抱，但如果不掌握好正确的抱法，爸爸妈妈在抱的时候往往会令宝宝不舒服，爸爸从现在起就要多练习抱宝宝的方法。

■ 抱新生宝宝的要点

新生宝宝的特点是头大、头重、肌肉力量弱，不能较长时间支撑头的重量，3 个月时头才能初步直立，因此抱起、放下新生宝宝时姿势有不少讲究，关键是要托住他的头部，动作要慢、要轻。

抱起小婴儿时要记住的一个原则：

以一只手托宝宝的头颈部，另一只托宝宝的腰部与臀部。抱起新生儿前应先用目光注视他，轻轻地说话抚慰他，以免宝宝惊慌哭闹。

放下小婴儿时要记住的一个原则：

一定要保证支撑好宝宝的头部，否则头部后仰会让宝宝有摔倒的感觉而受到惊吓。

■ 抱新生宝宝的方法

手托法：用左手托住宝宝的背、颈、头，右手托住他的小屁股和腰。这一方法比较多用于把宝宝从床上抱起和放下。

腕抱法：将宝宝的头放在左臂弯里，肘部护着宝宝的头，左腕和左手护背和腰部，右小臂从宝宝身上伸过护着宝宝的腿部，右手托着宝宝的屁股和腰部。这一方法是比较常用的姿势。

爸爸要注意的是，不要竖着抱宝宝，新生儿的头占全身长的 1/4，竖抱宝宝时，宝宝头的重量全部压在颈椎上，而此时颈肌还没有完全发育，颈部肌肉无力，这种不正确的抱法会对宝宝的脊椎造成损伤，这些损伤当时不易发现，但可能影响孩子将来的生长发育。

抱起宝宝后要同宝宝说话、唱歌，轻轻抚摸他，多走动，与其有身体接触，这种感情交流，可以使宝宝的视野更开阔，受周围环境的刺激更多，对孩子的大脑发育、精神发育及身体生长都有极大的好处。

■ 新生宝宝不要久抱

爸爸妈妈难免因为太爱宝宝而总是觉得抱不够，事实上，新生宝宝不能抱太久，否则会违背婴儿生长发育的自然规律，对孩子健康不利。

❶ 新生婴儿每天需要 20 小时的睡眠时间，所以，除了喂奶、换尿布等特殊情况外，婴儿最需要的不是被抱着，而是睡觉。

❷ 由于生理上的特点，婴儿的胃、贲门肌肉较松弛，但幽门肌肉却很紧，在这种情况下，哺乳或喂食后如果将婴儿抱在怀中逗玩，则食物容易从贲门溢出，造成呕吐。

❸ 婴儿的骨骼生长较快，如果长期抱在怀中，对孩子骨骼的正常生长极为不利。平常抱出去晒晒太阳，增强抵抗力是必要的，但时间也不宜过久。

■ 放下新生宝宝的方法

放下小婴儿时必须用整支手臂的力量去支持婴儿的脊骨、颈部和头部，直到婴儿的重量完全落到床面上，再抽出放在婴儿头下的手，慢慢将婴儿的头放平在床垫上。

胎教优生小叮咛

爸爸妈妈适当地抱着宝宝活动是很必要的，不仅可以增加和宝宝的亲密度，还能使宝宝的视野更开阔，这对大脑发育很有好处。此外，新生儿被抱也算一种运动，有利于身体的发育。

做好升格为新爸爸的准备

眼看着一个实实在在的小宝宝即将来到你的生活中，准爸爸随时可能升格为新爸爸，面对这个角色转换，准爸爸除了激动和兴奋外，还要做好充分的身心准备，迎接小宝宝的到来。

■ 承担起家庭的责任

从现在起，准爸爸就要做好家庭的开支计划，而且也要为宝宝未来的每一步做一个大致的计划，让家庭和宝宝日后的生活有可靠的保障。

这些计划做起来缺乏经验是必然的，准爸爸可以去拜访一些已经做了爸爸的朋友，向他们讨教一些经验，也可以让他们告诉你一些做了爸爸之后的心得，看一看他们的生活状态。对于工作繁忙的准爸爸来说，这是最快、也是最生动地获得宝贵经验的渠道。

■ 担当起做父亲的责任

孕育生命不是孕妈妈一个人的事情，孕妈妈与准爸爸是相辅相成的，准爸爸应多学习一些育婴知识，比如怎样给宝宝穿衣服、洗澡、喂奶、把尿等，这样在宝宝出生后，你就可以和孕妈妈一起去照顾这个小生命。在这个过程中你一定会深刻地体会到一个父亲肩膀上的责任，而且这也能够帮助激发起你心底的父爱。

■ 把握好丈夫和父亲的角色

宝宝出生后，在给准爸爸带来父爱欢乐的时候，很容易让你忽略了丈夫的角色，三个人生活的开始，并不意味着两个人浪漫的终结，有了宝宝后准爸爸也需要呵护与关爱妻子，这才是真正的三人生活。丈夫与父亲的角色转换，准爸爸也需要把握好。

胎教优生小叮咛

每个人的生活都会面对太多的改变，新生命的降临，也许会打破二人世界的宁静，却会给我们注入三口之家的温馨。准爸爸不要担忧即将到来的改变，要相信自己，做好该做的，相信你一定是个真正的好爸爸！

第十一章

0～1月新生儿

宝宝的生长发育

刚出生的宝宝

生理指标

体重	足月出生的宝宝如果体重超过2500克，就可以认为度过了人生的第一关。一般刚出生的宝宝的平均体重为3～3.3千克。若宝宝体重不足2.5千克，称为“未成熟儿”，必须采取特殊护理措施。
身长	刚出生的宝宝的平均身长为50厘米，男、女宝宝有0.2～0.5厘米的差别。
头围	刚出生的宝宝的平均头围为33～35厘米之间。

新生儿样貌

四肢	刚出生的小宝宝，四肢弯曲，拳头紧攥，足月的宝宝会长出指甲。当然也有宝宝出生后手指张开，但相对较少。没有足月的宝宝可能没指甲，但一般三四天内就能很快长出。
面部	刚出生的小宝宝面部较平，鼻梁不挺，眼睛稍肿，眉毛、睫毛已清晰可见。
肤色	肤色多为粉红色，较瘦弱的宝宝可能出现皱纹。有些宝宝身上会有淡青色的印记，多出现在背部或屁股上，其具体成因不明，消失时间也不定，少则一两个月，多则一两年也有可能。

续表

头型	自然分娩或者使用吸引器助产的宝宝，头部因为外力作用会出现不同程度的变形，看上去稍尖一些，但这不会影响宝宝大脑的正常发育；剖宫产出生的宝宝，脑袋一般是圆的。
头发	刚出生的宝宝的头发呈褐色或深棕色，大多较为稀疏。但此时宝宝头发的多少并不能表明以后头发的好坏，因为它们会在6个月内全部脱落。

妈咪宝贝

对于刚出生的宝宝，不管妈妈刚生完宝宝的这一天有多累，都应努力抱抱宝宝，让宝宝伏在妈妈胸口睡上一小觉。这样对母子关系的建立和日后安抚宝宝很有作用，宝宝的表情也会因此显得安恬及放松。

宝宝1周内

体重减轻

新生宝宝出生后的一周内体重可能会有所下降，一般到出生后7～11天才会恢复到出生时的体重，这是生理性体重下降，妈妈无须担心。但如果宝宝的体重下降超过出生体重的30%以上，或在出生后第13～15天仍未恢复到出生时的体重，这是不正常的现象，说明宝宝有某些疾病，如新生儿肺炎、新生儿败血症及腹泻或母乳不足等，应作进一步检查。

一周后只要宝宝身体健康，一般平均每天可增加30～40克，平均每周增加200～300克，到满月时体重会比刚出生时增加600～1200克。

出生黄疸

多数宝宝出生后2～3天会出黄疸，即皮肤呈浅黄色，巩膜微带黄色，尿稍黄，无不适表现，第4～6天黄疸最明显，为生理性黄疸，大多在7天内消退。但若黄疸超过2周，或消退后又再次出现，有可能是病理性黄疸，要及时采取措施。

■ 脐带脱落

新生儿脐带在3～6天内脱落，最好不要包扎。脱落后用75%的酒精消毒，局部干燥结痂后才可泡在盆中洗澡，未干结前应进行上下身分别擦浴（详细的护理方法请参考后文“怎样护理新生宝宝的脐带”）。

■ 排大小便

健康宝宝一般会在24小时内排尿，但也有在48小时后排尿的健康宝宝。一般刚出生的宝宝排出的尿呈砖红色，这是正常现象，妈妈可不必担心。

新生宝宝一般在出生后12小时开始排胎便。胎便一般呈深绿色或黑色黏稠糊状，3～4天即可排尽。如果宝宝出生后24小时还没有排便，妈妈就要立即请医生检查，看是否存在肛门等器官畸形。

妈咪宝贝

出生一周后的宝宝，各种条件反射都已建立，妈妈可以试一试分开他紧握的小手，当你用一个手指轻触宝宝掌心时，他会紧紧地握住你的手指不松手。

宝宝满月了

■ 生理指标

体重	满月后，宝宝体重达到多少是正常的？ 这与宝宝出生时的体重有关。出生时宝宝体重越大，满月后体重相对越重；出生体重越小，满月后的体重相对越轻。 一般满月时，男宝宝的体重可在3.72～4.72千克之间；女宝宝的体重可在3.72～4.20千克之间。平均每周可增长200～300克。

续表

身长	宝宝出生第一个月的身高增长也是比较快的，到满月时可比刚出生时长3～4厘米。
头围	权威测量结果显示，满月宝宝的头围可达36厘米。一般满月前后，宝宝的头围比刚出生时也就增长两三厘米。

妈咪宝贝

宝宝满月后，宝宝生理性黄疸应该已经完全消退，如果还未消退，妈妈应尽快带宝宝去医院作检查。

新生儿期的特殊生理现象

新生儿在出生后会出现一些特殊的生理现象，并不是病，妈妈可以大概了解一些，不必过于担心。

■ 皮肤变黄

这就是前面说到的，宝宝出生2～3天时会出现黄疸。一般生理性黄疸除了皮肤发黄外，全身情况良好，无病态。

■ 脱皮

小宝宝出生后3～4天全身开始“落屑”，有时甚至是一大块一大块地脱落，1～2周后一般就会自然落净，呈现出粉红色、非常柔软光滑的皮肤。不过，由于新生儿皮肤角质层较薄，脱皮时，父母千万不要硬往下揭，这样会损伤皮肤，引发感染。

■ 马牙

“马牙”是指新生儿口腔腭正中线附近或牙龈边缘出现的黄白色的、米粒大小的颗粒。“马牙”是上皮细胞堆积所致，对身体没有影响，一般不需要处理，经过数周或数月可自行消退。若父母发现宝宝出现“马牙”时，千万不要用针扎或用布擦，以免引起感染。

螳螂嘴

新生儿口腔内两颊部，会堆积一小堆脂肪，俗称“螳螂嘴”。和马牙一样属正常现象，不需要处理，它们会自行消失。

抖动

新生儿会出现下颌或肢体抖动的现象，新手妈妈常常认为这是“抽风”，其实不然。因新生儿神经发育尚未完善，当他听到外来的声响时，往往会全身抖动，四肢伸开，这种反应并无大碍，妈妈不必紧张。

乳房肿大

新生儿出生后3～5天可出现乳房肿大，甚至肿大到像鸽蛋那么大，有些宝宝乳房还会有少量淡黄色乳汁分泌出来，一般到生后8～10天达最高。男孩、女孩都可能发生，这也属正常的生理现象，一般2～3天后自行消退。出现这种情况时，父母不要挤压宝宝的乳房。

月经和白带

有的新生女宝宝在出生后5～7天，可见阴道有少量红色血液或白色黏液流出，类似于月经或白带，一般持续1～2天后就会自行消失，不必治疗。

以上两种情况都是因为女性怀孕时体内激素与催乳素等含量逐渐增多，到分娩前达到最高峰。这些激素会促进母体乳腺发育和乳汁分泌，而胎宝宝在母体内也受到了影响，出生后会有所表现。

妈咪宝贝

新生宝宝会偶尔打喷嚏，但不是感冒引起的，妈妈千万不要随便给宝宝服用感冒药。遇到特殊情况，妈妈不要慌张，最好是咨询医生或向有经验的妈妈请教。

产后没下奶能喂宝宝奶粉吗

宝宝出生后 30 分钟内，妈妈就要立即给宝宝喂奶。一般宝宝出生一10～15分钟后就会自发地吸吮乳头。不过，有些妈妈不会一生产立即就有奶，而是在宝宝出生后 1～2 周后才会真正下奶。但不管妈妈有没有出奶，都必须让他多吸吮、多刺激妈妈的乳房，使之产生“泌乳反射”，才能使妈妈尽快下奶，直至足够宝宝享用。

有些妈妈担心几天没下奶，宝宝会饿，想在开奶前给宝宝喂些奶粉，这样可不可以呢？

在最初两天，主张不喂奶粉，而是时不时地让宝宝吮吸乳头。因为宝宝在出生前，体内已贮存了足够的营养和水分，可以维持到妈妈开奶，而且只要尽早给宝宝哺乳，少量的初乳就能满足刚出生的正常宝宝的需要。如果下奶前用母乳替代品喂宝宝，首先宝宝容易对牛奶产生过敏，其次宝宝吃习惯奶粉后会不爱吃妈妈的奶，妈妈就只能放弃母乳喂养，这对宝宝的成长不利。

但是，如果几天过后，妈妈仍然没有下奶，就不能盲目地坚持不给宝宝喂奶粉了。至于给宝宝喂奶粉后可能引起宝宝乳头错觉，以后不吸母乳的问题，这里教妈妈们一个比较好的方法：把奶粉放在小杯子里面冲开，再放一根细的软管，一头放在杯子里，一头在宝宝吮吸乳头的时候从宝宝嘴角塞到他嘴巴里，这样，他一边吮吸乳头一边可以吃到奶粉。这个是“善意的欺骗”，宝宝不知道吃的是奶粉，以后就不容易产生乳头错觉。要记住一定要让宝宝充分吸吮乳房，下奶后逐步减少奶粉，实现纯母乳喂养。

妈咪宝贝

如果有必要喂宝宝奶粉时，妈妈千万不要用奶瓶、奶嘴，否则等妈妈有奶后，再让宝宝吮吸妈妈的乳头，宝宝就不愿意了。

初乳对宝宝有什么重要意义

“初乳”一般是指妈妈生产后2～3天或稍晚一些(5～7天内)所分泌的乳汁。初乳呈淡黄色，因含有蛋白质及有形物质较多而呈黏稠状。开始哺乳的前3天内乳房中乳汁尚未充盈，每次哺乳宝宝只能吸出初乳2～20毫升。

有些妈妈受旧观念的影响，认为分娩后最初分泌的乳汁是“脏”的，或认为初乳没有营养价值，挤掉丢弃了，这很可惜。初乳不仅不脏，反而最富有营养物质。初乳含有丰富的免疫球蛋白、乳铁蛋白、溶菌酶和其他免疫活性物质，有助于胎便的排出，防止宝宝发生严重的下痢，并且可以增强宝宝抗感染能力。初乳中还含有丰富的蛋白质及微量元素，可以促进宝宝的生长发育。

医学研究发现，如果新生宝宝及时得到母亲的初乳，那么他们长到8岁时，智商水平及健康状况明显超过不吃初乳的同龄儿童，而且不吃初乳的宝宝免疫系统发育不完善，容易患病，如反复呼吸道感染、哮喘、肺炎等。可见，初乳对新生宝宝来说非常重要，所以，妈妈要尽早给宝宝开奶，让宝宝吮吸到初乳。妈妈就把初乳当作一份独一无二的礼物送给宝宝吧。

妈咪宝贝

妈妈应该尽量用母乳来哺育自己的宝宝，如果因为种种的原因不能进行母乳喂养，也应该把宝贵的初乳哺育给宝宝。

哪些情况下不宜给宝宝喂母乳

对妈妈来说，不少疾病都会导致妈妈不宜母乳喂养宝宝。而对宝宝来说，虽然母乳是宝宝最佳的天然食品，然而并不是所有宝宝都能接受母乳喂养。

不宜给宝宝喂母乳的妈妈

❶ 患急性乳腺炎、传播性疾病如乙型肝炎等期间不宜哺乳。

❷ 妈妈患严重心脏病、慢性肾炎不宜哺乳。

❸ 妈妈患尚未稳定的糖尿病不宜哺乳。

❹ 妈妈患有癫痫不宜哺乳。

❺ 妈妈患癌症不宜哺乳。

❻ 妈妈感冒高烧期间不宜哺乳。

不宜吃母乳的宝宝

❶ 宝宝如有代谢性病症，如半乳糖血症（症状：喂奶后出现严重呕吐、腹泻、黄疸、肝脾大等）不宜母乳喂养。明确诊断后确定为先天性半乳糖症缺陷，应立即停止母乳及奶制品喂养，应给予特殊不含乳糖的代乳品喂养。

❷ 患严重唇腭裂而致使吮吸困难的宝宝不宜母乳喂养。

妈咪宝贝

除以上情况外，还有一些喂奶时的禁忌，妈妈要引起注意，如不宜穿工作服喂奶，特别是从事医护、实验室工作的妈妈应注意；不宜生气时喂奶；不宜在喂奶时跟宝宝逗笑；不宜化浓妆喂奶；喂奶期间不宜穿化纤内衣。

给宝宝哺乳的正确姿势是什么

每次哺乳前，妈妈应先将双手洗净，用温热毛巾擦洗乳头、乳晕，同时双手柔和地按摩乳房3～5分钟，以促进乳汁分泌。

哺喂方法

❶ 躺着喂奶：分娩后的第一天妈妈会很累，这个时候一般建议妈妈躺着喂奶，然后再将身体侧着。喂奶的时候让宝宝躺在床上而不要躺在妈妈胳膊上，这个时候宝宝的身体也要侧过来和妈妈面对面。把宝宝的鼻头对着妈妈的乳头，要把宝宝搂紧，注意搂紧的是宝宝的臀部而不是头部。

另外，妈妈要注意，躺着给宝宝喂奶时，千万不要睡着了。如果宝宝的头部被抱紧，而妈妈处于睡着的状态，就特别危险，可能会因为妈妈的乳房把宝宝的鼻子堵住而造成呼吸困难甚至窒息。

❷ 坐着喂奶：一般是在宝宝出生一段时间以后。妈妈应当坐在沙发或者床上这种比较舒服的地方，在医院的话可以把病床摇起来。尽量坐得舒服些。宝宝的姿势也需要注意，正确的姿势应该是宝宝的肚皮和妈妈的肚皮紧贴着，在宝宝身下垫个枕头，手要托着宝宝的臀部，让宝宝的头和身子成一条直线，鼻头对乳头。然后再将乳头轻轻送入宝宝口中，使宝宝用口含住整个乳头，并用唇部包覆大部分或全部的乳晕。

很多妈妈喜欢用手夹着乳头往宝宝嘴里放，这个是不对的。正确的方法是：把乳头用手C字形托起，让宝宝含住乳晕。

妈咪宝贝

在喂奶的过程中，妈妈可用食指和中指将乳头的上下两侧轻轻下压，以免乳房堵住宝宝鼻孔而影响吮吸。若是奶量较大，宝宝来不及吞咽时，可让宝宝松开奶头，喘喘气再继续吃。

如何掌握宝宝的哺乳时间和量

从理论上讲，母乳喂养是按需哺乳，没有严格的时间限制。但从生理角度看，新生儿的胃每3小时左右会排空1次。因此，给新生宝宝的喂奶间隔应控制在3小时以内。

哺乳的时间和量

新生儿期，绝大多数宝宝需要每2～3小时喂奶1次，24小时喂奶10～20次，每次喂奶20～30分钟。不过，出生第一周内的宝宝，喂奶间隔时间可适当缩短，可以每隔1～2小时喂奶1次。以下是一个母乳喂养宝宝的喂奶时间，以供参考：

1～7天，按需哺乳。每隔1～2小时喂奶1次，每次喂10～15分钟。

8～14天，每3小时喂奶1次，每次喂15～20分钟，每次喂30～90毫升。

15～30天，每隔2～3小时喂奶1次，每次15～20分钟。

以上时间安排只是原则性的，妈妈要根据宝宝的具体情况，找到适合你和宝宝的喂奶时间。宝宝吃饱了，给奶也不吃；宝宝饿了，不喂奶就会哭。所以，如果到了喂奶时间，宝宝不吃，那就过一会儿再喂。如果还没到喂奶时间，宝宝就哭闹，喂奶就不哭了，就不要等时间。

喂奶时注意事项

1 两侧乳房轮流喂奶比较好。一般来说，宝宝在开始喂奶5分钟后即可吸到一侧总奶量的80%～90%，8～10分钟吸空一侧乳房，这时应再换吸另一侧乳房。让两个乳房每次喂奶时先后交替，这样可刺激产生更多的奶水。

2 吃完奶后，应将宝宝直立抱起，使宝宝的身体靠在妈妈身体的一侧，下巴搭在妈妈的肩头，用手掌轻轻拍宝宝后背，至宝宝打出气嗝。这样做可以避免宝宝吐奶。

妈咪宝贝

如果晚上到了该给宝宝喂奶的时间，宝宝还没醒，就不要惊动他了，可延长1～2小时，等他饿了自然会醒来吃奶。

如何判断宝宝吃饱了

妈妈对宝宝是否吃饱了很是关心，由于宝宝无法直接用言语和妈妈沟通，妈妈就要学会通过观察来判断宝宝是否已经吃饱。如果宝宝吃完奶后，有以下表现，就表明宝宝已经吃饱了，妈妈无须担心。

❶ 喂奶前乳房丰满，喂奶后乳房较柔软。如果妈妈喂奶前乳房饱满，乳房皮肤表面青筋显露，用手挤时很容易将乳汁挤出，宝宝吃奶时有连续咽奶声，几分钟后吸奶的动作逐渐减慢，最后仅含着乳头或放掉乳头，表示母乳充足。喂完奶后乳房变得柔软，宝宝也就吃饱了。

❷ 宝宝吃奶后应该有满足感。如喂饱后他对你笑，或不哭了，或马上安静入睡，说明宝宝吃饱了。如吃奶后还哭，或咬着奶头不放，或者睡不到两小时就醒，说明奶量不足或宝宝没吃饱就被强行停止了。

❸ 如果宝宝吃饱了，一般尿布会24小时湿6次及6次以上；每天大便2～4次，色泽金黄，呈黏糊状、粥稠状或者成形。如宝宝尿量少，大便量少或出现多次稀薄发绿的大便，在没有生病的情况下，即可判断妈妈奶量不足或宝宝没吃饱。

❹ 看体重增减。一般来说，足月新生宝宝头1个月平均体重每天可增长30～40克，头一个月增加600～1200克。如果宝宝体重增长缓慢，说明母乳不足。

如果经过上面表现的观察，妈妈仍不确定宝宝是否吃饱，可以每次在宝宝吃完奶后，用手指点宝宝的下巴，如果他很快将手指含住吸吮则说明没吃饱，应稍加奶量。

妈咪宝贝

一般而言，只要妈妈乳汁正常分泌，宝宝在出生后的头两天只吸2分钟左右的乳汁就会饱，3～4天后可慢慢增加到20分钟左右，约每侧乳房吸10分钟。

母乳喂养的宝宝需要喝水吗

从理论上来讲，宝宝在出生后的前4个月，如果是采取母乳喂养的话是不需要喝水的，因为母乳中含有大量水分，完全能够满足宝宝对水的需求量。不过，由于宝宝新陈代谢旺盛，需水量较成人多些，如果妈妈本身不爱喝水，宝宝又出汗较多，可以给宝宝喝少量的水，以免宝宝因缺水引起身体不适。尤其是在炎热的夏天，宝宝如果出汗比较多，建议给宝宝喝少量的白开水。

一般可每天给宝宝喂1～2次白开水，时间可选在两次喂奶之间。在屋外时间长了、洗澡后、睡醒后、晚上睡觉前等都可给宝宝喂点水，但必须注意在喂奶前不要给他喝水，以免影响喂奶。

至于一次给宝宝喂多少水，可随宝宝自己的意思，也就是说若喂他不愿意喝的话，也就不用喂了，说明母乳已经能够满足宝宝对水的需求量了。千万不可强行给宝宝喂水，因为喂水会减少吃奶的量，不利于营养素的摄入。

注意：烧开后冷却4～6小时内的凉开水，是宝宝最理想的饮用水；宝宝出汗时应增加饮水次数，而不是增加每次饮水量。

妈咪宝贝

对于混合喂养或人工喂养的宝宝，需要更多的水，除了喂奶以外，两次喂奶的间期，妈妈还需要给宝宝喂上30～50毫升的温开水，不但可以帮助宝宝体内生理代谢的进行，还可以清洁口腔。

夜间给宝宝喂奶需要注意什么

夜晚是睡觉的时间，妈妈在半梦半醒之间给宝宝喂奶很容易发生意外，所以妈妈晚上给宝宝喂奶时要注意以下几点：

保持坐姿喂奶

建议妈妈应该像白天一样坐起来喂奶。喂奶时，光线不要太暗，要能够清晰看到宝宝皮肤颜色；喂奶后仍要竖立抱，并轻轻拍背，待打嗝后再放下。观察一会儿，如宝宝安稳入睡，就保留暗一些的光线，以便宝宝溢乳时及时发现。

延长喂奶间隔时间

如果宝宝在夜间熟睡不醒，就要尽量少地惊动他，把喂奶的间隔时间延长一下。一般说来，新生儿期的宝宝，一夜喂 2 次奶就可以了。另外在喂奶过程中应注意，要让宝宝安静地吃奶，避免宝宝夜晚受惊吓，也不要在宝宝吃奶时与之戏闹，以防止呛咳。每次喂完奶后应将宝宝抱直，轻拍宝宝背部使宝宝打出嗝来，以防止溢奶。

不要让宝宝叼着奶头睡觉

有些妈妈为了避免宝宝哭闹影响自己的休息，就让宝宝叼着奶头睡觉，或者一听见宝宝哭就立即把奶头塞到宝宝的嘴里，这样就会影响宝宝的睡眠，也不能让宝宝养成良好的吃奶习惯，而且还有可能在妈妈睡熟后，乳房压住宝宝的鼻孔，造成宝宝窒息死亡。

妈咪宝贝

睡觉前，妈妈应将夜间所需用品放在床边，以免晚上来来回回走动，影响宝宝睡眠。而且在寒冷的冬天，妈妈一晚上要起来几次，还容易受凉感冒。

母乳不足用什么方法催奶

首先不管妈妈有没有奶，或是有奶但奶量不足，都应让宝宝多吮吸。奶量实在不足时，可补充配方奶作混合喂养，但不可停掉母乳专门喂配方奶。同时要采取一些措施来促进乳汁的分泌。

下奶方法

❶ 进食催乳食物：妈妈要多吃些有营养、能促进乳汁分泌的食物和汤水，如鲫鱼通草浓汤（不放盐）、黄豆猪蹄汤、鲜虾汤等，都能催奶分泌。

另外，还可用药物催乳，用王不留行（中药名，有活血通经、消肿止痛、催生下乳的作用）10 克、当归 10 克煎服，连服 7 天。或者补充维生素 E 每次 100 毫克，每天 2～3 次连服 3 天，也有增加奶量的作用。

❷ 注意休息，保持愉快心情：精神因素对产后泌乳有一定的影响。产后妈妈要注意保持好心情，暂且忘掉烦恼，把家务先扔在脑后，充分地休养身体。不要总是对宝宝是否吃饱、是否发育正常等问题过多地担心。充分地相信自己，并保持乐观的情绪，这样才能使催乳素水平增高，从而使奶水尽快增多。

❸ 对乳房进行按摩：每次哺乳前，先将湿热毛巾覆盖在左右乳房上，两手掌按住乳头及乳晕，按顺时针或逆时针方向轻轻按摩 10～15 分钟。经过按摩既能减轻产妇的乳胀感，又能促使奶水分泌。

没有母乳只能用奶粉代替

如果采用一切办法都没母乳就要开始考虑婴儿奶粉了，虽然母乳喂养的优点多，但如今的配方奶粉营养也不比母乳差多少，只要妈妈们分阶段来正确给宝宝喂养奶粉的话，宝宝一样会健康成长。

乳汁分泌过多如何解决

母乳不足是很多妈妈遇到的问题，这个新手妈妈们很能理解，但乳汁分泌过多也是个问题，不好解决。

乳汁分泌过多的情况妈妈不容易发现。妈妈奶水很好，乳头也没什么不适，宝宝大小便都正常，生长发育也正常。可就是每当给宝宝喂奶时，宝宝就打挺、哭闹，刚把奶头放入宝宝口中，宝宝很快就吐出来，甚至拒绝吃奶。奶水向外喷出，甚至喷宝宝一脸。当宝宝吸吮时，吞咽很急，一口接不上一口，很容易呛奶。这就是乳汁分泌过多，是“乳冲”造成的。

解决乳冲的办法

用剪刀式喂奶法。妈妈一手的食指和中指做成剪刀样，夹住乳房，让乳汁慢慢流出。另外，如果妈妈乳汁分泌较多，最好的方法不是让乳汁减少，而是让宝宝吃空一侧乳房，用吸奶器把另一侧乳房的奶吸出来。有医生建议喂奶前先将乳汁挤出一些，以减轻乳胀，这种做法不是很好。因为挤出去的“前奶”，含有丰富的蛋白质和免疫物质等营养成分，“后奶”的脂肪含量较多。若每次都是挤出“前奶”的话，宝宝就多吃了脂肪，少吃了蛋白质等其他营养成分，造成营养不均衡。所以，如果需要挤奶，也应该将挤出来的“前奶”用奶瓶喂给宝宝，或用剪刀式喂奶法给宝宝喂奶，没喂完的“后奶”再挤去。

妈咪宝贝

当乳汁分泌过多时，妈妈不要想办法减少乳汁的分泌量，因为宝宝以后对乳汁的需求量会越来越大。

宝宝不认乳头怎么办

有些新生儿触及妈妈乳头时又哭又闹不吃奶，或一触及即改为撮口做吸吮状不吃奶。这些现象称为乳头错觉，也就是宝宝不认乳头，这样会影响母乳的喂养，必须及时纠正。

宝宝不认乳头的原因

❶ 有些妈妈产后最初几天由于种种原因，没有给宝宝喂母乳，而是喂牛奶或糖水，导致宝宝不认乳头。

❷ 由于乳头平扁内陷，宝宝很难含接乳头。

纠正方法

纠正乳头错觉应根据具体情况而定，首先，哺乳时母亲应以坐位为好，使乳房下垂，便于宝宝含接。如果乳房过分充盈，可先温敷几分钟，挤出部分乳汁使乳晕变软，便于宝宝含接。

如果妈妈的乳头扁平内凹，则应在医务人员的指导下采用乳头吸出法将乳头吸出。

如果宝宝一触及妈妈乳头就哭闹时，妈妈应有耐心，反复多练几次。妈妈可先挤出少许乳汁到宝宝口中，诱发宝宝吞咽反射。宝宝尝到母乳的味道就会停止哭闹，并进行吸吮。如果宝宝的嘴张大待乳汁流入再咽，也可以使用上述方法以促使宝宝吸吮。

如果宝宝触及乳头就撮口吸吮，妈妈可轻弹宝宝的足底，在宝宝张嘴欲哭时，将乳头及大部分乳晕迅速放入其口中，使宝宝产生有效吸吮。

妈咪宝贝

虽然纠正乳头错觉有一定难度，但不能因此而放弃母乳喂养，以保证宝宝吃到最珍贵最富有营养的乳汁。

宝宝吃奶时间太长是怎么回事

宝宝吮吸时间长没有什么好处，妈妈应改掉宝宝的这个习惯。

宝宝吃奶时间长的原因

❶ 妈妈乳汁分泌不足：妈妈的奶量不足时，宝宝会希望通过延长吸吮时间来满足对乳汁的需求。这时，妈妈就要想办法促进乳汁的分泌了，具体的方法请参考前文“母乳不足用什么方法催奶”的内容。

❷ 喂奶间隔短：妈妈不知道宝宝怎样才算是吃饱了，老是担心宝宝会饿着，只要一听到宝宝哭，就给他喂奶。这样宝宝每次都吃不到充足的乳汁，所以吃奶时间就相对较长。

虽然母乳是遵循按需喂养的规律，但仍然是有哺乳间隙的，至少 2 小时。对于吃奶间隔时间过短的宝宝，妈妈应该有意识地延长哺乳间隔时间，就能改掉宝宝吮奶时间过长的习惯。

3 吃奶不专心：很多宝宝都有含着妈妈乳头玩的坏习惯，觉得这样可以得到妈妈更多的爱。妈妈不能无限制地满足宝宝的要求，在宝宝吃饱的情况下，要及时停止喂乳。也就是说，如果宝宝吮奶 20 分钟后，妈妈没有听到吞咽声，就可以停止喂奶了。

妈妈中断宝宝吸吮行为后，如果宝宝以哭闹或其他方式抗议时，妈妈可采取转移目标或暂时回避的方式来安慰宝宝，这样会逐渐改掉宝宝的坏习惯。

妈咪宝贝

巧妙拉出乳头的办法是：当宝宝吸饱乳汁后，你可用手指轻轻压一下宝宝的下巴或下嘴唇，这样做会使宝宝松开乳头；也可将食指伸进宝宝的嘴角，慢慢地让他把嘴松开，这样再抽出乳头就比较容易了。

宝宝吃母乳总拉稀怎么办

有些宝宝生后没几天就开始每天多次排出稀薄大便，呈黄色或黄绿色，每天少则 2～3 次，多则 6～7 次，这让妈妈很是着急担心。但是宝宝一直食欲很好，体重满意。那么这是怎么回事呢？会不会影响宝宝健康呢？

上面提到的这种现象在医学上称为“宝宝生理性腹泻”，属正常现象，那是因为宝宝刚出生，胃肠功能还不是很好，妈妈的奶营养成分太高，无法都吸收，所以才拉稀。只要宝宝状态良好，妈妈大可放心。这种宝宝尽管有些拉稀，但身体所吸收的营养仍然很好，甚至超过一般宝宝。

不过，也有宝宝拉稀是因为妈妈吃了不适合的食物，如性质过于寒凉的食物、太过油腻的食物或不洁的食物。如果妈妈有类似的情况要及时改善。

对于生理性腹泻的宝宝，不需要任何治疗，不必断奶，一般在出生后几个月到半年的时候，也就是宝宝能吃辅食时，这种现象会缓解或消失，在此期间注意加强日常护理即可。因生理性腹泻多见于面部湿疹(奶癣)比较严重的宝宝，唯一问题是大便次数较多，所以，妈妈要及时给宝宝换尿布和清洗臀部，并用消毒油膏涂抹，以保护局部皮肤，以免引起红臀，甚至局部感染。

另外，父母在发现宝宝出现生理性腹泻时，要注意与其他腹泻的区别，仔细观察宝宝的大便性状，精神状况，尿量、体重增长情况，最好去医院确诊一下。

妈咪宝贝

对于生理性腹泻的宝宝可不能让他禁食或减少进食量，父母应遵循少量多餐的原则，保证宝宝摄取量大于消耗量，要让宝宝吃饱。

妈妈乳头凹陷怎么给宝宝哺乳

有部分妈妈，由于产前未做好乳头的准备工作，等到宝宝出生后却发现乳头仍是呈凹陷状，无法正常哺乳。于是，很多年轻的父母总是急不可耐地用手拉，但这种方法效果不是很好，往往造成乳头感染、损伤，有的甚至引起乳腺炎发生。

■ 纠正方法

❶ 用一次性 20 毫升注射器一副，取下注射器针头，在注射器 1 毫升标记处剪去注射器头部。

❷ 抽出注射器活塞，将注射器尾部紧扣乳头，插入活塞。操作者左手持针筒，右手持活塞柄向后慢慢抽动活塞，如此重复一两次就可使乳头突起。

❸ 乳头突起后，用温热毛巾擦洗乳头，即可让宝宝吮吸。经宝宝多次吮吸，乳头就不会再内陷。

❹ 对于一次未纠正的妈妈，可每隔 3～6 小时重复 1 次。

■ 哺乳方法

喂奶的时候，可先用食指和拇指在乳头旁将乳头提起，尽量将乳头及乳晕一起送入宝宝的口中，直到宝宝吸住乳头后再松手。如宝宝还是吸不到乳头，妈妈可用手指牵出乳头后，把特制橡皮乳头固定在乳晕皮肤上，使乳头突出能够保持一段时间。把橡皮乳头和乳房皮肤接触处固定，待 2～3 小时乳头就会突起。

另外，也可用吸奶器将乳汁吸出，再用奶瓶喂给宝宝，多次有效地吸吮及吸奶器负压的吸引，就会将内陷的乳头逐渐吸出，可以达到正常哺乳。

妈咪宝贝

凹陷的乳头往往容易积存污垢，妈妈要注意卫生护理。给宝宝喂奶前应先涂上油脂软化污垢，然后用皂水清洗干净（不要留有肥皂味），再用温热毛巾擦洗乳头、乳晕。

妈妈乳头破裂如何哺乳

妈妈乳头破裂对哺乳肯定是有一些影响的，但可采用下面的方法来减轻乳头的疼痛和促使皲裂的愈合。

❶ 首先要特别注意局部的卫生，以防感染。如果只是较轻的小裂口，可以涂些小儿鱼肝油，喂奶时注意先将药物洗掉。乳头破裂严重者应请医生进行处理。

❷ 每次喂奶前后，都要用温开水洗净乳头、乳晕，保持干燥清洁，防止再发生裂口。

❸ 哺乳时应先在疼痛较轻的一侧乳房开始，以减轻对另一侧乳房的吸吮力，并让乳头和一部分乳晕含吮在宝宝口内，以防乳头皮肤皲裂加剧。

❹ 哺乳后穿戴宽松内衣和胸罩，并放正乳头，有利于空气流通和皮损的愈合。

❺ 如果乳头疼痛剧烈或乳房肿胀，宝宝不能很好地吸吮乳头，可暂时停止哺乳 24 小时，但应将乳汁挤出，用小杯或小匙喂养宝宝。

怎样预防乳头皲裂

❶ 哺乳妈妈乳头破裂多半是因为哺乳姿势不正确引起的，因此哺乳时一定要将乳头和乳晕一起送入宝宝的口中，尤其是乳头凹陷刚刚纠正的妈妈。

❷ 每次喂奶时间以不超过 20 分钟为好，如果乳头无限制地被浸泡在宝宝口腔中易扭伤乳头皮肤，而且宝宝口腔中也有细菌，可通过破损的皮肤致乳房感染。

❸ 喂奶完毕后一定要使用正确的方法使宝宝松开乳头，硬拉乳头易致乳头皮肤破损。

妈咪宝贝

妈妈应经常用干燥柔软的方巾轻轻擦拭乳头，以增加乳头表皮的坚韧性，避免宝宝吸吮时发生破损。另外，不要用肥皂、酒精等刺激物清洗乳头，否则容易造成乳头过于干燥而破裂。

妈妈患乳腺炎能否给宝宝哺乳

乳腺炎通常发生在产后第一个星期到第二个星期，习惯以某侧乳房喂食宝宝的新妈妈感染率更高。妈妈如果乳腺发炎，会感到乳房胀痛，能摸到肿块，并有压痛，同时伴有轻度发热。那么，妈妈患乳腺炎时能给宝宝喂奶吗？

如果一侧乳房患有乳腺炎，用另一侧的健康乳房给宝宝喂奶即可；如果两侧乳房均患有乳腺炎，则建议先暂停哺喂母乳。医生开的抗生素药剂并不会影响母乳的成分或通过母乳影响宝宝的健康，但是因为乳头或乳晕上已有伤口，若再加上吸吮的刺激，可能会让妈妈感到很不舒服。加上妈妈可能也有担心宝宝若碰触到伤口，细菌可能会跑入宝宝体内的顾虑，因此，多半会建议妈妈患有乳腺炎的一侧乳房先暂停哺喂。

此外，患有乳腺炎的乳房更要将奶水排空，避免奶水又继续囤积在乳房内。若妈妈实在无法自行处理，可以找原接生医生或家人帮忙将奶水挤出。同时，妈妈要注意卧床休息，多饮水，加强营养。乳房用乳罩托起。

治疗乳腺炎的方法

治疗乳腺炎的方式以口服抗生素为主，平时的居家护理只需以消毒过的棉花棒蘸生理食盐水清洁乳头、乳晕、乳房即可。假使感染状况太严重，就得以外科手术治疗，切开乳房将化脓之处取出、清理干净。

妈咪宝贝

橘核有预防乳汁淤积的功效，把30克橘核用水煎服，喝2～3剂，可以预防妈妈产后乳汁淤积，在一定程度上也可预防产后乳腺炎的发生。

人工喂养

人工喂养需要注意些什么

由于种种原因，很多妈妈不得不放弃母乳喂养宝宝，改为人工喂养。这时妈妈的心里一定有些遗憾，但也不必过于内疚，只要科学喂养，宝宝也可以健康成长。那么，人工喂养需要注意些什么呢？

❶ 定时定量喂养：虽然在奶粉的包装说明中一般都详细列出了宝宝的月龄和奶粉的用量，但仅供参考。因为个体有差异，用量的大小不可能完全一致，应该视具体情况而定。

❷ 奶嘴孔的大小：新生宝宝吸吮的奶嘴孔不宜过大，一般在 15～20 分钟吸完为宜，但也不宜过小，如果奶嘴孔过小，吸起来费力，宝宝就不愿意吸奶瓶了。奶嘴孔的大小以奶流出的速度适中为宜。随着月龄的增加，可以适当加大嘴孔。

❸ 人工喂养姿势：喂奶时，不要将奶嘴直接放入宝宝口里，而是放在嘴边，让宝宝自己找寻，主动含入嘴里；奶瓶不要倾斜过度，奶嘴内应全部充满奶液以防吸入空气而引起宝宝溢乳。

❹ 适量补充水分：人工喂养的宝宝必须在两顿奶之间补充适量的水，尤其是炎热的夏天，更要注意补充水分，每次以 30～50 毫升的温开水为宜。

❺ 补充维生素：由于人工喂养提供的营养不能满足宝宝的营养需求，所以应在出生后 2 周就开始补充鱼肝油和钙剂。鱼肝油中含有丰富的维生素 A 和维生素 D，可每日 1 次，每次 1～2 滴。

妈咪宝贝

宝宝的大便正常与否与牛奶的调配有着密切的关系，如果奶中脂肪过多，宝宝不仅大便增多，而且易出现不消化的奶瓣；如果奶中蛋白质过多，糖分过少，大便就易干燥或有奶块；如果糖分过多，大便就会发酸而稀，且有泡沫和气体。

记得给人工喂养的宝宝喂水

人工喂养的宝宝一定要注意喂水，因为宝宝的个体消化吸收系统差异，无论是母乳＋配方奶粉混合喂养还是人工喂养，均易因缺水等原因产生便秘情况。对于大多数的宝宝来说都需要补水的。

那么每天给宝宝喂多少水合适呢？这要根据宝宝的年龄、气候等情况而定。一般情况下，白天在2次喂奶中间，应加喂1次水，每次可多可少，新生儿喂25～30毫升即可。气候较炎热，宝宝出汗较多或冬季较干燥时，或在宝宝发烧、尿黄、呕吐及腹泻的情况下，需增加喝水的次数。

总之除了给宝宝喝婴儿配方奶粉外，给宝宝补水也是让宝宝健康成长的必不可少的环节，但是因人而异，给宝宝少了肯定不行，也未必越多越好。希望每位妈妈都能把握合适的补水量，让宝宝健康快乐地成长。

另外要注意，夜间最好不要喂宝宝水，否则会影响宝宝的睡眠；宝宝喝白开水为宜，不要在开水里加糖或者加蜂蜜。

妈咪宝贝

6个月后可让宝宝喝煮菜水、果水，不要加糖；也可喂些鲜果汁，不要以饮料代替水，饮料中含糖量较多，有些还含有色素和防腐剂，对宝宝的成长不利。

如何选购配方奶粉

一些劣质奶粉在市面上的存在弄得许多妈妈惊恐万分，那么，如何给宝宝选择优质合格的配方奶粉呢？

❶ 成分：除营养均衡外，应针对宝宝需求作机能性选择，对于奶粉中所添加的特殊配方，也应有临床实验证明或报告。

❷ 品牌：挑选奶粉时应首先考虑较大的生产厂家生产的，尤其是选择从研发、生产、销售（长期的）、制造皆由同一家公司完成的奶粉品牌。进口奶粉除在欧美各国有销售品牌，还应具备第三国销售证明。

❸ 包装：包装外明确标有营养成分、营养分析、制造日期、保存期限、使用方法。

❹ 服务：一般正规的奶粉公司会对消费者提供售后服务及长期专业咨询。

❺ 注意手感、颜色和口感：好的奶粉用手捏起来松软平滑，无不规则的大小块状物；将奶粉倒在洁净的白纸上，观察奶粉的颗粒是否均匀、颜色是否为乳黄色和有无杂质（如面粉）；奶粉冲后无结块，液体呈白色，品尝奶香味浓。

❻ 适合的才是最好的：并非一定要给宝宝吃某个品牌的产品，也不是越贵就越好，而且适合别的宝宝的奶粉品牌，不一定适合自己的宝宝，一定要根据宝宝的自身情况来选择。不论价格的高低，只要宝宝适合、爱吃，吃了之后不会闹肚子，大便不干燥，体重和身高等指标正常增长，而且宝宝睡得好，食欲也正常，无口气、无眼屎、无皮疹，就可以了。

妈咪宝贝

各种奶粉的成分基本上大同小异，妈妈不要被那些打着具有“特殊成分”或“功效”的奶粉所迷惑，更不要以为贵的就是好的，以免受骗。

特殊的宝宝怎样选配方奶粉

这里所说的特殊宝宝是指早产、营养不良、对牛奶蛋白过敏或对乳糖不耐受的宝宝，正常宝宝吃的配方奶就不一定适合他们了。怎样为这些宝宝选配方奶粉呢？

■ 宝宝营养不良

营养不良的宝宝由于肠道对乳糖和脂肪吸收不良，同时伴有维生素和微量元素缺乏，应选择一些低乳糖，以中链脂肪酸做脂肪源，强化维生素及锌、铁、钙、镁的配方奶粉。

如果宝宝还同时伴有牛奶蛋白过敏或蛋白质吸收不良，可选用营养要素配方奶。这类配方奶具有免乳糖，以中链脂肪酸做脂肪源，分解的乳清蛋白做蛋源，强化维生素及微量元素的特点。

■ 宝宝对牛奶蛋白过敏

这类宝宝可以选择用以大豆蛋白作为蛋白质来源生产加工的配方奶粉或豆奶粉。

■ 宝宝对乳糖不耐受

宝宝一出生即无乳糖酶的，无论饮用母乳、牛乳均可导致明显腹泻，停止喂乳或代之以米汤类食物，腹泻即消失，这可能与遗传有关。目前，市场上已经有含乳糖酶的奶粉，可以试试。

■ 早产宝宝

选择专为他们设计配制的早产儿配方奶。待长到足月儿大小的时候，再换用普通婴儿配方奶。

妈咪宝贝

对于这类特殊宝宝，建议妈妈尽量采取母乳喂养，实在没有母乳时再选择合适的配方奶。

选购奶瓶奶嘴时注意什么

奶瓶和奶嘴的选择是否合适关系到人工喂养的宝宝吃奶的情况。有些人工喂养的宝宝会对牛奶产生排斥，其很大一部分原因就是奶嘴不合适引起的。

■ 选择合适的奶瓶

人工喂养的宝宝需要奶瓶、奶嘴、奶粉匙、镊子、能容纳6～8个奶瓶的锅等。奶瓶一般可分为大(250毫升)、小(125毫升)两种，基本上，各需准备4～6个，才能足够应付宝宝一天的需要。

奶瓶要选用结构简单、口大、易清洁、能煮沸消毒的奶瓶。普通常用的有玻璃奶瓶、塑料奶瓶。瓶口以宽口奶瓶为好，以免将奶粉撒出奶瓶，使用方便。

■ 选择合适的奶嘴

奶嘴要多买些，以方便更换。现市场上奶嘴一般分为天然乳胶、硅胶、乳胶合成3种，应选购符合国家要求检验合格者。以触感柔软、弹性佳为宜。并尽量选用与妈妈的乳头相似的奶嘴，对不喜欢橡胶味道的宝宝，可以换成异戊二烯胶或硅胶做成的奶嘴。

另外，奶嘴的形状和大小要适合宝宝的嘴，尤其是奶孔的大小要合适，将奶瓶倒立，每秒钟可流出1～2滴奶的奶孔大小是最合适的。喝水的奶嘴孔一般小于喂奶的奶嘴孔，应用时应区分清楚。

妈咪宝贝

奶嘴要平均每3个月更换1次，可根据宝宝的食时进行更换。前3个月可用小圆孔的奶嘴，3个月以上可改换成中圆孔奶嘴。大圆孔适用于6个月以上的宝宝。

奶瓶奶嘴如何清洗消毒

给宝宝使用奶瓶和奶嘴进行人工喂养时，必须进行消毒，保持清洁。给宝宝喂完奶后要倒出剩余的奶，然后反复刷洗奶嘴、奶瓶，口朝下放好，准备消毒。消毒的方法有很多种，妈妈要选择哪一种消毒方法需依照家里的条件来定。

❶ 煮沸消毒：将奶瓶放入消毒锅内，加入清水将奶瓶全部浸泡，水煮沸5～10分钟后，将奶嘴放入沸水中煮1～2分钟，消毒完成，将消毒好的奶瓶和奶嘴放置在干净的器皿上晾干，盖上纱布备用。

❷ 蒸气消毒：将清洗干净的奶瓶(倒放)和奶嘴放在蒸气消毒锅内，消毒锅要先加入一定量的水，再按下开关，几分钟就可完成消毒过程(消毒锅的使用说明上会注明时间)。

❸ 微波炉消毒：将奶瓶中加入10～20毫升水，用保鲜膜包起；奶嘴沉没在装有水的容器中，用微波炉加热2分钟左右就完成消毒过程。

消毒过的奶瓶奶嘴不要用手去触摸奶瓶口和奶嘴部。

为了宝宝的健康，妈妈一定要坚持每天用消过毒的奶瓶和奶嘴给宝宝喂奶，特别是3个月以内的宝宝。

妈咪宝贝

奶是细菌最好的培养基，如果吃剩的奶长时间地留在奶瓶里面，很容易繁殖细菌，再去清除掉已经长出的细菌是相当费事的，因此，用奶瓶给宝宝喂完奶后要立即将奶瓶奶嘴清洗干净。

什么时候给宝宝添加鱼肝油

宝宝生长发育快，对维生素D的需求量较多，由于自身合成的量不够，需要额外补充。所以，专家建议宝宝从出生2周开始添加鱼肝油，但是要在规定的剂量范围内服用，同时适当补充一些钙粉。但如果人工喂养，配方奶喝得较多，也可以不补充钙粉，只补充鱼肝油。

另外，早产儿、双胎儿、人工喂养儿、冬季出生的小儿，更容易缺乏维生素D。所以，对于这类宝宝，要特别注意尽早添加鱼肝油。

■ 每日需求量

小儿每日需维生素A1000～1500国际单位，而维生素D需求量为400国际单位。

■ 喂多少

浓鱼肝油制剂很多，父母和医生都要详细看说明书，按维生素A和维生素D的比例一般又可分为2:1型、3:1型和10:1型。2:1型的浓鱼肝油每毫升含维生素A10000IU，维生素D5000IU，故父母选此类鱼肝油只要每日喂食宝宝3滴即可。3:1型的浓鱼肝油胶囊每粒含维生素A1800IU，维生素D600IU，通常每2日喂食宝宝1粒即可。10:1型的浓鱼肝油胶囊每粒含维生素A10000IU，维生素D1000IU，此型容易造成宝宝维生素A和维生素D过量，不适合婴幼儿使用。

■ 提醒

❶ 冬季户外晒太阳少，易缺钙，需适当补充鱼肝油。夏天阳光充足，晒太阳多，可促进体内维生素D合成，一般不需补充鱼肝油。

❷ 服用鱼肝油过程中，要观察宝宝的大便，发现有消化不良现象时应适当减少用量，待宝宝适应、大便正常后再逐渐增加。

妈咪宝贝

父母注意，喂养各种婴儿配方奶粉及强化食品时，务必阅读配方中维生素A和维生素D的含量，以免误用过量。过量服用鱼肝油，对宝宝身体有害。

混合喂养

混合喂养需要注意些什么

母乳喂养和人工喂养同时进行，称为混合喂养。但是有些混合喂养的宝宝会出现乳头错觉，有拒奶、烦躁等现象，造成母乳喂养困难，所以在混合喂养时，需要注意一些问题。

■ 不要将母乳和配方奶混合

有些妈妈觉得把母乳吸出来和配方奶混在一起喂宝宝非常方便，其实这种方法并不好。首先，宝宝的吸吮比人工挤奶更能促进母亲乳汁的分泌；其次，如果冲调配方奶的水温较高，会破坏母乳中含有的免疫物质；再次，这样做不容易掌握需要补充的配方奶的量。

■ 夜间最好是母乳喂养

夜间妈妈比较累，尤其是后半夜，起床给宝宝冲奶粉很麻烦。另外，夜间妈妈处于休息状态，乳汁分泌量会相对增多，宝宝的需求量又相对减少，母乳可能已经足够满足宝宝的需要。但如果母乳分泌量确实太少，宝宝吃不饱，这时就要以奶粉为主了。

充分利用有限的母乳

当添加奶粉后，有些宝宝就喜欢上吃奶粉，因为橡皮奶嘴孔大，吸吮很省力，吃起来痛快。而母乳流出来速度较慢，吃起来比较费力，宝宝就开始对母乳不感兴趣了。

但妈妈要尽量多喂宝宝母乳，如果不断增加奶粉量，母乳分泌就会减少，对继续母乳喂养很不利。母乳是越吸越多的，如果妈妈认为母乳不足，而减少喂母乳的次数，会使母乳越来越少。母乳喂养与奶粉喂养的次数要均匀分开，不要很长一段时间都不喂。

妈咪宝贝

1岁以内的宝宝，不要经常更换奶粉，主要是宝宝肠胃适应性差，经常更换奶粉的牌子容易造成腹泻。新奶粉应从少量开始逐渐增加。

补授法好还是代授法好

一般混合喂养有两种方法，一种是补授法，一种是代授法。

补授法

补授法是指先母乳，等母乳喝完后，再给宝宝喂些配方奶。喂奶粉时可选用仿真乳头，这种乳头吸吮起来比较费力，跟吸母乳的感觉比较接近，宝宝容易接受。

混合喂养时，如果想长期用母乳来喂养，最好采取补授法。因为每天用母乳喂，不足部分用人工营养品补充的方法可相对保证母乳的长期分泌。如果妈妈因为母乳不足，就减少喂母乳的次数，就会使母乳量越来越少。

代授法

代授法是指妈妈根据乳汁的分泌情况，每天用母乳喂 3 次，其余 3 次或 4 次用人工营养品来喂宝宝。如果宝宝消化系统不是很好，最好要取代授法，因为一顿既吃母乳又吃奶粉或牛奶，不利于宝宝消化。如果宝宝一次吃母乳没吃饱，妈妈不要马上给宝宝喂奶粉，可以将下一次喂奶时间提前。另外，每次冲奶粉时，不要放太多，尽量不让宝宝吃搁置时间过长的奶粉。

添加配方奶的量

混合喂养添加配方奶的原则是先从少量开始，如一次 30 毫升，然后观察宝宝的反应。如果宝宝吃后不入睡或不到 1 小时就醒，张口找乳头甚至哭闹，说明他还没吃饱，可以再适当增加量，比如一次 50～60 毫升。以此类推，直到宝宝吃奶后能安静或持续睡眠 1 小时以上。

妈咪宝贝

如果 6 个月内宝宝月体重增长超过 500 克，说明喂养量已能满足其生长需要。由于每个宝宝的需要不尽相同，所以父母只有通过仔细观察和不断尝试，才能了解自己宝宝真正的需求量。

日常生活护理细节

宝宝不同的哭声具有怎样的含义

宝宝一哭，妈妈就心急，其实妈妈若仔细观察，会发现，宝宝的哭声是不一样的，当然也代表不一样的意思。

❶ 饥饿：当宝宝饥饿时，哭声很宏亮，哭时头来回活动，嘴不停地寻找，并做着吸吮的动作。只要一喂奶，哭声马上就停止。而且吃饱后会安静入睡，或满足地四处张望。

❷ 感觉冷：当宝宝冷时，哭声会减弱，并且面色苍白、手脚冰凉、身体紧缩，这时把宝宝抱在温暖的怀中或加盖衣被，宝宝觉得暖和了，就不再哭了。

❸ 感觉热：如果宝宝哭得满脸通红、满头是汗，一摸身上也是湿湿的，被窝很热或宝宝的衣服太厚，那么减少铺盖或减衣服，宝宝就会慢慢停止啼哭。

❹ 便便了：有时宝宝睡得好好的，突然大哭起来，好像很委屈，就可能是宝宝大便或者小便把尿布弄脏了，这时候换块干的尿布，宝宝就安静了。

❺ 不安：宝宝哭得很紧张，妈妈不理他，他的哭声会越来越大，这就可能是宝宝做梦了，或者是宝宝对一种睡姿感到厌烦了，想换换姿势可又无能为力，只好哭了。妈妈拍拍宝宝告诉他“妈妈在这儿，别怕”，或者给宝宝换个体位，他又接着睡了。

❻ 生病：宝宝不停地哭闹，用什么办法也没用。有时哭声尖而直，伴发热、面色发青、呕吐，或是哭声微弱、精神委靡、不吃奶，这就表明宝宝生病了，要尽快请医生诊治。

妈咪宝贝

一些宝宝常常在每天的同一个时间“发作”，或者不是因为什么原因，而是宝宝就是想哭。这个时候，要学会安抚宝宝，给宝宝唱歌、帮助他打嗝等都能有效地让宝宝停止哭泣。

宝宝的居室有什么要求

宝宝身体幼小娇嫩，一定要合理安排宝宝的生活环境。

❶ 安置宝宝的房间最好朝南，经常有阳光照射，同时朝南的房间相对较干燥一些，致病菌没有那么容易繁殖。

❷ 不要让宝宝住在刚粉刷或者油漆过的房间里，以免中毒。

❸ 宝宝房内可以加装窗帘，避免阳光直射房内，刺激宝宝的眼睛。到了晚上，把窗帘拉下也可以增加宝宝的安全感。

❹ 要保持室内空气新鲜，春夏秋季经常开窗通通风，冬天也要定时开窗换气，使室内混浊空气、灰尘和微生物排出室外。但注意，开窗时不要让风直接吹到宝宝身上。

❺ 宝宝的居室温度应保持在 18℃～22℃，出生第一周温度需略高一些，可调至 24℃。另外，昼夜温度要均衡。湿度一般为 50%左右。如果宝宝房间里比较干燥，妈妈可以买一个加湿器放在宝宝房间里。

❻ 屋内要保持清洁卫生。每天应打扫屋内卫生，进行湿性打扫，家具用湿布擦拭。

❼ 室内要保持安静，避免嘈杂的声音，大人讲话声音要轻柔，同时，要避免太多客人来探视宝宝。

❽ 宝宝房间的灯光要柔和，不要太刺眼，可以使用类似自然光的灯泡或是卤素灯照明，也可以装上数段式转换的灯，偶尔改变室内光线，给宝宝多种不同的视觉感受。另外，要注意宝宝的房间不可常开灯。妈妈可选择一个灯光强度较弱的台灯，方便晚上起来给宝宝喂奶、换尿布等。

妈咪宝贝

宝宝的房间里不要摆放花草。有些宝宝对花草过敏;有些花草散发出浓郁的香味,会减退宝宝的嗅觉并压抑食欲等。

让宝宝自己睡还是和妈妈一起睡

宝宝出生后,妈妈可以给宝宝一个专门的小床,让宝宝自己睡。但是,在出生后的前6周,妈妈都应该将宝宝的小床放在自己的床边,因为需要给宝宝频繁地哺乳。

母婴同室有利于母婴安全,刺激母乳分泌,方便妈妈随时哺喂,有利于促进宝宝健康发育和母婴感情,因此提倡母婴同室。但是母婴不宜同床,母婴同床睡觉,妈妈翻身的时候,有可能压着宝宝,对宝宝造成严重的伤害。

选择和装点宝宝的小床

❶ 宝宝床的表面要光滑,没有毛刺和任何突出物;床板的厚度可以保证宝宝大一些的时候在上面蹦跳安全;结构牢靠,稳定性好,不能一推就晃。

❷ 床的拐角要比较圆滑,如果是金属床架妈妈最好自己用布带或海绵包裹一下,以免磕碰到宝宝。

❸ 床栏杆之间的间距适当,宝宝的脚丫卡不进去,而小手又可伸缩自如。床栏最好高于60厘米,宝宝站在里面翻不出来。

❹ 摇篮床使用中要定期检查活动架的活动部位,保证连接可靠,螺钉、螺母没有松动,宝宝用力运动也不会翻倒。

❺ 选购好小床后,妈妈还可以用可爱的玩具和鲜艳的色彩装点宝宝的小床,因为宝宝不仅要躺在小床里睡觉、游戏,还要在小床里学站、练爬,甚至蹦蹦跳跳。

妈咪宝贝

小宝宝不宜睡软床，应睡木床、平板床、竹床等。被褥最好是质地柔软、保暖性好、颜色浅淡的棉布做的。

什么样的衣物和被褥适合新生宝宝

很多妈妈都喜欢给宝宝买衣服，不过，宝宝在1～2岁之间，生长速度很快，衣服使用期会比较短，妈妈在给宝宝购买衣物时应注意：

■ 衣服的选择

大小：为刚出生的宝宝选衣服时宜买大忌买小，一定要保证宝宝至少可以穿2个月。

质地：宝宝衣服的材料应该柔软、舒适，缝合处不能坚硬，最好是纯棉或纯毛的天然纤维织品，要特别注意宝宝的衣服的腋下和裆部是否柔软，因为这些地方是宝宝经常活动的关键部位，如果面料不好会导致宝宝皮肤受损。

样式：对于新生宝宝来说，前开衫或宽圆领的衣服最佳。不宜购买带有花边的衣服，宝宝可能会把手指插到其中的孔内。

颜色：宝宝的内衣裤应选择浅颜色或素色的，因为一旦宝宝出现不适和异常，极易弄脏衣服，妈妈能及时发现。

■ 睡衣和睡袋

对于新生宝宝而言，没有必要区分白天与夜间穿的衣服，最合适的睡衣就是连体衣裤。如果天气比较冷，宝宝穿睡袋比较好，可以防止宝宝蹬裤子。

■ 帽子的选择

如果给宝宝买帽子，一定要选有带子的那种，如果没有带子，一定要缝上带子。大多数宝宝不喜欢戴帽子，如果没有带子加以固定，宝宝会把帽子拉掉的。

妈咪宝贝

要注意，为了能够让宝宝锻炼手的抓握能力，妈妈最好不要给宝宝戴上手套。同时，要经常给宝宝剪指甲，防止宝宝抓伤自己。

如何给新生宝宝穿脱衣服

新生宝宝穿脱衣服除了要选择易穿脱的衣服外，还要掌握技巧。

给宝宝穿衣服的方法

❶ 把宝宝放在一个平面上，确保尿布是干净的，如有必要，应更换尿布。

❷ 穿汗衫时先把衣服弄成一圈并用两拇指在衣服的颈部拉撑一下。把它套过宝宝的头，同时要把宝宝的头稍微抬起。把右衣袖口弄宽并轻轻地把宝宝的手臂穿过去；另一侧也这样做。

❸ 把汗衫往下拉。解开连衣裤的纽扣，妈妈这样做的时候，要密切注意着宝宝。

❹ 把连衣裤展开，平放备穿用。抱起宝宝放在连衣裤上面。

❺ 把右袖弄成圈形，通过宝宝的拳头，把他的手臂带出来。当妈妈这样做的时候，把袖子提直；另一侧做法相同。

❻ 把宝宝的右腿放进连衣裤底部；另一腿做法相同。

给宝宝脱衣服的方法

❶ 把宝宝放在一个平面上，从正面解开连衣裤套装。

❷ 因为妈妈可能要换尿布，先轻轻地把双腿拉出来。必要时换尿布。

❸ 把宝宝的双腿提起，把连衣裤往上推向背部到他的双肩。

❹ 轻轻地把宝宝的右手拉出来；另一侧做法相同。

❺ 如果宝宝穿着汗衫，把它向着头部卷起，握着他的肘部，把袖口弄成圈形，然后轻轻地把手臂拉出来。

❻ 把汗衫的领口张开，小心地通过宝宝的头，以免擦伤他的脸。

妈咪宝贝

不管是穿还是脱，妈妈的手法都要轻柔。平时要勤剪指甲，及时磨平，避免在照顾宝宝时划伤宝宝。

如何防止宝宝溢奶、呛奶

■ 防止溢奶或呛奶

首先在给宝宝换尿布宜在喂奶前进行，避免吃奶后因换尿布宝宝大声哭闹而溢奶。其次，在给宝宝喂奶时，妈妈思想不能开小差，应仔细观察宝宝吃奶的情况。

❶ 如果听到宝宝咽奶声过急，或宝宝的口角有乳汁流出，就要拔出奶头，让宝宝休息一下再喂。

❷ 如果妈妈乳头正在喷乳(乳汁像线样从乳头喷出)，应停止喂奶。妈妈可用手指轻轻夹住乳房，让乳汁缓慢地进入宝宝的口腔。

❸ 对容易溢奶的母乳喂养的宝宝，喂奶过程中可暂停 1～2 次，每次 2 分钟左右，妈妈最好把宝宝竖抱起来，拍拍后背，排出空气后，再继续喂。每次喂奶时不要让宝宝吃得过饱。

❹ 喂完奶后，要将宝宝竖抱起来，让宝宝趴在妈妈肩头上，轻拍后背，让宝宝打几个嗝，排出吞入的空气。

❺ 放下宝宝时，最好让宝宝采取右侧卧位。

❻ 切忌在喂奶后抱宝宝跳跃或做活动量较大的游戏。

呛奶的紧急处理

若宝宝平躺时发生呕吐，应迅速将宝宝的脸侧向一边，以免吐出物流入咽喉及气管；还可用手帕、毛巾卷在手指上伸入口腔内甚至咽喉处，将吐、溢出的奶水快速清理出来，以保护呼吸道的顺畅。

如果发现宝宝憋气不呼吸或脸色变暗时，表示吐出物可能已经进入气管了，应马上使宝宝俯卧在妈妈膝上或硬床上，用力拍打宝宝的背部 4～5 次，使其能将奶咳出，随后，妈妈应尽快将宝宝送往医院检查。

妈咪宝贝

随着宝宝逐渐长大溢奶和呛奶现象会逐渐减轻，6 个月左右的时候就会自然消失了，所以父母不要担心。

宝宝用什么样的尿布好

选择尿布

纸尿裤和传统的棉布尿布都有各自的优越性。妈妈可以结合两种尿布的优点，交叉使用。白天宝宝不睡觉时，可以使用棉布尿布，一旦尿湿了就及时更换，小宝宝的皮肤娇嫩、敏感，棉布尿布非常吸水、透气，而且无刺激，既保护了宝宝娇嫩的皮肤，又省钱；晚上给宝宝使用纸尿裤，因纸尿裤持续时间长，在宝宝睡觉时，不会打扰他的睡眠，而且不容易浸透和漏出大小便，能保证宝宝充足的睡眠。

选购纸尿裤的注意事项

❶ 纯棉材质：纯棉材质的纸尿裤透气性能好，且触感柔软。舒服的触觉，能让宝宝拥有安全感。

❷ 吸湿力强：纸尿裤中间要有一个吸水的里层，这样的纸尿裤能迅速

将尿液吸入里层并锁定，能防止回渗，使表面保持干爽，让宝宝屁屁感觉舒适。

❸ 设计人性化：挑选具有透气腰带和腿部裁高设计的纸尿裤。这样的设计能减少纸尿裤覆盖在宝宝屁股上的面积，让更多皮肤能接触到新鲜空气，有助预防尿布疹。

❹ 尺寸合适：宝宝肚子与纸尿裤之间不会出现空隙，更不会在宝宝的大腿上留下深深的印痕。妈妈最好在购买纸尿裤时给宝宝试用一下。

❺ 边缘柔软：有很多妈妈反映宝宝被尿不湿的边缘割伤，所以，妈妈们在选择纸尿裤时不要忘了检查一下其边缘是否光滑柔软。

妈咪宝贝

由于穿上纸尿裤会形成一个潮湿的环境，不利于皮肤的健康，所以取下纸尿裤后不要马上更换新的纸尿裤，给皮肤进行适当的透气，保持皮肤干爽，有利于减少尿布疹的产生。

如何通过大便判断宝宝的健康

宝宝的大便是与喂养情况密切相关的，同时也反映了胃肠道功能及相关疾病。妈妈应该学会观察宝宝的大便，观察大便需观察它的形状、颜色和次数。

❶ 宝宝出生不久，会出现黑、绿色的焦油状物，这是胎粪。这种情况仅见于宝宝出生的头 2～3 天。

❷ 宝宝出生后 1 周内，会出现棕绿色或绿色半流体状大便，充满凝乳状物。这说明宝宝的大便变化，消化系统正在适应所喂食物。

❸ 一般来说，母乳喂养的宝宝大便多为均匀糊状，呈黄色或金黄色，有时稍稀并略带绿色，有酸味但不臭，偶有细小乳凝块。宝宝每日排便 2～4 次，有的可能多至 4～6 次也算正常，但仍为糊状。宝宝此时表现为精神好、活泼。添加辅食后粪便则会变稠或成形，次数也减少为每日 1～2 次。

④ 若是以配方奶粉来喂养，大便则较干稠，而且多为成形的、淡黄色的，量多而大，较臭，每日1～2次，有时可能会便秘。若出现大便变绿，则可能是腹泻或进食不足的表现，父母要留意。

⑤ 有时候宝宝放屁带出点儿大便污染了肛门周围，偶尔也有大便中夹杂少量奶瓣，颜色发绿，这些都是偶然现象，妈妈不要紧张，关键是要注意宝宝的精神状态和食欲情况。只要宝宝精神佳，吃奶香，一般没什么问题。

妈咪宝贝

如果宝宝长时间出现异常大便，如水样便、蛋花样便、脓血便、柏油便等，则表示宝宝有病，应及时去咨询医生并治疗。

宝宝大小便后如何处理

男宝宝

① 打开尿布，擦去尿液或粪便。

② 举起宝宝双腿(其中一个手指在其两踝之间)，用温开水清洗宝宝肛门和屁股，去尿布。

③ 用温开水清洁大腿根部及阴茎部的皮肤皱褶。注意清洁阴茎下和睾丸下面。清洁睾丸下面时，应轻轻托起睾丸，清洗阴茎时，应顺着阴茎皮肤，不要拉扯阴茎皮肤，不要将包皮上推。

④ 用小干软毛巾抹干尿布区，并在肛门、臀部大腿内侧、睾丸附近擦上护臀霜。

女宝宝

① 打开尿布，擦去尿液和粪便。擦去粪便时应注意由前往后，不要污染外阴。擦洗大腿根注意由上而下，由内向外。

② 举起宝宝双腿，用温开水清洗宝宝的肛门和屁股。

❸ 清洗外阴部，注意要由前往后擦洗，防止肛门细菌进入阴道。

❹ 用小干软毛巾抹干尿布区，并可在肛门、臀部、阴唇外阴周围擦上护臀霜。

■ 注意事项

❶ 用温开水去清洗臀部，忌用生水，以防病菌。

❷ 注意水的温度要适宜，用手背或肘部去试温，以不冷不热为准，忌过冷过热。

❸ 清洗臀部时，室温要适中。

妈咪宝贝

在清洗女宝宝外阴时，切记，不可清洗阴唇里边，以免感染，招致疾病。

如何给新生宝宝洗澡

在洗澡之前，妈妈先将自己的手洗干净，摘下戒指等硬物。准备好婴儿沐浴露、小毛巾、大浴巾、水温计、澡盆、换洗的衣服、爽身粉、尿布、脐带护理盒。

关闭门窗，以避免宝宝着凉，室内温度控制在25℃～28℃，冬天可打开空调或电暖气，以增加室内温度。

放洗澡水的时候，一定要遵循“先凉水后热水”的原则，让水的温度逐渐升上来。浴室中如果还有其他电器用品的话，记得一定要拔掉插头，以免宝宝有触电的危险。

放好洗澡水之后，可以拿温度计测一下，一般水温在38℃～40℃，或妈妈用手肘测试一下水温，略微感觉到温热，就差不多了。

■ 洗头的方法

妈妈坐在浴缸的边缘上，让宝宝横跨在妈妈的双腿上，面对着妈妈(如果宝宝害怕水，这是特别有用的）。利用方巾用水将头发打湿。以指腹轻轻按摩宝宝头皮（不要用手抓），同时要注意用手指头盖上宝宝的两只耳朵，以免耳朵进水。再用清水将头发冲洗干净，然后将方巾拧干，把头发擦干。

洗澡的方法

脱掉宝宝的衣服（洗头时不要全部脱掉，以免着凉），在入水之前，先用温水将方巾蘸湿，轻轻地拍打一下宝宝的胸口、腹部，让宝宝对水有个初步的感觉，这样就不至于一入水而感到突然不适应。然后将宝宝放在浴盆中，下面垫一块柔软的浴巾或海绵，用手掌支起颈部，手指托住头后部，让头高出水面，再由上而下轻轻擦洗身体的每个部位。如皮肤皱褶处有胎脂，应细心地轻擦，若不易去除，可涂橄榄油或宝宝专用按摩油后轻轻擦去。

妈咪宝贝

给新生儿、婴儿洗澡后不要擦爽身粉。如宝宝有潮红，可用煮沸冷却后的植物油或红霉素软膏涂擦。

宝宝的囟门如何护理

人的头颅是由两块顶骨、两块额骨、两块颞骨及枕骨等骨组成。宝宝出生时，这些骨骼还没有完全闭合，在头顶前形成一个菱角空隙为前囟门；在头顶后还有一个“人”形的空隙为后囟门。

宝宝出生时，前囟门为 2.0 厘米 2.0 厘米大小，一般 1～1.5 周岁时闭合，后囟门一般在 2～4 个月就闭合。囟门是人体生理过程中的正常现象，用手触摸前囟门时有时会触及如脉搏一样的搏动感，这是由于皮下血管搏动引起的，未触动到搏动也是正常的。囟门同时又是一个观察疾病的窗口，医护人员在检查宝宝时常常摸摸囟门来判断一些疾病。所以说宝宝的囟门是可以触摸的，并不像很多新手爸妈所想的那样，囟门不能碰、不能清洗。

宝宝囟门若长时间不清洗，会堆积污垢，这很容易引起宝宝头皮感染，继而病原菌穿透没有骨结构的囟门而发生脑膜炎、脑炎，所以囟门的日常清洁护理非常重要。

■ 注意清洗

❶ 囟门的清洗可在洗澡时进行，可用宝宝专用洗发液而不宜用强碱肥皂，以免刺激头皮诱发湿疹或加重湿疹。

❷ 清洗时手指应平置在囟门处轻轻地揉洗，不应强力按压或强力搔抓，更不能以硬物在囟门处刮划。

❸ 如果囟门处有污垢不易洗掉，可以先用麻油或精制油蒸熟后润湿浸透 2～3 小时，待这些污垢变软后再用无菌棉球按照头发的生长方向擦掉，并在洗净后扑以婴儿粉。

妈咪宝贝

正常的囟门表面与头颅表面深浅是一致的，或稍有一些凹陷。如果囟门过度凹陷，可能由于进食不足或长期呕吐、腹泻所造成的脱水引起的，最好去医院检查一下。

怎样护理新生宝宝的脐带

照顾新生宝宝，回家后头几天最需要注意的就是脐带护理。宝宝出生后 7～10 天，脐带会自动脱落，在脐带脱落前，为了避免脐带感染，一天至少要帮宝宝作 3 次脐带的护理。那么具体做法是怎样的呢？

■ 用品准备

棉签、浓度为 75％的医用酒精、医用纱布、胶带。

■ 护理方法

❶ 将双手洗净，一只手轻轻提起脐带的结扎线，另一只手用酒精棉签

仔细在脐窝和脐带根部细细擦拭，使脐带不再与脐窝粘连，再用新的酒精棉签从脐窝中心向外转圈擦拭消毒。

❷ 消毒完毕后把提过的结扎线也用酒精消消毒。

❸ 脐带脱落后，仍要继续护理肚脐，每次先消毒肚脐中央，再消毒肚脐外围，直到确定脐带基部完全干燥才算完成。

❹ 如果脐带根部发红，或脐带脱落后伤口不愈合，脐窝湿润、流水、有脓性分泌物等现象，要立即将宝宝送往医院治疗。

❺ 妈妈还要注意，干瘪而未脱落的脐带很可能会让幼嫩的宝宝有磨痛感，因此妈妈在给宝宝穿衣、喂奶时注意不要碰到它。如果这个时期的宝宝突然大哭，又找不到其他原因，那可能就是脐带磨疼他了。

妈咪宝贝

一定要保证脐带和脐窝的干燥，因为即将脱落的脐带是一种坏死组织，很容易感染上细菌。所以，脐带一旦被水或被尿液浸湿，要马上应用干棉球或干净柔软的纱布擦干，然后用酒精棉签消毒。脐带脱落之前，不能让宝宝泡在浴盆里洗澡。可以先洗上半身，擦干后再洗下半身。

宝宝脸上的粟粒疹能挤吗

有些宝宝出生后，脸上、身上容易出现一些大小约 1 毫米的白色小疹子，这到底是怎么回事呢？这叫“粟粒疹”。粟粒疹是长在宝宝鼻部和面颊上的一种细小的白色或黑色的突出在皮肤表面的皮疹，像粟粒一样。粟粒疹是不足 3 个月的新生宝宝的常见皮疹，主要是因为宝宝的皮脂腺功能尚未完全发育成熟所致。

■ 怎样消除粟粒疹，能挤吗

什么都不用做。粟粒疹既不疼不痒，也不会自行感染，不用治疗。当死皮堆积在宝宝皮肤表面的小毛孔里，宝宝就会长粟粒疹。等到这些小疙瘩的表皮掉落，堆积的死皮脱下来，粟粒疹就会好了。因此，一般在两三周后粟粒疹就会自行消失。不过，有些粟粒疹也可能要到一两个月以后才能消失。

建议父母不要在宝宝的粟粒疹上抹任何油霜或药膏，更不要为了让粟粒疹快点消失而去挤掉，那样可能会留下疤痕。使劲擦洗也不行，不仅没用，而且还可能会刺激宝宝敏感的皮肤。

再次强调，切不可用手去挤捏宝宝的粟粒疹，以免引发皮肤感染等症状。

妈咪宝贝

有些父母可能会觉得宝宝现在长了粟粒疹，长大就会长青春痘，事实上并不一定会这样。因为宝宝长不长青春痘跟遗传有关。如果父母青春期或成年后长过痘，那宝宝在青春期很可能也会长青春痘。

可不可以给新生宝宝枕枕头

正常情况下，新生宝宝睡觉时是不需要枕头的。因为新生宝宝的脊柱是直的，平躺时，背和后脑勺在同一平面上，不会造成肌肉紧绷而导致落枕；加上新生宝宝的头大，几乎与肩同宽，侧卧也很自然，因此无须用枕头。如果头被垫高了，反而容易形成头颈弯曲，影响新生宝宝的呼吸和吞咽，甚至可能发生意外。如果为了防止吐奶，可以把新生宝宝的上半身适当垫高一些，而不是只用枕头将头部垫高。

3 个月后可给宝宝枕枕头

宝宝长到 3 个月后开始学习抬头，脊柱颈段开始出现生理弯曲，同时随着躯体的发育，肩部也逐渐增宽。为了维持睡眠时的生理弯曲，保持身体舒适，就需要给宝宝用枕头了。

■ 选择合适的枕头

高度：宝宝在 3～4 个月时可枕 1 厘米高的枕头，以后可根据宝宝不断地发育，逐渐调整枕头的高度。

软硬度：宝宝的枕头软硬度要合适。过硬易造成扁头、偏脸等畸形，还会把枕部的一圈头发枕掉而出现枕秃；过松而大的枕头，会使月龄较小的宝宝出现窒息的危险。

枕芯：枕芯的质地应用柔软、轻便、透气、吸湿性好的材料，可选择灯芯草、荞麦皮、蒲绒等材料填充，也可用茶叶、绿豆皮、晚蚕沙、竹菇、菊花、决明子等填充，塑料泡沫枕芯透气性差，最好不用。

大小：宽度与头长相等即可。

枕套：枕套最好用柔软的白色或浅色棉布制作，易吸湿透气。一般推荐使用纯苎麻，它在凉爽止汗、透气散热、吸湿排湿等方面效果最好。

妈咪宝贝

枕芯一般不易清洗，所以要定期晾晒，最好每周晒一次。而且要经常活动枕芯内的填充物，保持松软、均匀。最好每年更换一次枕芯。

宝宝应该采取什么样的睡姿

宝宝的头型与枕头无关，与宝宝的睡姿有关。刚出生的宝宝，头颅骨尚未完全骨化，各个骨片之间仍有成长空隙，直到 15 个月左右时囟门闭合前，宝宝头部都有相当的可塑性。

所以妈妈要注意，千万不要让宝宝只习惯某一种睡姿，这样，宝宝头部某一方位的骨片由于长期承受整个头部重量的压力，其生长的形状必然会受影响，容易把头型睡偏。妈妈应该每 2～3 小时给宝宝更换 1 次睡眠姿势。一般认为，平卧和侧卧是宝宝最好的睡姿选择，能保证宝宝头部正常发育，睡出漂亮的头型。但是一定不能忘记，侧卧时，还是应采取左侧卧和右侧卧交替的方法。

■ 给宝宝换睡姿的方法

宝宝在睡眠比较浅的时候不要动他，他会不接受，会哭闹不安，转到他喜欢的位置接着睡。在宝宝睡着 15～20 分钟，比较沉的时候，帮助他改变一下体位，是循序渐进的改变，开始少一点，然后再多一点。

妈咪宝贝

宝宝 3 个月后，妈妈可以给宝宝枕枕头，但这时的宝宝有足够的力量移动头部，通常在其进入睡眠状态后 1 小时左右，头往往会离开枕头，所以，妈妈必须经常关注和看护好睡眠中的宝宝，避免出现枕头滑开，遮住宝宝口鼻，而令宝宝发生意外的情况。

给宝宝戴饰物好吗

自古以来，人们都会给宝宝配戴金锁、银锁、银手镯等饰品，上面还刻着"吉祥如意"、"长命百岁"等吉祥的祝福语，其中包涵了父母及亲朋好友对宝宝的祝福，希望他能健康、快乐地成长。但宝宝毕竟太小，配戴金属类饰品难免会存在一些安全隐患。

首先，宝宝的皮肤非常娇嫩，所戴饰物会刺激摩擦局部皮肤，使皮肤受到损伤。一些低档首饰在造型上有尖、爪等，而且做工粗糙，有的接口不对位，有的毛坯打磨不光滑，容易刺激或刮伤皮肤。如果病菌侵入繁殖，还可能造成继发感染，引起全身性疾病。

其次，宝宝生性好动，常会把东西放进嘴里，通过咬来探索。一些首饰原料属于重金属，如金、银等，若把它们含在嘴里，可能会造成宝宝重金属中毒。此外，首饰上的一些细小饰物（如小铃铛）很容易被宝宝误吞到体内，或卡在喉咙，造成窒息。

所以，为了宝宝的安全，建议父母不要给宝宝戴饰品。可以将亲朋好友送的饰品放入手饰盒(宝宝专用)给宝宝保存好，等宝宝大点再戴。

妈咪宝贝

如果宝宝戴金属饰品后，接触部位出现红肿、丘疹、水疱等，极有可能是宝宝属过敏体质，金属饰品引起了过敏反应，这时应及时将宝宝送医院诊治。

怎样礼貌地拒绝过多的探视者

我国有一些风俗习惯是在宝宝生下后3天、7天、满月时摆酒席庆贺，这时来往的亲朋好友很多，问候产妇、看看宝宝，这个亲一下，那个抱一抱，这样会把有些客人携带的病菌传给宝宝，使宝宝受到感染。

虽然在母体中获得的免疫能力，能够让新生宝宝6个月内成功抵抗外部细菌的侵袭，但过多探视，成人呼吸道中的微生物可能成为新生宝宝的致病菌。新生宝宝的生活环境要安静舒适，空气新鲜，远离感染源。过多探视，对新妈妈产后恢复也不利，休息不好，乳汁分泌就减少，给母乳喂养带来困难。

所以，刚分娩后大家来探视，妈妈应该简短礼貌地回复大家询问，尽量少说话多休息，或由家人出面接待。尤其是患有慢性病或感冒的亲友最好不要让其近视产妇和宝宝。家人可以含蓄地告诉客人：宝宝正在睡觉，不然醒后哭闹，使得妈妈更加疲惫，或说现在感觉有点累等委婉的措辞。

在含蓄而委婉拒绝探视宝宝这个问题上，爸爸要发挥重要作用，爸爸可以提前用手机告诉亲朋好友适宜的探视时间，合理安排，避免人员过多、时间过长，以保证妈妈体力和精力的顺利恢复。

还可以提前通过E—mail、QQ等发信息告诉大家妈妈和宝宝的近况，表示要听从医生的话多注意休息，尽量避免探视，还可以用数码相机拍下宝宝的照片上传到论坛，让同事朋友一睹小宝贝的风采。

妈咪宝贝

有亲朋好友来访，父母可在客厅热情接待和交谈，让客人从窗户或门口瞧上宝宝一眼。

宝宝黄疸期间如何照看

由于只要超过生理性黄疸的范围就是病理性黄疸，因此出院后对宝宝的观察非常重要。以下是黄疸儿居家照顾须知：

❶ 仔细观察黄疸变化：黄疸是从头开始黄，从脚开始退，而眼睛是最早黄、最晚退的，所以可以先从眼睛观察起。如果不知如何看，建议可以按压身体任何部位，只要按压的皮肤处呈现白色就没有关系，是黄色就要注意了。

❷ 观察宝宝日常生活：只要觉得宝宝看起来愈来愈黄，精神及胃口都不好，或者体温不稳、嗜睡，容易尖声哭闹等状况，都要去医院检查。

❸ 注意宝宝大便的颜色：要注意宝宝大便的颜色，如果是肝脏胆道发生问题，大便会变白，但不是突然变白，而是愈来愈淡，如果再加上身体突然又黄起来，就必须去医院检查。

❹ 家里不要太暗：宝宝出院回家之后，尽量不要让家里太暗，窗帘不要都拉得太严实，白天宝宝接近窗户旁边的自然光，电灯开不开都没关系，不会有什么影响。但不要让宝宝直接晒到太阳，以免晒伤。

妈咪宝贝

妈妈要注意勤喂母乳，因为有些宝宝出现黄疸是由喂食不足引起的。

新生宝宝要接种哪些疫苗

新生儿期需要注射卡介苗和乙肝疫苗。

卡介苗接种介绍

接种卡介苗可以增强宝宝对于结核病的抵抗力，预防严重结核病和结核性脑膜炎的发生。目前我国采用的是减毒活疫苗，安全有效。宝宝在出生后，就要及时接种卡介苗。

注射卡介苗的注意事项：接种后在接种部位有红色结节，伴有痛痒感，结节会变成脓包或溃烂。此类现象属疫苗的正常反应，一般 2～3 个月自行愈合。

注射卡介苗的禁忌：当新生宝宝患有高烧、严重急性症状、免疫不全、出生时伴有严重先天性疾病、低体重、严重湿疹以及可疑的结核病时，不应接种卡介苗。

如果宝宝出生时没接种，可在 2 个月内到当地结核病防治所卡介苗门诊或者疾病预防控制中心的计划免疫门诊补种。

乙肝疫苗接种介绍

接种乙肝疫苗的目的是预防乙型肝炎。乙肝疫苗必须接种 3 次才可保证有效。一般时间为：第 1 次：24 小时内；第 2 次：1 个足月；第 3 次：6 个足月。

注射乙肝疫苗的注意事项：接种后宝宝一般反应轻微，少数会有不超过 38℃的低烧，伴有恶心及全身不适。约 10％的接种者在注射部位有局部发红、肿胀和硬结。一般不用处理，1～2 天可自行消失。

注射乙肝疫苗的禁忌：患肝炎、发热、慢性严重疾病、过敏体质的宝宝禁用。如果是早产儿，则要在出生 1 个月后方可注射。

妈咪宝贝

在宝宝接种前，新妈妈应准备好《儿童预防接种证》，这是宝宝接种疫苗的身份证明。以后妈妈为宝宝办理入托、入学时都需要查验。

疫苗接种后要注意观察什么

近年来由于新闻或报纸杂志偶有因接种疫苗后产生猝死或严重并发症的例子，父母都会有些担心：接种疫苗后，会不会还没受到保护就已产生了副作用？

疫苗接种后父母要观察宝宝是否产生不适反应，以便及时就医。

接种疫苗后的反应	接种疫苗后的照护方式
注射部位局部红肿、疼痛、硬块	注射后6～8小时发生肿痛，反应激烈者，会形成硬块。接种部位24小时内，可用冷敷减轻疼痛；24小时后，可用温敷消肿帮助吸收
轻度发烧	一般只要给退烧药即可，至于在退烧药的选择上，要避免阿司匹林与水杨酸制剂，因为有可能引起雷氏症候群
烦躁不安、哭闹	大多在注射以后12小时内发作，可以持续一小时。安抚观察即可
长疹子	一般只要观察即可，偶尔才需使用到抗过敏药物。主要是因为有些疫苗中含有微量的neomycin和polymyxin，应小心用于已知对这些抗生素过敏的患者
高烧超过40.5℃	48小时以内发作。一般只要给退烧药即可。有些幼儿可能因为发烧而引起热痉挛，这与个人体质有关，多数都是良性的
超过3小时以上的持续性哭闹	48小时以内发作，发生率1%。要特别注意食欲、活动力是否也跟着降低。若极度昏睡、低张力、全身虚脱或尿量减少，则必须就医请医生处理
神经学病症	严重反应如痉挛、神经疾病及脑部疾病等极少发生
过敏性休克	发生率极低，通常为立即型过敏反应，可能危及生命

妈咪宝贝

妈妈在给宝宝接种疫苗前一定要将宝宝的身体健康状况如实反映给医生，以便医生判断是否可以接种疫苗。

新生儿能力训练

新生宝宝具备什么样的能力

人刚一生下来，就具备73种潜能。比如，刚出生的宝宝就具备吮吸能力；出生8小时的宝宝，就会模仿成人吐舌头；3个月的宝宝，存在爬行反射、行走反射、游泳反射等7种无条件反射……

■ 看的能力

新生宝宝刚出生就有看的能力，并能记住所看到的东西。34周早产儿与足月儿有相同的视力。宝宝出生后，父母应多与宝宝对视，因为眼睛看东西的过程能刺激宝宝大脑发育，而且与宝宝对视，还能向宝宝表达你们对他的爱。

■ 听的能力

新生宝宝的听觉是很敏感的。如果妈妈在宝宝耳边轻轻地说话，宝宝会转向说话的一侧。宝宝喜欢听妈妈的声音，因为妈妈的声音会让宝宝感到亲切，不喜欢听过响的声音和噪声。

■ 说的能力

新生宝宝“说的能力”就是哭的能力。整个新生儿期，宝宝都在哭，妈妈要学会听懂这种特殊的语言。

■ 触觉能力

刚出生的宝宝对不同的温度、湿度、物体的质地和疼痛都有触觉感受能力。也就是说他们有冷热和疼痛的感觉，喜欢接触质地柔软、和体温相近的物体，如妈妈的身体。另外，嘴唇和手是宝宝触觉最灵敏的部位。

■ 味觉能力

新生宝宝有良好的味觉。给出生后只有一天的新生宝宝喝不同浓度的糖水，他们会有不同的反应。如给宝宝喝酸橘子水时，他会皱起眉头。

■ 嗅觉能力

新生宝宝能认识和区别不同的气味。宝宝比较喜欢妈妈本身的体香，排斥化妆品的味道。所以，妈妈在哺乳期间不要化浓妆。

妈咪宝贝

妈妈要根据宝宝的先天本领，及时地进行有效的训练。

怎样锻炼新生宝宝的听力

■ 听心跳声

当新生宝宝哭闹时，妈妈可将宝宝抱在左胸部位，让宝宝听听妈妈的心跳声，他会立即停止哭声。当妈妈不在时，可将录下的心跳声播放给宝宝听，也能产生到同样的效果。因为听到在宫内就听的妈妈心跳声，他会有安全感。

■ 听听音乐

妈妈在宝宝清醒时，尤其是在吃奶时，可以放些节奏缓慢、优美的音乐给宝宝听。但注意不要在短时间内频繁更换曲子，而应该在一段时间内只放一首短小、悦耳的曲子，让宝宝经常听。妈妈每天让宝宝听 2～3 次音乐，可以增加宝宝的听觉能力和记忆力。

■ 和宝宝说话

宝宝最喜欢听妈妈的声音，妈妈应在日常生活中多与宝宝说话，可以轻声呼唤宝宝的名字，还可结合当时的情景，对宝宝讲一些情景语言。如宝宝吃饭时，可以说："宝宝吃奶，快长大。"宝宝睡醒了，妈妈可以说："宝宝醒了吗？让妈妈看看。"注意，讲话的声音要轻柔，要富有感情。

■ 给宝宝念儿歌

宝宝一般对朗朗上口的儿歌比较容易产生兴趣。妈妈可以经常给宝宝哼哼儿歌，如在哄宝宝睡觉时，或在宝宝觉醒来时。儿歌容易刺激宝宝的大脑皮层，使宝宝记忆深刻。

■ 听玩具声

新生宝宝喜欢听八音琴、铃声、玩具动物叫声，每次训练只让他听一种声音，反复地训练听觉。

■ 其他

还可以制造一些"有利"噪声让宝宝听，如开门声、洗衣机声、洗澡时的拍水声等。

妈咪宝贝

训练宝宝听觉的时间不要太长，以免宝宝失去兴趣。另外，给宝宝听音乐时不可以给宝宝戴耳机，以免损伤其娇嫩的听觉器官。

如何训练新生宝宝的视觉

■ 看黑白

刚出生的宝宝只能看到离眼睛20～25厘米远的东西，等到1个月之后就能看到90厘米甚至更远的东西了。宝宝一般比较喜欢黑白图案。妈妈可将黑纸和白纸各一张出示在出生10天左右的新生宝宝面前，先给他看看黑纸，然后再看白纸，各注视半分钟，再将黑、白纸同时出示，让他同时看两种不同颜色的纸，训练眼球在两张纸之间来回移动。

■ 看彩球

宝宝睡醒以后，妈妈可用一个鲜红色的玩具或彩色的球、红色的绒布娃娃等逗引宝宝，看他有无视觉反应。宝宝看到玩具后，若盯住它看，妈妈可将玩具移动，看宝宝的眼睛是否会跟着玩具移动。玩2～5分钟。玩具移动的速度要慢一些。

■ 看亮光

新生宝宝出生后已有光感，可在房内挂光亮适度、柔和的乳白色灯或彩色灯，光线不要直射宝宝的脸。训练时，可以一会儿开灯，一会儿关灯，以锻炼宝宝瞳孔扩张与收缩。宝宝2周后可用红布包住手电筒，将亮光对准宝宝眼上方15～20厘米处，沿水平线向左右或前后方向慢慢摇动数次。

■ 认玩具

在宝宝吃饱后，清醒时，妈妈把各种常见的不同大小、形状、质地的物品拿给宝宝看，并告诉新生宝宝物品名称，可能的话还可以拿着宝宝的手抚摸一下物品。这个训练可以在宝宝出生半个月后进行，可以锻炼宝宝的视觉能力，为宝宝手眼协调作准备，同时训练新生宝宝的注意力。

妈咪宝贝

视觉训练，刚开始以每次2～3分钟为宜。妈妈不可整天让宝宝盯着天花板，使新生宝宝得不到视觉刺激。

如何用不同气味训练宝宝的嗅觉

嗅觉能形成一个人记忆中最强有力的部分，如果你能够尽早及适当地对宝宝的嗅觉进行刺激，宝宝的思维能力能够得到极大的锻炼。

把带有不同气味的物品让宝宝来“欣赏”就是训练宝宝嗅觉的一个比较好的方法。例如，妈妈的衣物，厨房的气味，米饭的香味，各种炒菜的味道，香皂特殊的芳香。有的家庭比较喜欢养花，植物在花儿开放的时候一般都会释放出花香，也是训练宝宝嗅觉的好素材；包括植物的茎叶，都有其属于自己的特殊的气味。经过经常的练习，宝宝感官能力的改善是有可能实现的。

这些练习会使宝宝受到忽视的感官得到培养，还可以培养宝宝积极的注意力，从而会使得宝宝在生活中逐步锻造出强有力的意志。

身边训练宝宝嗅觉的素材有：

1. 花的味道：茉莉花、玫瑰花、兰花、菊花。
2. 瓜果的味道：苹果、橘子、桃子、香蕉、柠檬、香瓜。
3. 蔬菜味道：韭菜、芹菜、大蒜、大葱、洋葱头。
4. 饮料味道：白酒、啤酒、果酒。

妈咪宝贝

妈妈要注意，食堂、动物园、厕所、食品店、医院等，这些场所最好不要让宝宝停留太久，如果宝宝嗅觉非常好，这些不好的气味会让他觉得很不舒服。

训练新生宝宝触觉宜采用什么方法

触觉的正常发展，对于新生宝宝大脑的发展和全身动作的发展十分有利。新生宝宝最早出现的感觉是皮肤感觉，所以妈妈要多抚摸宝宝，以发展宝宝的触觉。

■ 触摸乳房

在喂奶前，妈妈将宝宝抱在怀里，握着他的小手去触摸自己的乳房，然后再喂奶。使他多次触摸乳房后，可以建立条件反射，知道饿了可在此处觅食。

■ 触摸脸

宝宝睡醒后，妈妈用手指轻轻抚摸新生宝宝的脸，抚摸的动作要缓慢，要非常轻，一边抚摸一边唱儿歌。若妈妈接触宝宝时，宝宝有转头的反应，妈妈可以在他脸颊上亲吻一下，以资鼓励。

■ 触摸手

妈妈要经常用手轻柔地抚摸宝宝的每一个手指，使他紧握的小手放开，并在每次抚摸后用不同的物体，如硬的木棒、软的毛巾等去触碰他的手掌心，使他感觉到不同物体的触觉刺激。

■ 触摸身体

可在给宝宝洗澡前或换尿布后，全裸或半裸时，妈妈用手抚摸小宝宝的身体，由胸部、腹部抚摸到腿、两臂，然后翻转身抚摸后身，从颈部往下抚摸到背部、臀部，轻轻抚摸，使宝宝皮肤受到触觉的刺激。

妈咪宝贝

洗澡后触摸宝宝身体时，要注意将室温调至合适的温度，以免宝宝光着身子着凉。

如何利用宝宝的行走反射促进大脑发育

行走反射是指宝宝天生所具备的行走的能力。这一反射在宝宝出生后56天左右就自然消失。所以，父母应及早地、充分地利用宝宝的这一能力并加以动作训练，可使宝宝提早学会走路，从而促进脑的发育成熟、智力发展。

时间

从出生第8天开始到第56天结束。每天4次，每次3分钟。于喂奶后半小时进行。

方法

托住宝宝的腋下，用两大拇指控制好宝宝头部让他的光脚板接触平面，他就会做协调的迈步动作。这就是先天的非条件反射——行走反射。

妈妈注意

❶ 早产儿及佝偻病患儿，不宜作此项练习。

❷ 动作要轻柔，边做边喊口令“一二一”，或逗引宝宝。

❸ 注意宝宝的情绪，若情绪不好应立即停止。

❹ 一般除腹泻、发热等患病情况外，要坚持进行。这样，56天过后，宝宝就会形成条件反射，扶站即走，乐此不疲。一般在10个月左右就可独立开步行走。

妈咪宝贝

宝宝一出生就有抓握的本领,即握持反射。所以,妈妈可在出生20天后,对宝宝进行训练。妈妈可用花环棒、笔杆、筷子之类的物品让宝宝试握,但要注意别伤到宝宝。

怎样对新生宝宝进行动作训练

■ 抬头训练

妈妈竖抱宝宝,使宝宝头部靠在自己的肩上,然后妈妈不要用手扶住宝宝头部,让宝宝的头自然立直片刻。每日4～5次,可以促进宝宝颈部肌肉张力的发展。

■ 俯腹抬头训练

宝宝空腹时(吃奶前),将他放在妈妈或爸爸的胸腹前,自然俯卧,妈妈把双手放在宝宝脊部按摩,并逗引宝宝抬头。也可将宝宝俯卧在床上,用玩具逗引宝宝抬头片刻,边练习边说"宝宝,抬抬头",同时用手轻轻按摩宝宝背部,使宝宝感到舒适愉快,背部肌肉得到放松。这个训练可以训练宝宝头、颈部肌肉,还可使宝宝扩大视野,智力得到开发。

■ 手部动作训练

把宝宝平放在床上,让他随意握拳、挥拳。妈妈不要总是把宝宝的小手藏在衣服里,而应该让他经常看自己的手,玩手,充分地去抓、握、拍、打、敲、挖……宝宝手掌的皮肤有丰富的触觉神经末梢感受器,手部动作可以使宝宝感受丰富多彩的外部世界。

■ 蹬脚训练

将宝宝仰卧于床上,妈妈将几件发响软塑玩具放于墙边,并用一块有一点硬度的档板立在软塑玩具前面，使宝宝在无意识的随意蹬踏中，逐渐引发有意识的用力踏蹬，从而训练宝宝双腿的灵活性及交替蹬踢能力。需要注意的是，硬板比较凉，妈妈不要让宝宝光脚蹬踏板。这个训练可以锻炼宝宝的腿部力量，为宝宝今后学爬作准备。

给宝宝做四肢运动

❶ 打开一个有节奏的体操运动音乐。

❷ 将宝宝放在床上，双手轻轻握住宝宝的手或脚。

❸ 随着体操的节奏帮助宝宝做四肢运动。

妈咪宝贝

作动作训练时，如果宝宝紧张、烦躁，可暂缓，改为皮肤按摩，使宝宝适应。

什么样的玩具适合新生宝宝

新生宝宝的小手还不会抓握，也不会摆弄玩具，但他的眼睛会看，耳朵会听，小手会触摸，因此需要玩具来发展他的视觉、听觉、触觉。新生宝宝的玩具必须是色彩鲜艳、有响声、能活动、小型、光滑而无锐利尖角边缘的，这可以使新生宝宝能看、能听、能触摸，能引起他兴奋而自发地活动手脚。

可以选择悬挂的彩球、彩灯、妈妈脸谱画、大幅人像画、红色塑料玩具，以及八音琴、响铃棒、拨浪鼓、能捏出声响的橡塑娃娃或动物等音响玩具，还有诸如小皮球、小木棒、塑料圆环、布娃娃类的触摸玩具。

防止宝宝眼内斜

大多数妈妈喜欢在宝宝的床栏中间系一根绳，上面悬挂一些可爱的小玩具，逗引宝宝追着看。这样做可以发展宝宝视觉能力，但如果经常这样做，就会使宝宝的眼睛较长时间地向中间旋转，有可能发展成内斜视，俗称

“斗鸡眼”。所以，妈妈应该掌握正常的方法，即把玩具悬挂在围栏的周围，并经常更换玩具的位置。玩具不要挂得太近，使宝宝看得很累，最好常抱宝宝到窗前或户外，看远的东西。

妈咪宝贝

宝宝玩具不宜选得太多，触觉、听觉玩具一定要质量轻而易抓握、小型柔软的。

安全问题

如何防止新生儿发生窒息

■ 窒息原因

❶ 妈妈躺着给宝宝喂奶，妈妈睡着了，乳房压住宝宝的口鼻。

❷ 寒冷季节，妈妈和宝宝合睡一个被窝，或将宝宝搂在自己的怀里睡，妈妈睡熟后误将手臂或被子捂住宝宝的脸部。

❸ 带宝宝外出时将被子裹得太严实，使宝宝意外窒息。

❹ 有的宝宝好吐奶，妈妈便在宝宝枕头旁放一块塑料布或围一条大毛巾，当妈妈离开宝宝时，塑料布或大毛巾被风吹盖在宝宝脸上引起窒息。

❺ 给宝宝用奶瓶躺着喂奶时，妈妈离开时，宝宝发生吐奶，将奶液或奶块呛到气管引起窒息。

■ 预防措施

❶ 妈妈给宝宝喂奶时要保持清醒，并在喂完奶后抱一会儿宝宝，将宝宝身体和头转向右侧。

❷ 用奶瓶喂养宝宝时，妈妈不要将奶瓶往宝宝嘴里一放就不管了，容易造成溢奶窒息。

❸ 父母不要与宝宝同一条被子睡觉，被子不要盖到宝宝鼻子，头上不要盖衣物。另外，冬天给宝宝保暖可将垫被加厚，上面盖的被子不要太多太大。

❹ 将所有小东西或小饰品收起来，以防宝宝因为吞咽而造成窒息伤害。

❺ 婴儿床的栅栏间隔必须小于 7 厘米，以防宝宝的头被夹住。

妈咪宝贝

新生宝宝意外窒息多发生在家中，这时年轻父母不要惊慌，应争分夺秒地了解引起宝宝窒息的原因，拨打 120 紧急求助。

怎样避免新生宝宝抓伤自己

在医院的新生儿科，护士每天都给宝宝剪指甲，避免宝宝指甲太长抓伤自己。

■ 剪指甲的周期与注意事项

由于宝宝的指甲长得快，所以大约几天就要帮宝宝剪一次，在修剪指甲的同时，有一些小诀窍需要妈妈注意。

❶ 要在宝宝不注意，又不乱动的时候剪，比如宝宝正在吃奶或是睡觉的时候。需要注意的是，剪时要轻柔，尽量不要在宝宝情绪不好时强行剪指甲，否则会使他对剪指甲产生反感或抵触情绪。

❷ 帮宝宝剪指甲时，可让宝宝躺在床上，或躺在妈妈怀里，妈妈从宝宝后面抱着宝宝。

❸ 由于宝宝的指甲很小、很难剪，所以要选择细小的婴儿指甲刀来剪。

❹ 由于宝宝不大能控制自己，喜欢吃手指、揉抓脸，或身上其他的部位，所以妈妈在剪指甲时，不要留尖锐的地方，而是要剪成圆弧形。

❺ 注意不要将指甲剪得过短，因为宝宝会因此感到疼痛，或容易在活动时磨损指部皮肤。

❻ 如果指甲下方有污垢，最好不要用锉刀尖或锐利的东西去掏挖，而是在剪完指甲后，用清水冲洗。

❼ 剪指甲时，如果不慎误伤宝宝手指，或是宝宝自己抓破脸时，应该先用消毒纱布或棉球压住伤口，直到流血停止为止，再涂抹一些碘酒消毒或消炎软膏消炎，最好能到皮肤科检查一下。

妈咪宝贝

不要因为怕宝宝抓伤自己，就将宝宝的小手藏在衣服里。这样做不利于宝宝触觉发展。

图书在版编目（CIP）数据

胎教有方大百科/张秀丽编著. —北京：中国人口出版社，2011.6
ISBN 978-7-5101-0758-0

Ⅰ.①胎… Ⅱ.①张… Ⅲ.①胎教—基本知识
Ⅳ.①G61

中国版本图书馆CIP数据核字（2011）第079705号

胎教有方大百科

张秀丽　编著

出版发行	中国人口出版社
印　　刷	北京华戈印务有限公司
开　　本	710×1010　1/16
印　　张	27.75　　**插页**　5
字　　数	300千
版　　次	2011年8月第1版
印　　次	2011年8月第1次印刷
书　　号	ISBN 978-7-5101-0758-0
定　　价	36.80元（赠送CD）

社　　长	陶庆军
网　　址	www.rkcbs.net
电子信箱	rkcbs@126.com
电　　话	(010)83519390
传　　真	(010)83519401
地　　址	北京市宣武区广安门南街80号中加大厦
邮　　编	100054